JN279970

NPOと
社会をつなぐ

NPOを変える評価とインターメディアリ

田中弥生

東京大学出版会

Evolutional Nonprofit Organization:
Evaluation and Intermediary
Yayoi TANAKA
University of Tokyo Press, 2005
ISBN 4-13-050161-5

はじめに

ダウンサイジングの時代

　本格的な少子高齢化時代の到来だ．早朝の通勤バスには，若者や，壮年層の働き手に混じって，高齢者の数がめっきり増えた．こんな朝早い時間にどこに出かけるのだろうか．お年寄りの会話に耳を傾けると，企業に雇われ，清掃や草むしりの仕事に出かけるところで，どこの会社の時給が高いのか情報交換をしている．年金などの社会保障だけでは自らの生活を支えるには不十分で，こうして働くことで補塡しているのだ．

　人口推計によれば，我が国の人口は2006年に1億2744万人となりピークを迎え，その後急速に減少してゆく．2050年の人口推計は1億0059万人に，2100年には6414万人で，なんと明治時代中期から後期の人口にまで落ち込むことになる．

　同時に年齢構成にも大きな変化が生じる．生産年齢人口（15-64歳）は，1995年には8717万人で，すでにこの時点でピークに達し，その後は減少を続け，2050年には5389万人になる．一方，老年人口（65歳以上）は長期的に増加傾向にあり，1990年代後半に年少人口（0-4歳）を上まわるなど増加速度が高まってきている．また後期老齢人口（75歳以上）は2015年ごろを境に，前期老年人口（65-74歳）および年少人口を，ともに上まわる見込みである．つまり，生産できる人口は激減するなかで，保護を必要とする人口が急増するのだ．

　このような状況を支える国家財政はどのようになっているのか．2004（平成16）年度財政に着目すると，税収と税外収入合計は45兆5209億円，国債費は17兆8586億円．一般歳出は47兆6320億円，地方税などは16兆4935億円，公債金収入は16兆0900億円．公債残高は483兆円である．

　これを1ヵ月分の家計にたとえると，35万円の収入にたいして75万円以上の支出であり，毎月40万円の赤字で，しかもローン残高は6800万円ということになる．このままの状況が続けば，財政逼迫を超え破綻に直面してしまうことになる．シビル・ミニマムの水準を引き上げることを前提につくられてきた我が国のシステムを，いまこそ再設計する必要があるのである．

シビル・ミニマムとNPO

「シビル・ミニマム」とは，美濃部（亮吉）都政時代に松下圭一氏によってつくられた造語で，「ナショナル・ミニマム」と対応する言葉として用いられるようになっている．そこにはふたつの意味があり，第一には市民の権利，賃金，社会保障，社会資本，社会保険の各側面において満たすべき一定の基準というものである．第二には，自治体の政策公準という意味で，市民内部に統治能力を育成しながら，市民の権利基準を確立してゆくための政策を設計するということである．単なる国民的保障の最低基準ではなく，市民主体の自治と市民理性を提起したところに，シビル・ミニマムの意義がある．

シビル・ミニマムが提唱された時代は1970年代の右肩上がりの時代であるが，右肩下がりの現在，シビル・ミニマムに基づくシステム設計にも，大きな変革が求められている．少なくとも4つの条件を満たすことが必要だ．第一に，前者の意味でのシビル・ミニマムは達成されたという認識をもち，需要をコントロールすることである．公衆トイレの数は充実している．しかし，それをウォシュレットにしてほしいという要望は，シビル・ミニマム以上のものであるという意見に違和感はないだろう．それと同様に，道路や空港などの社会資本整備や社会保障について再考する必要がある．第二に，予算規模の縮小とそれに見あう政策の再編である．第三に，官と民の役割分担の見直しであり，これまで官に大きく依存してきたサービスの一部は，民側にスライドさせてゆく必要がある．ここでいう民とは，企業とNPOである．第四に，市民の自立である．サービスを受けるためにはそれなりの負担をするという，受益と負担に対する意識改革が必要なのだ．

右肩下がりの時代のシビル・ミニマムにおいてNPOの役割は重要である．まず，市民の権利基準を維持するための"サービスの担い手"としての役割がある．しかし，単なるサービスの提供者ではなく，利用者が自らサービスを選択し，そのことに責任をもつよう意識を促す役割も含まれている．

つぎに重要なのは，市民意識の醸成である．NPOの活動はサービスの提供先からその対価（料金）の"一部"を受け取ることはあっても，フルにそれを受け取ることは稀である．第三者からの寄付や，ボランティアなどの資源提供によって支えられているのだ．この行為の動機には，愛他の精神があり，社会に必要なサービスを，自らで支えるという公共心がある．NPOはその活動を

通して市民の生活を支えると同時に，市民意識を育むというふたつの重要な役割をもっているのだ．

NPO をとりまく環境の変化

2005年1月現在,「特定非営利活動促進法」による認定 NPO 数は2万0350となった．1998年12月に制定されたばかりの法律であるが，月平均190団体ほどが新たに設立されており，その急増ぶりがうかがえる．NPO やボランティア活動への関心の高まりに大きな契機を与えたのは阪神・淡路大震災であった．1万人以上にもおよぶボランティアが集まり，多くの NPO がその特徴を生かし，被災者の立場から柔軟で敏速な活動を展開した．本間・出口 (1995) はこの様子をとらえて，我が国の「ボランティア革命」であったと述べている．その後，NPO セクターは急成長ぶりをみせている．こうした状況を受けて，NPO 法の親法である民法34条 (1896年制定,［公益法人の設立］) は制定後初めて改正される．これにともない公益法人への税制改正も検討されているが，予想以上に柔軟な改正案が検討されている．

急成長を遂げる NPO 自身も，その性質を変えようとしている．ひとつは，市場への接近であり，コミュニティ・ビジネス，社会的起業家や "NPO バンク" に象徴されるような，公益と同時に収益性を追求するタイプの活動が注目を集めている．その一方で，行政府機関との関係も深まっている．介護保険分野の活動に着手する NPO は，この数年で活動，支出規模ともに一挙に膨らませた．NPO 法制定当時，3000-5000万円の資金規模をもつ NPO は少数であった．しかし，今では2億-3億円の活動規模を誇る NPO は，首都圏だけでなく地方にも数多く存在するようになっている．収入内訳をみると，7割以上が行政からの補助金や委託費であり，行政の影響の大きさをうかがい知ることができる．

市民との関係にも変化がみられる．我が国のボランティアへの関心度は高く，1980年代後半から10年間以上，世論調査では60%以上の成年男女がボランティアに関心をもっていると回答していた（総理府内閣総理大臣官房広報室, 1993)．しかし，NPO ブームが起こった90年代後半にみられたのは，ボランティアを希望する者が，適当な NPO を見つけだすことができず，ボランティア活動を諦めてしまうというミスマッチ現象であった．21世紀の現在，IT に

よる情報発信力や広報力が高まったことから，NPO を探すことは格段に容易になった．だが，寄付をしようとする際，寄付先である NPO が寄付金を適正に使い，本当に効果のある活動をしているのだろうか，と迷いを感じる人は少なくない．この迷いは，NPO に委託をしたり補助金を出す行政担当者，企業の社会貢献担当者にも共通するものである．活動や支出規模を一挙に膨らませた NPO のなかには，運営体制が十分に整っていないものも少なくない．さらに憂慮すべきなのは，いわゆる"NPO バブル"という現象である．NPO との協働が，地方自治体や中央官庁の施策のなかで謳われているが，これを受けて NPO への委託，補助金が急増している．NPO との共働のありかたを真剣に考えている行政も少なくないが，同時に，安価で世間受けするからという理由で NPO に委託している行政もある．このような状況のなかで，金目当てにかたちだけの NPO が設立され，実質真っ当な活動をしていないというスキャンダルめいた問題も起こっている．本物の NPO が育つなかで，偽者の NPO も生まれているのだ．

いま，NPO に必要なのは公正な競争と社会的監視ではないか．寄付や補助金をめぐる競争によって，競争と監視機能が自動的に働くという意見もある．しかし，寄付の習慣が希薄で"寄付市場"が育っていない日本においては，速効性はなく現実的でもないだろう．NPO と，寄付者・ボランティアなど資源提供者とをマッチングし，NPO の活動を評価し，フィードバックしながら信頼ある関係をつくるための社会装置が必要である．それが「インターメディアリ」である．

インターメディアリとは何か

「インターメディアリ」とは，NPO と，寄付者・ボランティアなどの資源提供者とのあいだを仲介し，両者の共働が進むようにコーディネートする機能を有する組織のことである．情報，相談，仲介斡旋，さらには活動を評価しフィードバックするまでのサービスを提供することで，NPO と資源提供者にかかる負担であるトランザクション・コスト（取引コスト）を軽減し，信用保証をしながらマッチングを行う．経済の世界での証券取引所や商社のようなものを思い浮かべてもらえば理解しやすいだろう．

しかし，私がインターメディアリの研究を始めた当時，ある経営学者から，

NPOには市場が存在しないのだから仲介機能を想定することは無理だといわれたことがある．ある意味で説得力のある説明だった．だが，17年間にわたり世界のNPO・NGO支援の仕事を通して私がみてきたのは，英米の先進国や，東南アジア，アフリカやラテンアメリカの途上国で仲介役を果たしているNGOの姿であった．その実在ゆえに，インターメディアリの役割に確信をもち，米国，英国のインターメディアリ事例調査を行った．それらの事例を分析してみると，確かに各種サービスを通して資源提供者とNPOの負荷を軽減しながら，スムーズなマッチングを行っていた．だが，同時に"あえてコストをかける活動"も行っていた．それが「NPO評価」であり，これは資源提供者への信用保証という意味をもっていた．だが，価格メカニズムのようなユニバーサルな評価システムのないNPOを，いったいどのように評価するのか．先の経営学者の指摘はその意味で正しいのである．NPO評価は現在でも発展途上段階にあり，インターメディアリも模索を続け，手法の開発から運営方法まで種々の試みを行っているが，本書もNPO評価に紙面を費やした．

　またインターメディアリが機能するためには，もうひとつ重要な要件を備えている必要がある．それは"社会とNPOの発展のためのビジョンをもっていること"である．競争や社会監視も，ビジョンなくしては健全に機能しない．社会の動向を見据え，望ましいNPOの姿を描きながら，自らの役割を設計するのだ．インターメディアリを単なる仲介機能ではなく社会装置とよぶ所以はここにある．

21世紀のNPO論へ

　右肩下がりの時代，シビル・ミニマムを維持するためにはシステム改革が必要であり，NPOは重要な役割を果たすことが求められている．しかし，NPOの現状を考えるといくつかの課題を克服しなければ役割を果たせないように思う．特に気になるのが行政との関係だ．最低限，先のNPOバブルが引き起こした偽者NPOの問題は早急に解決されるべきだが，真っ当に活動するNPOにも，行政との問題がある．つまり，過度に行政に依存することにより，資金使途の制限など干渉を余儀なくされ，自由で柔軟な活動を束縛される危険性があることであり，この点はNPO自身が強く感じているところである．しかし，シビル・ミニマムの維持システムというマクロに視点を移すと，もうひとつの

危険性が見えてくる．つまり，行政補助に過度に依存をしているかぎり，旧来型の官に過度に依存したシステムは変わらないという点である．だが，この旧来のシステムでは日本社会を維持できないことは人口構成と財政状況が物語っている．

　このように考えると，現在のNPO論にある限界を見てとることができる．現在のNPOの理論とは，政府ができないすき間を補填したり，営利性が低いために企業が参入しない分野で事業を展開したりするところにNPOの存在意義がある，という説明である（政府の失敗，市場の失敗）．これは，"NPOは行政業務を補填するもの"という理屈を都合よく正当化する理論ではないだろうか．これではNPOは旧来システムに取り込まれているだけに留まる．

　また，Non-Profit-Organization（非営利組織），Non-Governmental-Organization（非政府組織）という名称は，営利企業でもなく，政府でもないという消極的な説明に留まり，それがどのような役割を担うのか積極的に説明しているわけではない．いま必要なのは，"改革の担い手としてのNPO"を説明する理論である．サービスを提供し，市民の自立と公共性を育むことによって，その先に見えてくるのは，政策再編や政策設計の必要性である．どんなに優れたサービスでも，それを司る政策が適切でなければうまく機能しないからだ．行政，業界などの利益集団とは別に，市民の立場から政策設計プロセスに参加するアクターが必要なのも明らかだ．NPOには，従来のサービスに加え，政策提言力を養うことが求められている．現に，身障者の送迎サービスを合法化するために道路交通法の改定交渉にのぞんだNPO，国政を評価し日本の将来について独自のビジョンを提示するようなNPOなどが出現している．21世紀のNPO論とは，自らのビジョンをもってシステム改革にチャレンジするNPOの役割を説明するものでなくてはならない．

　1990年代前半から，私はインターメディアリを学んできたが，これらの実例が教えてくれたのは，単なる仲介機能ではなく"ビジョンある社会装置"の存在であった．そして，それは従来のNPO論では説明しきれず，新たなNPO論が必要であることも示唆していた．次なるチャレンジの予感をもって本文のむすびとしたい．

NPOと社会をつなぐ――NPOを変える評価とインターメディアリ・目　次

はじめに　i

I　イントロダクション　――NPOのミスマッチ問題

1章　社会とNPOのミスマッチ問題：「進化」する課題 …… 3
1　台頭する民間非営利セクター ……………………………… 4
2　ミスマッチと資源変換装置 ………………………………… 13
3　態度変容とミスマッチ ……………………………………… 13
4　ミスマッチ問題の理論解釈：トランザクション・コスト …… 16
5　仮説としての「インターメディアリ」 …………………… 19

II　NPOと社会をつなぐ　――インターメディアリとは何か

2章　ミスマッチの解決とインターメディアリ事例 …… 25
1　欧米にみるインターメディアリ先進事例 ………………… 25
2　インターメディアリ事例一覧リスト ……………………… 26
3　インターメディアリ事例の詳細 …………………………… 29

3章　インターメディアリはどう機能するか …… 83
1　インターメディアリ分析の視点と枠組み ………………… 83
2　分析結果 ……………………………………………………… 90
3　考　察 ……………………………………………………… 101

vii

4章　インターメディアリと評価問題 …………105
1　インターメディアリの鍵としての評価機能 …………105
2　民間非営利組織の評価の特質 …………109

III　NPOの評価はどのように行うか ──理論と実践例を学ぶ

5章　NPO評価とは何か …………117
1　評価基本用語の解説 …………117
2　民間非営利組織の評価アプローチ …………124

6章　評価手法の展開：歴史的な展開と現在 …………139
1　評価手法の歴史的展開 …………139
2　参加型評価 …………146
3　組織評価 …………158

7章　評価の基本設計 …………177
1　実施者による視点からの評価 …………177
2　作業手順と評価グリッド …………199

8章　イノベーションのための評価：ドラッカーの自己評価手法 ……205
1　「非営利組織のための自己評価手法」 …………205
2　外部依存性を反映した評価手法：『ドラッカーの5つの質問』 …………205
3　イノベーションのための評価 …………207

IV インターメディアリの設計──社会装置としての機能と方向性

9章　インターメディアリに求められる評価 ……………………213
　1　インターメディアリ事例にみられる評価機能 ……………………213
　2　インターメディアリに期待される評価とは ………………………236

10章　インターメディアリに求められるもの …………………243
　1　分析結果 ……………………………………………………………243
　2　結論──信頼醸成の社会装置 ………………………………………246
　3　課題と展望──"本物"のNPO時代のために ……………………248
　　むすび ………………………………………………………………251

おわりに　253
参考文献　257
索　　引　269

イントロダクション
NPOのミスマッチ問題

1章　社会とNPOのミスマッチ問題
―― 「進化」する課題

　民間非営利組織（NPOや財団・社団法人など）が急速にその頭角を現しだしている．しかも，社会に直接的に影響を与えることのできるかたちでだ．"本物"の出現である．しかし，その一方で，非営利組織はその本質的な性格ゆえに，資源（人，金）不足に悩まされている．しかし，その悩みを詳細に分析してゆくと，資源の絶対量の不足だけが原因ではないことがわかってくる．寄付やボランティアを受け取る際に，また，受益者にサービスを提供する際にミスマッチが生じているのだ．ミスマッチは2種類ある．第1のそれは，資源提供者と非営利組織の間に生じるもので，ボランティアや寄付希望者が適当な非営利組織をみつけられず諦めてしまったり，適当な非営利組織に出会ったが条件があわず，寄付やボランティアを断念する現象をさしている．第2のミスマッチは，受益者と非営利組織の間に生じるもので，非営利組織のサービスを受ける人々（受益者）の希望や好みとサービスの内容が噛み合わなかったり，受益者にとってありがた迷惑になっている現象をさしている．ミスマッチ現象はあらゆるレベル，あらゆるところで生じているようだ．本章で紹介するミスマッチは，日本の地域でのボランティア活動に関するものが多い．しかし，開発援助に従事するNGOと，世界銀行や国連に代表される国際機関との間でも，補助金や助成金をめぐってミスマッチ問題が生じている．官僚システムの国際機関と柔軟性を重んじるNGOとの間で，プロジェクトの進め方に不一致が生じるケースは少なくない．また，援助機関が提供する金額が大きすぎて，途上国の小さなNGOが消化しきれないというケースもある．

　筆者がミスマッチ現象に注目しはじめたのは1990年代からで，日本のNPOの活動の現場を中心に取材し，分析した[1]．そして，21世紀の現在，ミスマッチ問題は解決するどころか，その多様性や複雑さを増しているようだ．ミスマッチ問題は進化しているのだ．本章では，ミスマッチ問題とその分析結果に

ついて説明するが，特に，ミスマッチ問題が進化してゆくことを踏まえ考察を加えた．

1　台頭する民間非営利セクター

1.1　定　義

1.1.1　「民間非営利組織」の定義—まず，本書でいう民間非営利組織とは，その組織が自らの組織活動を通じてあげた利益を組織構成員の間で配分せず，したがって利益獲得それ自体が組織目的ではないような組織をいう．これは営利追求を目的とする企業とは明らかに異なった存在であるが，非営利組織には政府，国際機関など国の組織，あるいは複数国家によって構成される組織を含むこともある．そこで，さらにこうした国家機能を行使する公的機関を除外したものを，特に民間非営利組織と定義する．

1.1.2　「民間非営利セクター」の定義—民間非営利組織の集合体を民間非営利セクターと呼ぶ．上記の定義からも明らかなように，民間非営利組織とは個々の組織をさすことも，また組織原理を共有する組織の集合をさすことも可能である．したがって，本書ではこの両者を区別する意味において，「民間非営利セクター」という用語を用いるが，それによって単に個々の組織の集合という状態をさすに留まらず，社会的に独自の意義と機能を有する存在であることも含意する．

1.1.3　「資源」の定義—本書では，資源，資源提供者という言葉を用いる．資源とは，非営利組織がその活動と活動母体である組織を維持するための資金，人材をさすが，それらは寄付，補助金，助成金やボランティアというかたちで非営利組織に提供される．資源提供者とは，これらの資源を提供する人や組織であり，個人，財団などの民間助成機関，企業や政府・自治体などである．

1.2　民間非営利セクターの台頭

我が国において，NPO，NGOなどの民間非営利組織の重要性が謳われて久しいが，1995年に起きた阪神・淡路大震災は，その社会的認知度を上げるのに大きな契機をもたらしたといってよいだろう．被災地で最初に救援活動に着手したNGO，施設やインフラが崩壊している中，ドラム缶で湯を沸かし，あ

り合わせの材料で生活必需物資を作る知恵を絞るNPOの姿が全国に報道され，NGO，NPOという言葉を知らぬ人々もその存在意義を実感することになったのである．

震災から3年後の1998年12月には民法34条の特別法としてNPO法が議員立法で成立した．それからわずか6年の内に2万0350件のNPOが法人として認証されている（2005年1月現在）．民法34条は財団法人，社団法人を規定した法律で1886年に制定されたものだが，認定法人数は2003（平成15）年現在で2万6046件であり，この数と比較しても，NPOの台頭ぶりをうかがうことができる．公益のために市民がイニシアティブをとり活動するための乗り物を，NPO法はよりわかりやすいかたちで提供してくれているのだ．

経済産業研究所によれば，一国の経済をマクロ的に捉えた公式統計である国民経済計算（SNA）では，民間非営利サービスの産出額は12兆8311億円で全産業産出額の1.3%，付加価値額は9兆3575億円で国内総生産の1.8%に相当する．また，需要拡大があった場合の産出額を予測しているが，2004年度以降，民間需要指導による実質1.5%以上の着実な成長が実現し，さらに環境，福祉，情報などの成長分野に大きな需要創造が見込まれた場合，10年後のNPO法人（広義・狭義の公益法人を除く）の産出額は1兆7844億円で国内生産額の0.16%を占めることになる．

上記試算は，NPO法人にのみ注目したものだ．しかし，大局的に見れば，人々のため，社会のため，公益のために人々が集まり公式，非公式に組織化する行為は，NPO法人のみならず，広義および狭義の意味での公益法人（財団，社団，社会福祉法人等）にも見出せるものである．さらに，公益法人制度が制定された明治時代以前，江戸時代，さらにそれ以前にも遡って見出すことのできる行為だ．では，なぜ，今，民間非営利組織なのだろうか．その理由を知識社会というキーワードに見出すことができる．

1.3 「知識社会」の到来と民間非営利セクター

1.3.1 「知識社会」の到来—「知識社会」とは，専門知識が個人および経済諸活動の中心的資源となる社会である．「知識社会」の到来は，ドラッカーの著書『断絶の時代』の中で1960年代に既に指摘されていた．重要なのは，専門知識が，これまでの生産要素のひとつとしての労働の個別的な内容としてで

はなく，高度情報技術の発展によって他の専門知識とネットワーク化され，組織化されることであり，それによって社会的な要請，あるいは課題の解決という目的に向けて創造的になる，という側面である．その意味で，現代は優れて「知識社会」であり，社会経済の発展を語り，開発について議論する際に，この要素を無視することはできない．

1.3.2 「知識社会」と民間非営利セクター——この「知識社会」は，2つの意味で民間非営利セクターを必要とする．ひとつは「多元的組織社会」，もうひとつは「流動する知識ワーカー」との関係においてである．

1.3.3 「多元的組織社会」——個人がばらばらにもっていた専門知識が組織的に統合されること，つまり組織化された専門知識への転換が「知識社会」を特徴づけるものである．それによって，多数の組織が必然的に存在することになる．現代社会におけるニーズの多様化，そして価値観の多様化がそれに応じた専門知識の多様化を生むことは自明だからである．しかし，この多元的な組織の存在は，同時にひとつの大きな問題を生むことになる．それは，専門知識が，非組織化，あるいは断絶（disintegration）の途を互いにたどらざるをえないという内在的な宿命である．

この問題を解決するためには，専門知識という一種「タテ割り」の枠組みを超えた「ヨコ」の組織概念が必要とされる．つまり，「市民」，「civil society」，あるいは時代を共有する感覚と議論の場づくりといった，個としての専門知識を連携させるための新しいパラダイムが必要とされる．そうしたパラダイムは，政府や企業といった，ヒエラルキーを前提とする既存の装置によって提供されることを期待するのは困難であり，考えうる限りでは，最も多様な要望に応えうる，しなやかな民間非営利セクターにそれを求める他はない，という認識である．

1.3.4 「流動する知識ワーカー」——「知識社会」の到来によって生じる，もうひとつの問題は「流動する知識ワーカー」と組織の問題である．「知識社会」の主要労働力は知識ワーカーである．彼らは自分の知識に対して忠誠心をもつのであって，組織に対してではない．したがって，知識ワーカーは特定の組織に長期間帰属するよりは，短期に複数組織の間で転職を繰り返すか，独立して起業家となるように，流動的な性質を有する．知識ワーカーは自分と共通の知識や関心をもつ人々とより密接な関係を保つのであって，組織との関係は相対

的に薄くなる．知識ワーカーは，組織のために働くのではなく，自分の知識を活かすために組織と働く．知識ワーカーの増加による組織離れは，知識ワーカーの社会生活をも流動的にしている．しかし他方では，このような知識ワーカーほど，帰属意識と精神的なよりどころを提供してくれる場を求めている．ドラッカーは，この「場」がコミュニティであり，地域社会のために働く場を提供する民間非営利組織であると述べている（ドラッカー，1995）．非営利組織は人々の社会的・心理的欲求を満たし，コミュニティの構築，すなわち公益という建設的な目的に向かった人々を統合し機能させる組織である．

　日本においてこの知識ワーカー現象がどこまで広がるのか．ドラッカーは，最初に米国でこの現象が起こり，次に欧州の若者の間で起こったとして，早晩，日本においても知識ワーカー現象が起こると述べている．転職をネガティブに評価する考え方もいまだ存在するが，確かに職の流動性は増加傾向にある．このような状況下，社会貢献の場を求めてボランティアを志願する人々は急増している．だが，社会貢献としてのボランティア活動以上の理由があるように思える．例えば，国や自治体の政策の評価やまちづくり計画を担うシンクタンク型のNPOが出現している．そこに参加しているのは，研究者，学者，あるいは自治体職員や国家公務員などその分野の専門知識を有する人々である．本業として政策決定の場に関っているにもかかわらず，さらにNPOの活動に参加しているのだ．このことは何を意味しているのだろうか．社会の仕組みと制度が変わろうとする中にあって，旧来型のシステムでは飽き足らぬ知識ワーカーたちが，別の場にその技術と知識を発揮する場を求めているのではないか．そして，NPOはその場を提供しているのである．これもドラッカーのいう市民性創造と呼ぶこともできるかもしれないが，しかし，それは副業としての社会貢献活動ではない．旧来のシステムでは提供されえなくなった，プロフェッショナリズム（専門性）を活かすための新たな場の試みと捉えることができよう．

1.4　非営利組織の資源問題

　非営利組織はその活動と組織維持のための資金や人材を，組織の外，すなわち寄付，ボランティアに求めなければならないが，その調達は容易ではなく不安定な状態にさらされている．なぜ，不安定なのか．本項では非営利組織の資源問題について考える．なお，資源とは寄付金や補助金などの資金，有給職員，

図 1.1 資源変換装置としての非営利組織

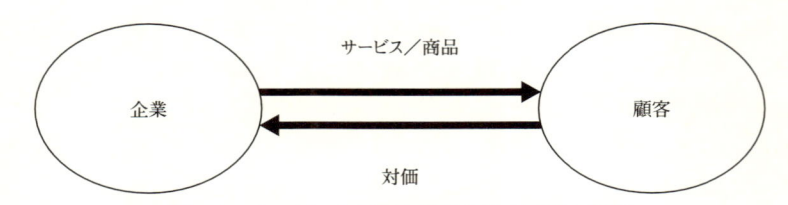

（資源：資金（寄付・補助金）、ボランティア、技術知識 → 非営利組織 → 社会ニーズ：人、環境、芸術）

図 1.2 サービスと対価を巡る企業と顧客の関係

（企業 ⇄ 顧客：サービス／商品、対価）

有給／無給のボランティア，それらの人々が有する技術や知識である (1.1.3)．

1.4.1 資源変換装置—図 1.1 は，寄付者やボランティアなどの資源提供者から非営利組織に資源が譲渡され，非営利組織の活動によって社会サービスに変換される様子を示したものであるが，非営利組織は資源を社会サービスに変換する資源変換装置であると捉えることができる．

この特徴をより明確にするために企業と資源提供者の関係と比較してみる．図 1.2 は営利企業と顧客の関係を示したものである．営利企業の資源提供者として株主や投資家も存在するが，売上に直接影響を及ぼす者は顧客である．そこで，顧客との関係に焦点を当ててみるが，企業はサービスや商品を顧客に提供し，顧客は企業に対価を支払う．

資源を巡る非営利組織と企業のあり方が決定的に異なるのは，サービスの受け手からの対価が義務付けられているか否かという点である．非営利組織は，サービスの受け手から対価を求めないことが多く，第三者の任意による資源提供を求めている．そのため資源調達には不確実性が伴い常に不安定さを伴うことになる．多くの非営利組織が資金や人材不足を訴えているが，これは，非営利組織の本質的な性格によるものなのである．

1.5 非営利組織のミスマッチ問題

非営利組織を資源変換装置とみると，資源提供者から NPO への資源譲渡あ

るいはサービスの提供のプロセスでさまざまな問題が生じて資源変換がスムーズに行われていないことがある．この現象を「ミスマッチ問題」と呼ぶ．興味深いことにミスマッチ問題はそれ事態が進化しているのだ．1990年代のミスマッチ問題は資源提供者と非営利組織の双方が探し求める段階に顕著に見られたのに対し，2000年代は，1990年代の問題に加え，資金提供側とNPOとの利害の不一致や制度やルールに関するミスマッチが浮上している．

1.5.1 1990年代のミスマッチ問題—阪神・淡路大震災では1万人以上のボランティア志願者が市役所を訪ねたが，市役所では捌ききれず，機会を得ることができない者もいた．使われない薬品や菓子が積み残されて無駄になっていることもあった．これら，救援物資やボランティア志願者の一部でも，民間非営利組織に向けられていればもっと有効に活用されていたに違いない（田中,1995）．震災直後，『読売新聞』が実施した緊急世論調査では，ボランティアを希望した人々は回答者の79％にまで達した．また，全国の職場や学校で募金が行われた．しかしながら，現地で，NPOやボランティア・グループにインタビューを行うと，一様に資金，人材の不足を訴えており，これらの調達方法について質問を受けることも少なくなかった．阪神・淡路大震災は国民のボランタリズムを喚起したが，これらの資金やボランティアは必ずしも非営利組織には到達していなかったのである．

総理府による「生涯学習とボランティア活動に関する世論調査」（内閣総理大臣官房広報室,1993）は，多くの人々がボランティアに高い関心をもっているにもかかわらず活動に至らない現状を示している．同世論調査中の図1.3，図1.4からは，ボランティア希望者の半分はその機会を逸していることが分かる．活動に至らなかった理由として，情報不足やきっかけが無かった事を挙げているが，いずれの理由にせよ，潜在的なボランティア人材の半分しか活用されていなかったのである．

表1.1はミスマッチの事例である．これらは日本の非営利組織の活動現場でのミスマッチ事例である．点訳訓練を見事に修了したボランティアが点訳したのがある新興宗教の教典であり，結局，教典は利用されなかったという事例，毎週のように訪れるボランティア慰問団に対して，実は，施設の住民は飽きてしまっている事例などである．海外においてもミスマッチ事例がみられる．グアテマラの農村で幼児の栄養プログラム補給プログラムを実施するにあたり，

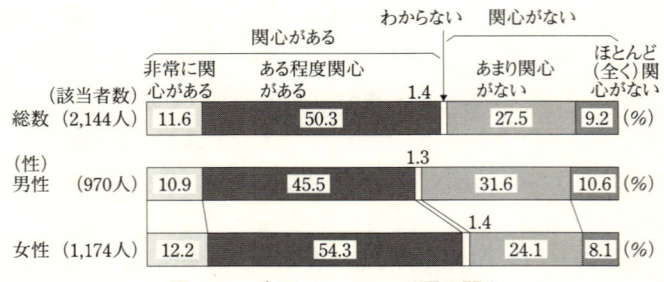

```
                          関心がある      わからない   関心がない
                   非常に関  ある程度関心        あまり関心  ほとんど
                   心がある  がある             がない    (全く)関
       (該当者数)                       1.4              心がない
  総数 (2,144人)    11.6    50.3          27.5      9.2  (%)

       (性)                 1.3
  男性  (970人)    10.9    45.5          31.6     10.6  (%)
                                1.4
  女性 (1,174人)   12.2    54.3          24.1      8.1  (%)
```

図 1.3 ボランティアへの国民関心

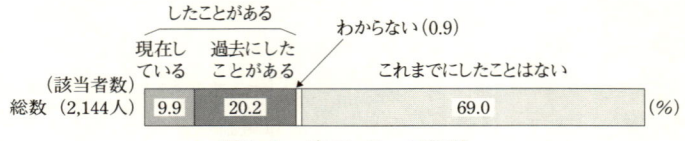

```
                  したことがある   わからない(0.9)
                 現在し  過去にした
                 ている  ことがある   これまでにしたことはない
       (該当者数)
  総数 (2,144人)  9.9    20.2           69.0          (%)
```

図 1.4 ボランティア経験

採血を行っていたが，子供の肉を食するための採血をしてチェックしているという噂が村に広がり大人たちがプログラムを拒否するようになってしまった事例，その他，イスラム教徒の国において，女性の職業教育を西欧流の方法で行ったがために，地域の男性から反感を買ってしまった事例など，さまざまな事例がみられる．いずれの事例にも共通するのは，非営利組織は想定受益者のためになると思って活動しているが，想定受益者の方は，それをありがたいと思わず，むしろ迷惑に感じている点である．

1.5.2 2000年代のミスマッチ問題—2000年に入ると状況は大きく変化した．NPO数は急増し，その社会的認知度も高まった．1990年代あるいはそれ以前にみられたボランティア活動や市民運動に対する抵抗感や偏見はみられない．このような状況下，資源提供希望者の数も，非営利組織数も増加しているが，ミスマッチ問題は解決するどころか，むしろそれが多様化しているようだ．

助成金や寄付をめぐるミスマッチ問題がある．条例，基金，補助金制度などさまざまな市民活動支援策が全国の自治体で展開されている．市民活動支援の理由として挙げられるのは「市民参加」であるが，本音のところでは，安価な労働力，安価な雇用の場の確保があるだろう．

S市では，市民教育のためのセミナー（3回）を60万円でNPOに委託したが，謝金と会場費，お茶代のみの使途に限定され，肝心のNPOの人件費は含

表 1.1　ミスマッチの事例

事例1・草取りボランティアと広大な庭 気軽な作業で可能なボランティア活動を希望し，軽費老人ホームを紹介してもらったが，広大な庭の草取りをひとりですることを依頼され，目を回して断念．ボランティアは来なくなった．	事例5・適当な活動がみつからない高齢者ボランティア 高齢の女性が精神的な充足を求めて，ボランティア活動を探し，家事・介護等の有償サービスグループにアプローチしたが，肉体労働が主で彼女には適当でない．相談や話し相手のボランティアを提案したが受け入れられない．
事例2・肉体労働のボランティアに話し相手の仕事 洗濯，掃除など体を動かすボランティアを希望するボランティアに対し，ホーム側は職員では不十分な「老人の話し相手」を依頼．ボランティアは不満を抱きながら活動している．	事例6・迷惑な古着の寄贈 施設，被災地などに古着を送るケースは多いが，必要とされないもの，粗悪品，TPOに合わないものであったりと，ニーズに合わないものが送られてくる．また，送料費用の負担についても合意が形成されにくい．「ありがたくもらいなさい」という押しつけの精神が，提供側にみられる．
事例3・新興宗教の教えを点訳した点訳ボランティア 難易度が高く，修了率が低い点訳講座を修了した人が，自分の所属する新興宗教の教えを点訳．誰にも読まれない．一般に，視覚障害者のニーズが優先された点訳本は少ない．	事例7・迷惑な芸能慰問グループ 施設には素人芸能慰問グループがたびたび訪れる．施設利用者は，同じような素人の見世物に飽きているのだが，善意に応えようと我慢して観ている．また慰問者は「哀れみ」をもって接するので，かえって施設利用者が落ち込んでしまう．
事例4・動物園シルバー・ガイドを辞めてゆくボランティア 動物園で始めた，退職者や高齢者を主としたシルバー・ボランティア．だが，グループでの人間関係になれない退職者が脱落．また，自分の関心にあった活動がないと辞めてゆく者も．活動メニューの少なさ，またボランティア側の「これしかしない」という柔軟性の欠如の双方が相まって継続困難になった．	

まれていない．そのため，NPO職員は無償の奉仕を強いられることになる．「委託を受ければ受けるほど，資金ショートしてゆく」とは，NPO事務局職員の切ないコメントであった．

　「○○NPOセンター」と称する中間支援組織も全国で増えているが，中でも公設民営型のセンターは少なくない．公設民営とは，施設を自治体が提供し，

運営をNPOに委託する方法である．センターを運営するには3人程度の人員が必要であるが，委託費用は年間600万円で，内人件費は1人120万円と決められている．常勤職で年収120万円では到底生活はできない．依頼を受けたNPOが断ったところ，他のNPOがそれを引き受けてしまった．懸念されるのは，このような安価な人件費でもNPOであれば可能であると安易に解釈されてしまうことで，不適切な金額がスタンダードになってしまうことである．

　寄付をめぐるミスマッチも頻繁に指摘されるようになっている．介護分野で活動する佐賀県のNPOは，地元の有志から5000万円の遺贈を受けようとした．しかし，NPOが5000万円を受け取るためには，寄付者が2000万円の税金を払わねばならず，遺贈は断念されてしまった．NPOと資源提供者の間で合意が取れていながら，我が国の税制が阻害要因となりミスマッチが生じてしまったのだ．税制など既存の制度が市民活動を阻害することはあるが，それに対応すべく工夫をする自治体も出てきている．東京都杉並区の市民活動支援基金は，区民が事業別に寄付先を指定して寄付をする受け皿である．自治体への寄付は税法に牴触しないかたちで，全額寄付に投ずることができる仕組みである．しかし，寄付者が自由に寄付先である非営利組織を選択し，かつ所得税が免除されるためには，NPOの場合は認定NPO法人，公益法人であれば特定公益増進法人としての認定を受けなければならない．認定NPO法人数は30団体（2005年1月30日現在）であり，この制度の敷居の高さを窺うことができる．これでは，まとまった額の寄付は容易ではない．

　サービス提供をめぐるミスマッチもある．介護保険制度は，高齢者介護事業者としてNPO法人の参加機会を提供する制度である．そこでは一定額の人件費，必要経費が認められ，NPO法人としては以前よりは安定した収入源を得ることができた．しかし，制度にもとづく種々の規則がNPOの本来の仕事の仕方に影響を及ぼしている．多くのNPOにとって高齢者の機能を回復させ自立させることが目標であり使命である．しかし，介護保険制度の中では，限られた時間内で食事サービスをこなさねばならない．これまで，高齢者の食事にはゆっくりと付き添って自力で食事を取れるようにケアしていたが，数をこなすというプレッシャーから職員の手で食べさせてしまうケースが生じている．これでは，自立支援ではなく，かえって依存的にさせてしまうとNPO自身が懸念している．

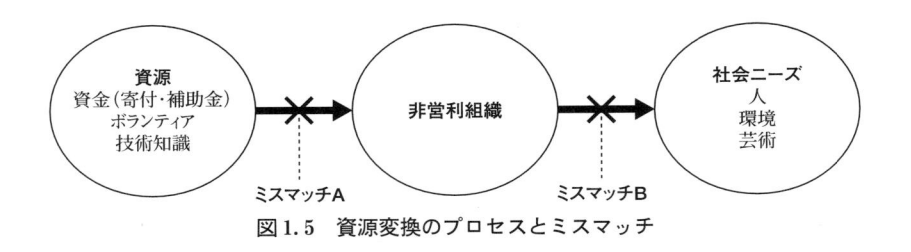

図1.5 資源変換のプロセスとミスマッチ

2　ミスマッチと資源変換装置

これらのミスマッチ事例を分析するために，まず，先の資源変換装置としての非営利組織と合わせ考えてみる．

図1.5のように非営利組織に資源が譲渡され，それが社会サービスとして提供されるまでのプロセスで，ミスマッチは大きく2カ所で生じている．ボランティアや寄付が非営利組織にうまく届いていない状態をさすのが図の左側（ミスマッチA）であり，非営利組織のサービスがうまく想定受益者に届けられていない状態は図の右側（ミスマッチB）である．右側のミスマッチBの事例は，非営利組織の活動マネジメント，すなわちニーズの把握や，想定受益者とのコミュニケーション，必要とされるサービス内容の企画や設計に依存するところで，個々の非営利組織の運営課題が占める要素が多かった．しかし，資源提供者と非営利組織間のミスマッチは，複数の資源提供者と複数の非営利組織の関係，すなわち多対多の問題である．これは，個々の非営利組織の運営課題というレベルを超えている．解決策を見出すためには，社会的な装置が必要である．また，多くの非営利組織がその性質ゆえに資源をめぐり不安定な状態にさらされていることから，本書では左側（ミスマッチA），すなわち資源譲渡をめぐるミスマッチ問題に焦点を当てる．

3　態度変容とミスマッチ

3.1　態度別／環境別にみた阻害要因

ここで注意すべきなのは資源提供者（民間非営利組織）の態度によってミスマッチの内容が異なることである．ボランティア活動はその顕著な例である．ボランティア活動に参加する以前と実際に活動に参加している時点では，ミス

マッチの内容，原因が異なる．また，1990年代のミスマッチ事例で，世論調査結果が示したように，ボランティアに関心がありながら行動に至っていない人々が多いことにも注目すべきである．行動に至らない理由には，情報や機会不足が挙げられているが，同時に資源提供者自身の目的意識が漠然としていて行動に至らないでいる側面もある．同じ資源提供者でも，無関心な人々，関心はあるが行動に至らない人々，目的意識が明確で活動を探している人々，実際に参加している人々など，状態や態度は異なるのだ．したがって，それぞれのニーズや問題も異なると予想される．そこで，資源提供プロセスにおけるミスマッチ問題を整理するためのフレームワークを作成した．ここでは態度変容を「無関心」「関心／無行動」「探索」「活動」の4つのフェイズに区分し，それぞれのフェイズごとにミスマッチ問題を整理することにする．

また，資源提供者を取り囲む環境にも留意すべきで，資源提供者本人の興味や時間などの都合，職場や学校など周囲の環境，非営利組織で実際に活動する際の環境など，複数の問題が想定されるためにこれも区分した．

図1.6はボランティア活動をする際に生じる問題点を環境別，態度変容別に仕分けしたものである．環境別とは，問題の原因が，資源提供者個人の事情によるものなのか（内部環境），職場や地域社会，あるいは家族との間に生じているのか（外部環境），非営利組織の活動に参加している際に生じているのか（活動環境）によって区分することをいい，縦軸にそれを表した．態度別については，先の4つのフェイズを横軸に表した．この図からは，同じボランティア希望者でも，その関心度合いや態度によって生じる阻害要因が異なることがわかる．

3.2 進化するミスマッチ

態度別／環境別のマトリックスを用いて，1990年代，2000年代のミスマッチの特徴をみてみよう．1990年代のミスマッチは，その事例やデータにみられるように，資源提供者が機会や適当な非営利組織を見出せず寄付やボランティアなどの資源の譲渡が実現できないというパターンが顕著である．図1.7に示したように，問題は資源提供者の内部環境で，無関心，関心／無行動，探索段階に位置している．2000年代のミスマッチ事例では，資源提供者と非営利組織は互いに出会っているにもかかわらず，資源提供者すなわち自治体が補助

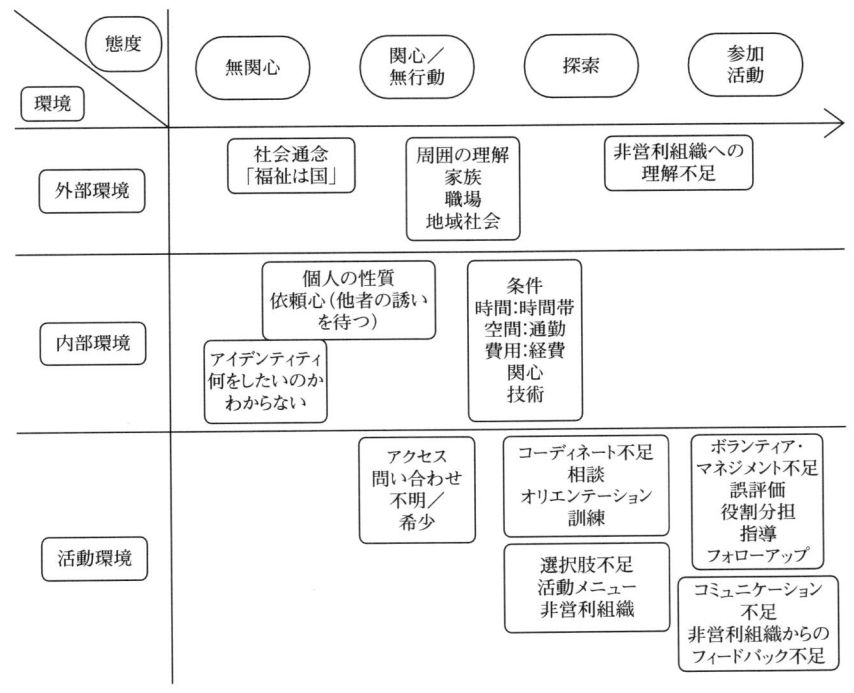

図 1.6　資源提供を阻害する情報不足問題

環境＼態度	無関心	関心／無行動	探索	参加活動
外部環境	社会通念「福祉は国」	周囲の理解 家族 職場 地域社会	非営利組織への理解不足	
内部環境	個人の性質 依頼心(他者の誘いを待つ) アイデンティティ 何をしたいのかわからない	条件 時間:時間帯 空間:通勤 費用:経費 関心 技術		
活動環境		アクセス 問い合わせ 不明／希少	コーディネート不足 相談 オリエンテーション 訓練　　　　　選択肢不足 活動メニュー 非営利組織	ボランティア・マネジメント不足 誤評価 役割分担 指導 フォローアップ　　　コミュニケーション不足 非営利組織からのフィードバック不足

金や委託金を支給するにあたり提示した条件やルールをめぐってミスマッチが生じているのだ．図 1.7 に示したように，問題は外部環境で，探索，参加段階に顕著である．

　制度やルールをめぐるミスマッチは，非営利組織の活動の仕方に直接影響してくる．高齢者向け食事介助サービスの例にみられるように，資源提供者の条件に従って非営利組織がサービス活動すると，受益者の自立を妨げてしまう可能性もあるのだ．資源提供者の条件が非営利組織のやり方，ひいてはその使命にまでマイナスの影響を及ぼす可能性があることを示唆している．換言すれば，資源提供者と非営利組織の間のミスマッチが，非営利組織と受益者の間のミスマッチさえも引き起こす可能性があるのだ．このようなミスマッチの連鎖反応は，適当でない条件に屈しているために非営利組織がその使命を全うできない

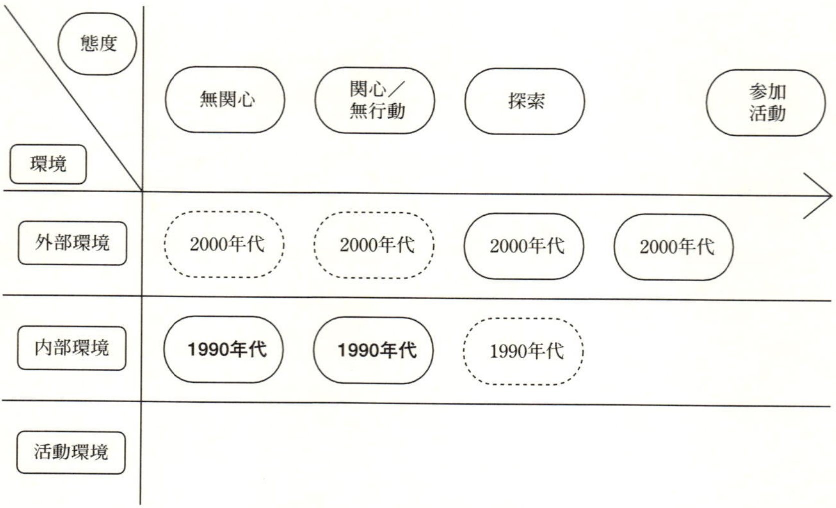
態度
環境
無関心
関心／
無行動
探索
参加
活動
外部環境
2000年代
2000年代
2000年代
2000年代
内部環境
1990年代
1990年代
1990年代
活動環境

図 1.7　進化するミスマッチ問題――1990 年代と 2000 年代

という非営利組織自身の脆さも示唆している．2000 年代に入り，非営利組織への期待と要請は膨らむばかりである．先のようなミスマッチ問題が増えるのなら，これらの要請に耐えうるだけの体力を非営利組織側が十分に備えていないとみることができる．

4　ミスマッチ問題の理論解釈：トランザクション・コスト

4.1　トランザクション・コストとは

図 1.6 の阻害要因の内容は，自分自身の希望を明らかにするための思考や情報検索の時間，労力，費用などのコスト，活動条件をめぐって非営利組織と条件交渉を行うためコスト，条件が合わない際，再交渉するための労苦（コスト）などである．まさに，ボランティアという人的資源の譲渡をめぐる非営利組織と資源提供者間のトランザクション・コスト（取引コスト）である．

コース（Coase）は，論文 “The Nature of the Firm” の中で，「企業の特徴は価格メカニズムの代替物であるところである」と述べている．価格理論の主たる目的は，価格メカニズムのはたらきによって，いかにして経済主体の行動が相互に調整され，効率的な資源配分が実現されるかを明示するところにある

(石原，1992)．しかしながら，現実にはすべての取引や資源配分が市場を介して行われているわけではなく，企業内の管理による資源配分，企業間の取引など，市場を介さないものも多い．この非市場的な取引が行われる理由をコース（コース，1990）は，「トランザクション・コスト」理論によって説明した．

コースの「トランザクション・コスト」とは，市場での交換によって取引をする際に生じるコストであり，取引相手を探すための検索コスト，適正な価格で取引が行われるための交渉にかかる交渉コスト，その契約執行に際して，契約どおりに実行されていることを確認するための監視にかかるモニタリング・コストである．

そして，これらのトランザクション・コストを節減し，効率性を上げることが必要となるが，そのためには毎回行われる契約を回避するために，労働市場を内部に組み込むような枠組みと仕組みが必要になる．それが「企業」であり，「企業」が生じた理由はここにある．

さらに，ウィリアムソン（Williamson）は，トランザクション・コストが生じる原因として，不確実性（uncertainty）を挙げているが，取引相手がわずかしか存在しない場合には，市場の働きが歪められ健全な取引ができにくくなる．このような「環境要因」にだけでなく，「人的要因」が市場での取引を困難にする要因であることも強調している．「人的要因」とは，限定された合理性（bounded rationality），機会主義（opportunism，もしくは駆け引き主義）のことである．価格理論では，経済主体は完全情報に基づいて合理的に行動すると仮定されているが，(市場取引に大きなリスクをもたらすことになる．しかしながら，)先の環境要因，人的要因は現実には存在しており，これらから派生した問題として市場取引における「情報の偏在」（information impactedness）が生じる．そのため，市場取引には多くのリスクやコストが伴うのである．

トランザクション・コスト理論は市場のアクターである営利企業のみならず，開発援助分野や非営利組織の活動においても用いられるようになっている．ミスマッチ問題についても本理論を下敷きに解釈を進めると問題がより鮮明に整理されてくる．

4.2 ミスマッチ問題とトランザクション・コスト

そこで，この態度の段階別にどのようなトランザクション・コストが発生しているのか見ることにする．

・無関心段階，関心／無行動段階——無関心段階では資源提供者の方で情報を取り入れようとする準備ができていない．また発信しようともしていない．次に，関心はあるが行動に移していない段階の人々は，自身でも明確にできない意識の段階にあり，曖昧な情報を有している．ここでは，トランザクション・コストは発生していない．

・探索段階：「探索コスト」——探索（アプローチ）段階とは，資源提供者と非営利組織が互いの情報を求めて具体的な情報発信を始める段階である．資源提供者と非営利組織は最初からボランティア活動や寄付の相手がわかっているわけではない．この段階では，資源提供者は何らかの興味に基づいて参加機会を見出そうとするが，その興味・関心の内容は漠然としたものであることが多く，希望内容を的確に表現できない．またこの段階では，探索の過程で関心内容が変わることもありえる．このような状態では探索コストは増大する傾向にある．

・選択段階：「交渉コスト」——探索努力によって資源提供希望者が適当な非営利組織を探し当てた後にも問題は存在する．互いに，どの程度自分の関心や条件と一致しているのか確認しなければならない．非営利組織は資源提供希望者が自己アピールするだけの能力や技術を本当に有しているのか見分けることは困難である．そこで，不明瞭な点を一つひとつ確認してゆく必要があり，「交渉コスト」が発生する．

・参加・活動段階：「モニタリング・コスト」——探索，選択の段階で記された，情報の不確実性を解決せずに活動に参加した場合には，さまざまな行き違いや衝突によるコンフリクトが生じる．寄付の使途やボランティア活動の内容など双方間で意見の相違があれば調整が必要となる．調整後それが順調であるかを確認するためにモニタリングが必要になる．交渉段階で諸条件をあいまいにしたままにすると，事業実施段階で不一致が生じやすく，そのたびごとに交渉とモニタリングが繰り返されることになる．

5 仮説としての「インターメディアリ」

民間非営利組織とその資源提供者の間のミスマッチ問題を，資源の取引および合意形成に要するコスト問題とし，これをトランザクション・コストと呼ぶ．そしてミスマッチ問題解決はトランザクション・コスト軽減であるとして仮説を立てる．

コース，ウィリアムソンは，トランザクション・コスト軽減策として，供給者を組織内に組み込み内制化する「内部組織化」を提示した．しかしながら，ここでは，内部組織という解決策は有効ではないと思われる．なぜならば，寄付者やボランティアはあくまでもボランタリーな資源提供者として参加と退出の自由が守られるべきだからである．ここでは内部組織という解決方法ではなく，トランザクション・コスト軽減機能を有する機関を新たに設定することが妥当だと考える．したがって，以下のような仮説を立てた．

5.1 仮 説

「資源提供者と非営利組織の間で，資源提供が行われる際にその阻害要因となっている両者への負荷，すなわちトランザクション・コストを軽減する機能を有する媒介（インターメディアリ）を意図的・計画的に設定することによって両者間の資源提供を円滑にし，また促進することが可能になる．」

5.2 命 題

インターメディアリの命題はトランザクション・コストの軽減である．トランザクション・コストは，資源提供に要する物理的コストおよび合意形成に要するコストのことであるが，トランザクション・プロセスを段階別にみてゆくとコストの種類・内容はそれぞれ異なる．そこで，インターメディアリは，トランザクション・プロセスで生じる探索コスト，交渉コスト，モニタリング・コストを軽減することを命題とする．

5.3 21世紀のインターメディアリ

図1.8で示された，実線はトランザクション・コスト，すなわち探索，交渉，モニタリングの各種コストを総合したものを表している．インターメディアリ

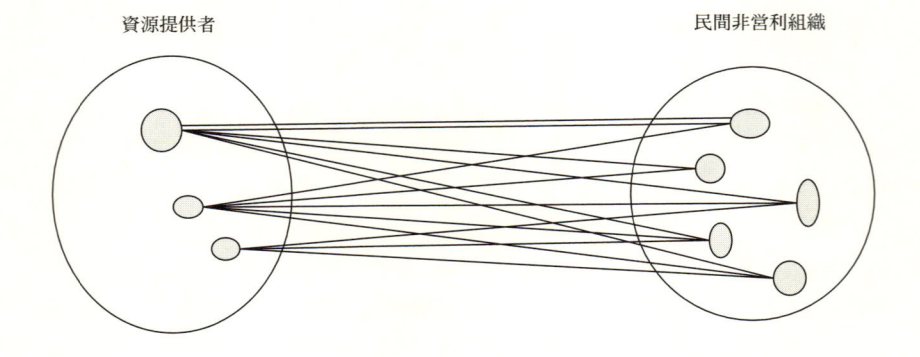

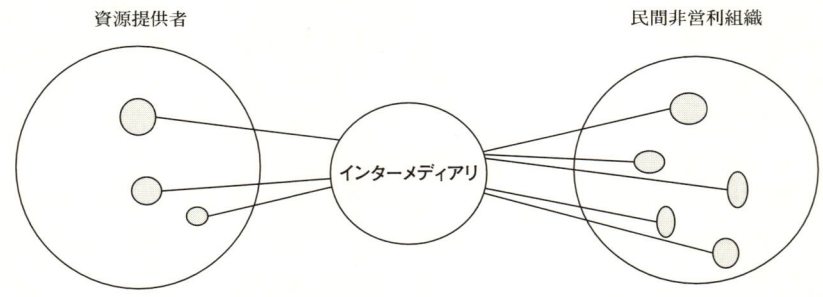

図 1.8　仮説：インターメディアリによるコスト軽減
直線は資源提供者から非営利組織に資源がわたるまでに必要なコストとみなす．

の理想は，この3つのコスト削減に対応する機能を有していることである．一方，資源提供者と非営利組織の間で生じるコストは時代によって異なっている．1990年代に顕著なのは探索コストであり，2000年代では，交渉コストである．21世紀のインターメディアリは，時として対立しがちな資源提供者と非営利組織の間の利害を調整し，両者のバランスをとることがより求められるだろう．なぜならば，両者対等なレベルに引き上げて活動をしなければ，非営利組織の使命やあり方にも影響を及ぼしてしまうからだ．そのためには，非営利組織の能力を向上させ，資源提供者に対して信用保証することが必要である．信用保証のためには，非営利組織の活動を評価し，必要であれば改善策や代案を打ち出すことが求められるが，これはモニタリング・コストへの対応である．つまり，交渉コストに対応するためには，同時にモニタリング・コストにも対応す

ることが求められるのだ．21世紀のインターメディアリはこの2つのコストに対応することがより重要になるだろう．

　本書では，非営利活動で先輩格にあたる米国，英国の，優れたインターメディアリ事例を紹介し，詳細な分析を試みた．インターメディアリ研究を手掛けた1990年代初頭，筆者が想定するような理想的なインターメディアリを日本に見出すことはできなかった．理想的とは，生活者や非営利組織側の立場にたって先の3つのコストに対応する機能を有するインターメディアリのことである．しかし，当時でさえ，米国，英国にはすでに50年以上の経験と蓄積を有する優れたインターメディアリが存在していた．興味深いことに，自らの組織がインターメディアリの役割を果たしていることに，インタビューを受けて初めて気付いたと答える職員もいた．意図的にインターメディアリとして設立されたというよりも，特定のミスマッチ問題に着手してゆくうちに，自ずとこの機能を兼ね備えていったのだろう．

　21世紀に入り，我が国のNPOブームはその衰えを知らぬどころかその勢いを増している．同時にミスマッチ問題も多様化し複雑になる．本書は，時代とともに変容するミスマッチ問題に応えるべく，インターメディアリの本質を問いかける．

1)　ミスマッチ問題とその分析の詳細は，田中弥生（1999）『NPO　幻想と現実　それは本当に人々を幸福にしているのか』（同友館）を参照してほしい．

II NPO と社会をつなぐ
インターメディアリとは何か

2章　ミスマッチの解決とインターメディアリ事例

　第1章ではミスマッチ問題を取り上げ，その原因を明らかにするためにトランザクション・コスト（取引コスト）論を用いて分析した．そこで見えてきたのは問題解決策としてのインターメディアリだった．理論的には可能なインターメディアリであるが，現実の社会でそれは可能なのか．市場メカニズムの働かない非営利の世界では不可能であるという専門家の意見もあった．だが，長年の活動歴の中で非営利組織はインターメディアリを育んでいた．しかも地域社会に自然に溶け込むかたちでである．筆者は，インターメディアリの先進事例を求めて，非営利セクターの活動が盛んな米国，英国において調査を実施した．高齢者ボランティアとNPOを斡旋する組織，年間4億ドル以上の寄付をNPOに斡旋する組織など実に創意工夫に満ちた機能を発揮していた．

1　欧米にみるインターメディアリ先進事例

　ここでは，資源提供者から民間非営利組織への資源提供の仲介・調整を行うインターメディアリ事例を紹介する．資源を，人材，資金，情報の3種とし，それぞれの資源を扱うインターメディアリの先進事例を，1995年以降，米国，英国で取材し，その内容をまとめた．

　人材，資金，情報インターメディアリの代表例をそれぞれ1事例ずつ詳述し，他の6つの事例については3.4以下に収めた．ここで紹介する9事例を，次のように整理してみる．

1.1　資源別

人材インターメディアリ　　　　　　　情報インターメディアリ
　・「RSVP」（事例1）　　　　　　　　・「財団センター」（事例3）

・「ニューヨーク・ケア」(事例4)　　・「NCIB」(事例9)
・「BVC」(事例5)

資金インターメディアリ
・「クリーブランド財団」(事例2)
・「チャリティーズ・エイド財団」(事例6)
・「低所得者のための住宅供給社」(事例7)
・「ニューヨーク・コミュニティ信託」(事例8)

1.2 タイプ別分類

インターメディアリの活動タイプを，資源提供者サービス型／民間非営利組織育成型，効率志向型／使命追求型に分け，4つの象現にまとめてみた．

表2.1　インターメディアリのタイプ別分類

	資源提供者サービス型	民間非営利組織育成型
効率志向型	チャリティーズ・エイド財団 NCIB ニューヨーク・コミュニティ信託 ニューヨーク・ケア	BVC 財団センター
使命追求型	RSVP	低所得者のための住宅供給社
	クリーブランド財団	

2　インターメディアリ事例一覧リスト

事例1　「退職者と高齢者のためのボランティア・プログラム」(RSVP; Retired and Senior Volunteer Program)

　55歳以上の退職者，高齢者を対象にボランティア活動を紹介・斡旋する全米組織で，47万人（468,600人：2002年10月〜2003年9月）が参加している．30年前のRSVP設立当初は，「高齢者はボランティアをするものではない」というのが一般常識であったが，病院ボランティアによるモデルづくりと調査データによってそれを見事に克服した．現在，高齢者の適正能力発見とそれに応じたボランティア活動のアレンジに工夫を凝らす．

事例2 「クリーブランド財団」(The Cleveland Foundation)

クリーブランド地域の市民の遺産，財産などの寄付を信託制度によって運営し，その果実でクリーブランド地域の民間非営利組織に助成する機関．一方で，積極的な募金活動を行い，もう一方では優れた助成機関として専門家を揃えて戦略的助成活動を展開する．助成者としての自負心と寄付者のホスト役の2役の間で葛藤している．

事例3 「財団センター」(The Foundation Center)

助成財団や企業寄付など寄付情報を中心に，民間非営利組織に関する情報を提供するライブラリーで54種類のディレクトリーの出版事業も行う．助成財団の社会的認知度を上げ，また募金団体である民間非営利組織とのコミュニケーションを効率的に促進することを目的に，10の大型助成財団によって30年前に設立されたのが「財団センター」である．現在では，被助成者，助成者だけでなく，マスコミ，政府関係者，研究者，就職希望者などがセンターを広く活用している．

事例4 「ニューヨーク・ケア」(New York Care)

多忙なニューヨーカーたちが，働きながらボランティア活動に参加できるようにプログラムを開発し斡旋する機関．「ユーザー・フレンドリー」を基本コンセプトに，ボランティア希望者が気軽に楽しくボランティアに参加できるよう，ボランティアの受け皿組織の協力を得ながらボランティア・プログラムのコーディネーションを実施する．

事例5 「企業ボランティア協議会」(BVC; Business Volunteer Council)

企業の社会貢献推進と，民間非営利組織の育成の2つの使命のもとに，企業ボランティアとその受け皿である民間非営利組織間を仲介・調整する機関．不況で社会貢献予算が削減されるなか，限られた資金でより効率的に活動をしようと企業代表者を中心に設立された．企業向けには，社会貢献活動のコンサルテーション，教育プログラム，さらにボランティア・プログラムの斡旋を行う．民間非営利組織向けには，組織マネジメントやボランティア・マネジメントの

教育プログラムを提供する．

事例6 「チャリティーズ・エイド財団」（CAF; Charities Aid Foundation）

寄付希望者の手続き代行機関．英国の寄付税制は複雑かつその手続きが煩雑なため，民間非営利組織への寄付が促進されないとして，寄付代行業が始められた．CAF は，寄付希望者に対して，寄付先リスト（民間非営利組織）を提供する．それをもとに寄付希望者が寄付先を指定すれば，後は CAF が送金から税金還付までを代行する．募金活動に積極的なマーケティング戦略を駆使し，ポストカードや電話相談，大がかりな宣伝活動を展開し募金額を増やしている．

事例7 「低所得者のための住宅供給社」（CSH; Corporation for Supportive Housing）

企業および助成財団から募金し，貧困地域の開発事業に従事する民間非営利組織に助成する機関．これら民間非営利組織の育成をめざし，助成金に加え，コンサルテーションや教育プログラムを提供する．また，CSH は，貧困地域開発事業の評価基準として，低所得者の精神的サポートなど質的側面に重きを置いている．

事例8 「ニューヨーク・コミュニティ信託」（New York Community Trust）

ニューヨーク地域の市民から寄付を信託されるかたちで預かり，運用し，その果実でニューヨークの民間非営利組織に助成する機関．先のクリーブランド財団と同じ機構（コミュニティ財団）．ニューヨークの地域規模を反映し，信託額および助成額は全米最大規模を誇る．クリーブランド財団が助成者としての自らのイニシアティブを重んじるのに比し，寄付者の意思を重んじた代行機関としてのカラーが強い．

事例9 「全国チャリティー情報センター」（NCIB; National Charities Information Bureau）

民間非営利組織の評価専門機関．第一次大戦直後，救済活動を中心に民間非営利組織が急増し，一般市民への募金活動が積極的に展開された．「いったいどの団体に寄付したらよいのか見当がつかない」という市民の声を受け，民間

非営利組織の確実な情報を提供しようと1918年に設立されたのがNCIBである．情報提供には情報編集が必要となるが，そのためのフレームワークとして評価が用いられた．評価基準は，組織の使命からその達成方法，マネジメントまでのプロセスを重視している．

3 インターメディアリ事例の詳細

3.1 事例1 人材インターメディアリ

「退職者と高齢者のためのボランティア・プログラム」（RSVP；Retired and Senior Volunteer Program）は，55歳以上の退職者および高齢者にボランティア活動を斡旋する全国規模の民間非営利組織である．1995年現在全米に750の支部（63,800団体，2002年10月〜2003年9月）があり，成人向けボランティア斡旋組織としては全米最大規模を誇る．RSVPが斡旋しているボランティア活動のメニューを表2.2に示す．

表2.2 RSVPのボランティア活動メニューの一例

問題児の精神的指導員（メンター）	学校教師の助手
スープキッチンでの食事の用意と配達	美術館の説明係
高齢者の納税手続き，年金手続き	公園の庭の手入れ
保育園での子供の世話	民間非営利組織のイベントの手伝い
エイズの人々の食事の世話	民間非営利組織の会計，経営
成人向け識字教育	

ニューヨークはRSVP発祥の地であり，RSVP New Yorkは支部のなかで最も大きいもののひとつだ．同支部では年間1万人のボランティアが600の民間非営利組織で合計250万時間の活動を行っている．ここではニューヨーク支部に焦点をあて，活動内容をくわしく見て，インターメディアリとしてのRSVPを紹介する．

3.1.1 ミッション

RSVPは活動の目的として次の2つを掲げている．①高齢者が人々を助けることによって自分自身の人生を豊かにする．②ニューヨーク地区の社会的ニーズに応じて活動する民間非営利組織・保健機関を援助する．

3.1.2 歴史

(1) 政府の関心：RSVP は政府の高齢者対策と民間非営利組織が組み合わさって生まれたプログラムである．1965年に始まったジョンソン大統領の貧困者政策のひとつに，貧困地域の子供たちを低所得の高齢者がケアするという試験的なプログラムがあった．これが予想以上の成功を収めたのである．1967年，米国高齢者問題省は RSVP の前身であるニューヨークの民間非営利組織 SERVE に助成金を出し，本プログラムが本格的に始まった．

(2) 民間非営利組織の成功：このプログラムには鍵となるひとりの女性がいた．彼女は，高齢者が社会参加の機会を欲していること，それにはボランティアが適していることを主張していた（高齢者意識と周囲のミスマッチ）．

しかし当時，彼女の主張を理解する人は少なかった．むしろ一般には「高齢者はこれまで社会に奉仕しつづけたのだから，余生は逆に面倒をみてもらいたがっている」と考えられていた．このような否定的な見解は誤った思い込みであると証明したのがその女性，Janet Sainer 女史であった．

3.1.3 ミスマッチの解決策

一般の人々の誤った考えを正すため，Janet Sainer 女史はまずニューヨーク東部の高齢者に対して生活一般・友人・社会参加などに関する調査を行った．そのなかにポイントとなる2つの質問があった．

「仕事に戻りたいですか？」(Would you like to go back to work?)

「有給か無給かにこだわりますか？」(Would you mind being paid or unpaid?)

答えの多くは Sainer 女史が予想したとおり，「仕事はしたいが給料にはこだわらない」というものであった．この結果，高齢者はボランティア活動を通じて社会参加を強く望んでいることが証明できたのである．

3.1.4 モデル事業の開始

1966年，モデル事業としてスターテンアイランドの病院で23人の高齢者ボランティアが活動を始め，成功を収めた．これを契機に病院でのボランティア・ニーズ調査を本格的に開始する．まず病院の業務内容を調べ，ボランティアが必要かどうか確認する．病院側は通常，人手不足をボランティアで補えるとは思っていない．人手不足が確認されたらそれにボランティアが有効であることを一つひとつ説明するのである．

ある病院では600人の患者に対し1200人のボランティアが必要であること

がわかった．そこで Sainer 女史は教会などに出向き，高齢者を募って病院ツアーを行い，病院の現状を見せながらボランティアの必要性を訴えた．これらの努力が実り，モデル事業は連邦政府ボランティア省のプログラムになり，RSVP が全国組織として発足する契機となる[1]．

3.1.5 活動分野とメニュー

(1) 活動分野：ボランティア活動は一般に社会サービスに関連した要請に広く対応するが，営利を目的としないことが鉄則である．コミュニティのニーズに応じてボランティア活動の分野は病院・学校・保育園・老人ホーム・障害者の介助・エイズ対策など幅広い．また，民間非営利組織が定常業務以外のイベントを行う際に必要なボランティアの斡旋も行う．

より専門性の高いボランティアのための訓練と仕事の斡旋も行っている．たとえばケースワーカーとともに 6 週間のプログラムを受講し，関連事項全般について学ぶ．修了後，ボランティアは病院や地域の公立相談所に派遣され，低所得の高齢者に生活保護や年金の受け方などのカウンセリングを行っている．

(2) 活動メニュー：活動メニューにはいろいろなものがある．一律・一定の活動にせず，同じような活動でも受け入れ側のコーディネーターがボランティア個人の特性・希望に沿って仕事をアレンジするようすすめている．主な活動メニューは表 2.2 にあげたように，「問題のあるティーンエージャーのメンター」などがある．

3.1.6 結果

ニューヨーク市では年間 1 万人のボランティア参加者が 600 の民間非営利組織などに対して計 250 万時間のボランティアを行っている．なお全国 750 の支部では合計で 47 万人（全体で 468,600 人，7810 万時間のボランティア．2002 年 10 月〜2003 年 9 月）が活動に参加している．

3.1.7 組織構造

(1) 4 つの支部：RSVP New York はマンハッタン本部のほか Bronx, Brooklyn/Queens, Manhattan/Queens, Staten Island Serve/Brooklyn の 4 つの支部に分かれて運営されている．各支部はディレクター・秘書・アシスタントの計 3〜4 名で構成されている．各支部で蓄積されたデータは毎月本部に送られ，本部のコンピュータで処理・保管される仕組みになっている．

そのほか本部にはスペシャル・イベントのディレクターが置かれている．民間非営利組織がイベントを行う際に必要とするボランティアを専門に扱う部署

で，この部門は需要が大きい．年間30～35件のイベントを扱うが，ひとつのイベントにつき大きいもので100人，小さいもので10人程度のボランティアを斡旋している．

(2) 運営母体と資金調達母体の分離

・民間／行政収入：RSVPは発足当時から政府の高齢者政策と連携を保ちながら成長してきた組織である．収入源は民間財団からの援助や寄付による比率が高いが，連邦政府からも定期的に助成を受けている．年間予算は1200万ドル．うち1100万ドルを民間からの寄付が占め，ユナイテッド・ウェイ[2]からの寄付が最も多い．ほかに連邦政府から約80万ドル，ニューヨーク市から約20万ドルの助成金がある．

・募金団体（クリアリングハウス）：RSVP New York自体は資金調達活動を行っていない．そのかわりCommunity Serve Societyという全米で最も歴史のある社会福祉エージェントが募金を集め，それをRSVPに送金するシステムをとっている．

Community Serve Societyは民間非営利組織ではあるが，行政のケースワーカーたちの訓練などを実施しており，行政との共同事業も少なくない．また150年の歴史をもつCSSはユナイテッド・ウェイと長期にわたって共同作業を行い，ユナイテッド・ウェイの資金配分作業に参画してきた．ユナイテッド・ウェイからみるとRSVPは「高齢者問題」の寄付カテゴリーに入り，CSSに寄付の配分を委託するかたちでRSVPに資金が送られる．RSVPとしてはCSSをクリアリングハウスにすることで資金調達の苦労を避けられるというメリットがある．

3.1.8 運営方法——2つの顧客の募集

(1) ボランティアの募集：高齢者ボランティアを募集するために特別なキャンペーンは行っていない．最も多いのが口コミによるものである．ボランティアを経験した人がそれを友人に話し，そこで興味をもった人がRSVPに問い合わせてくるのである．またマスコミで取り上げられ，それを見て問い合わせてくる場合もある．

次に多いのが，病院で高齢者ボランティアの活動を見て興味をもち，RSVPに問い合わせてくるもの．病院での活動が多いことから，病院を患者として訪れた高齢者にはボランティアの活動が目につきやすい．

また，企業と提携し，退職後のライフプランとボランティア活動に関する6週間の退職前教育を始めている．これを受講した人々がRSVPで活動する確率が高い．

　RSVPに関心をもった人はまず電話で問い合わせてくるが，そのときの対応はかなり懇切丁寧である．さらに関心をもった人は資料をもらいに自らRSVPの事務所を訪れてくる．資料を送付することも可能だが，最寄りのRSVP事務所を訪れて職員とじかに接することを希望する人が多いという．

　(2) 民間非営利組織：ボランティアを受け入れる民間非営利組織も，主に口コミで広がっていった．民間非営利組織の仲間同士の評判を聞いて，高齢者ボランティアを受け入れ，手伝ってもらおうと問い合わせてくる．またイベントなどでシニア・ボランティアの活躍ぶりを見てRSVPに問い合わせてくることもある．

　ボランティアを受け入れる民間非営利組織の数は現在のところ十分に確保されている．したがって，民間非営利組織向けに特別な広告やキャンペーンを行ってボランティアの受け入れ先を募集することはしていない．

3.1.9　マッチング法

　(1) コーディネーター：ボランティア活動者と仕事内容のマッチング（組み合わせ）は，本人の関心・希望とともに資格や職歴なども考慮のうえ決定する．このとき，ボランティアワークと同様の仕事をしていたか否か，つまり同様の仕事の経験があるか否かではなく，ボランティアワークに転用できる技術（Transferable Skills）をもっているか否かで判断される．転用可能な技術の判断はRSVPの職員と面談した際に行われ，技術の内容は次のような分類項目にしたがって認知される．転用可能な技術は19項目あり，その内容は表2.3のとおりである．

　民間非営利組織に関する情報収集／判断もスタッフの仕事である．電話や募集要綱のみで受け入れ機関を決めることはない．ボランティアの能力を過大評価しているケースもあるし，反対に高齢者ボランティアを受け入れるだけの準備や許容力のないところも少なくないからだ．スタッフは民間非営利組織を直接訪ね，面談して細かく確認する．直接訪ねることが欠かせないという．

　(2) コンピュータ・システム：1980年に開発されたシステムで作業している．オペレーターは1名．住所や氏名・性別・前職・関心事・転用可能な技術

表 2.3 転用可能な技術の 19 の指標

芸術／創造的(芸術的才能，創造的／革新的，デザイン)	パフォーミング（デモンストレーション）
コミュニケーション（文才，社交，聞き手）	肉体（肉体的にアクティブ，手先，建築）
詳細／精密を好む(システム／記録，マニュアル)	プランニング（目標設定，問題解決）
教育（ガイド，教育，メンター，講師）	影響力／説得力（売買，リクルート，交渉）
リーダーシップ(スーパーバイズ，動機づけ)	自立(自信がある．独自に働く，イニシアティブ)
学習（調査，情報収集，分析，読書）	他者を助ける（勇気づけ，相談，忍耐）
メカニカル（修理，仕組みがわかる，発明）	思考（アイディア豊か，洞察力，即興）
数字（数字や記憶力を使って仕事）	センス（観察，試験，感触／感覚）
まとめる（期日に間に合う，維持する）	他者との共同（チームの一員，人脈が豊か）
アウトドア（植物の栽培，動物の飼育）	

などボランティア希望者の身上書を作成するが，それらの内容はコード化してコンピュータに入力している．記入用紙からコード化するのは手間のかかる作業である．民間非営利組織が記入する用紙はほぼコード化されている．そのため多少修正するだけでコンピュータへの入力が可能である．

継続と脱会はコンピュータで管理されており，3 カ月活動していない会員についてはマークし，1 年活動しなかった場合はデータから削除されるシステムになっている．

基本的なマッチングはコンピュータで行われ，その結果に基づいて RSVP の職員がボランティア希望者と面談し確認する．

3.1.10 顧客に対するサービス／関係づくり

(1) 顧客／ボランティア

- オリエンテーション／トレーニング：ボランティア活動内容の詳細の説明とトレーニングは，RSVP ではなく受け入れ機関で行う．個々の受け入れ機関によって作業内容／方法が異なるので，RSVP で一律にカバーすることはできない．
- 保険：すべてのボランティアにプライマリー保険がかけられる．掛け金はすべて RSVP が負担する．自宅から活動場所への移動中や，ボランティア活動中の事故が保険の対象になる．
- 交通費：予算削減によって交通費補助の規定には厳しい制限がある．補助があるのは 1 カ月に 10 日以上活動している場合に限られる．支給は 4 カ月以降．65 歳未満は公共輸送機関を用いた場合，片道 1 ドル 25 セント

（トークンと同額），自家用車は往復2ドル．ともに上限は1カ月20ドル．65歳以上はシルバーパスがあるので，公共輸送機関を用いた場合の支給はない．自家用車は往復1ドル．上限は1カ月10ドル．
- 表彰制度（ボランティア賞）：年に1度，功績があったボランティアを対象に表彰を行っている．
- 懇親会：ランチや朝食会など，ボランティア同士の懇親を深めるための会が年に数回設けられている．最大のものは一度に6000人のボランティアが集まるもので，ラジオ・シティを借りて行われる．
- バースデーカードの送付：各ボランティアの誕生日にRSVPからカードが送られる．

（2）顧客／民間非営利組織：ボランティアを受け入れる民間非営利組織とは，パートナーとしての関係をつくることが重要である．募集要綱を受け取ると，RSVPのスタッフは民間非営利組織を直接訪ね，シニア・ボランティアを受け入れる能力／許容力があるかどうかを確かめる．登録が決まると最初に民間非営利組織側のボランティア・コーディネーターを選出してもらう．コーディネーターが中心になってボランティアの仕事を決め，ボランティアへのオリエンテーションや指導を行う．民間非営利組織とシニア・ボランティアとの調整役である．

RSVPは受け入れ側組織およびコーディネーターに対して，ボランティア活動に関する基本姿勢を伝える．

「ボランティアは単なる補助要員ではなく，重要な役割を果たす人として尊重されなければならない．またボランティアは常勤職員の職をおびやかしたり邪魔するものではないことを，職員たちによく理解してもらうことが必要である．」

- マニュアル：この基本姿勢は，これまでの活動を通して発生した典型的な問題をもとにつくられた．この方針のもと，仕事のつくり方・分担方法・周囲との調整・注意点などを細かく記したマニュアルが配付される．
- コンサルテーション：また丁寧なコンサルテーションも行っている．受け入れ先となる民間非営利組織からの電話による相談にも随時対応している．
- 講習会：コーディネーター向けの講習会を行っている．ボランティア・リーダーシップとよばれる講習会は外部にも好評で，リソースセンターと呼

ばれる組織[3]と共同で一般参加も可能な講習会を実施している.

3.1.11 成功要因／障壁

(1) 成功要因：ボランティアと民間非営利組織の双方にプログラムを開発，充実させてきたことが成功の要因になった．ミッション・ステイトメントには，ボランティアを通じて高齢者が人生を豊かにすることを手伝い，また民間非営利組織の能力向上に寄与することの2つが記されている．このミッションにあるとおり，ボランティア活動者へのサービス提供，および民間非営利組織との関係づくり・能力開発にスタッフの時間をかなり投入している．

フォローアップが充実していることも成功要因にあげられる．募集，活動の場探し，活動中というそれぞれの場面でコンサルテーションが可能なように人員を配置している．

設立以前の努力も重要である．高齢者の意識と周囲の理解の食い違いを発見し，それを解消するための意識調査や病院ツアーがその一例である．その他連邦政府のバックアップがあったことで安定し，モデル事業を全米に展開することが容易になったことも一因としてあげられる．

(2) 障壁：一方で障壁になったことは何か．ひとつは財政難である．予算カットのため地区事務所をひとつ閉鎖したこともある．それによってその周辺の高齢者は手軽に相談に行ける場所を失った．また交通費の厳しい制限も，予算が不足したことによるものである．コンピュータなど情報処理技術の遅れもある．現在，マッチングのための新しいソフトを開発中であるが，現情報を移転するのに苦労していた．コンピュータは本部にしかないが，支部から本部のデータベースへアクセスが可能になれば，さまざまな面で作業の改革が可能になる．もうひとつは民間非営利組織内で職員の抵抗があることである．職員はボランティアに仕事を奪われるのではないかと恐れることが多い．それによってボランティアが働きにくい環境になることもしばしばある．

3.2 事例2 資金インターメディアリ――クリーブランド財団

3.2.1 設立
米国オハイオ州・クリーブランドは企業の社会貢献活動やオーケストラ，バレエといった芸術文化活動の盛んな土地柄として知られている．「クリーブランド財団」(The Cleveland Foundation) は1914年に設立されたコミュニティ財団で，全米で最も長い歴史を有する．また，規模も大きく

基本財産は全米2位を誇る．「コミュニティ財団」とは，特定地域の市民と民間非営利組織をつなぐ資金インターメディアリで，市民から寄付を委託され運用し，その果実で，地域の民間非営利組織に助成する機関のことである．また，「コミュニティ財団」自身も民間非営利組織である．

「コミュニティ財団」というアイディアは，クリーブランド地域の信託銀行によって発案された．同銀行の案は以下の通りである．

・基金設立により永続的寄付を可能にする．
・銀行が信託を受け，運営にかかわる．
・銀行代表者と市民代表者によって理事会を構成，助成配分を決める．
・受領した寄付および助成した内容については市民に公開する．

財団の活動は当初，信託によって始まった．現在は信託とファンドの2つのかたちで寄付者からの寄付を運用している．銀行代表者に加え，メリルリンチ，マクドナルド＆カンパニーなどの証券会社も運営に参加するようになった．

3.2.2 ミッション—クリーブランド財団はクリーブランド地域の市民の生活向上を促すことと，そのためにクリーブランド市民の善意による寄付を集めて基金とし，その利益を有益な地域活動に助成をすることを目的としている．

このミッションを基本に，クリーブランド財団は基本コンセプトとして以下の要件を掲げてきた．

・永続性．同財団に寄付されてできた信託もしくはファンドは，財団の理事を務める銀行によって運営され，永続する．
・ホスト役である寄付者の意思を最大に反映できるよう，寄付金を運営し助成活動をする．
・柔軟性．「限定しない寄付」もしくは「広い範囲の限定の寄付」によって，時代の変化に対応する柔軟性をもった助成活動を行う．
・独立性．独立して運営をすることのできる民間非営利組織である．

3.2.3 事業

(1) 役割と機能：クリーブランド財団はコミュニティ財団として，大きく2つの役割を果たしてきた．ひとつは寄付者の意思を反映して責任をもって信託を運営すること．もうひとつは，地域のニーズを反映し活動する優れた民間非営利組織に助成をすることである．この2つの役割を果たすために，寄付者からの資金調達活動，資金運用活動，助成活動の3つの機能をもっている．

```
役割    責任ある寄付金運営者    優れた助成者
機能    資金調達  資金運用    助成活動
```

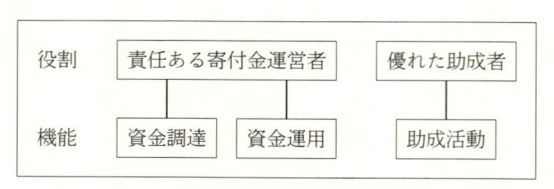

図 2.1　クリーブランド財団の基本的役割と機能

　(2) 事業：事業は，ドナー・リレーション部門，ファイナンシャル部門，プログラム部門に分かれて運営されており，それぞれ資金調達，資金運用，助成活動の機能を果たしている．

　資金調達および運用の担当者は，寄付者の都合や興味に対応するようさまざまな寄付方法を開拓し，選択肢を拡げている．これを寄付希望者に広く知らせ，手続きの段階で技術的援助をし，コミュニティのニーズについて理解を深めるよう教育活動を行う（詳細は「顧客との関係」に記した．3.2.8 以降）．

　ファイナンシャル部門は，寄付者からの資金を運営するのと同時に，クリーブランド財団の資産運用を行っている．資産運営に関する専門／技術的なことについては，取材できなかった．しかしクリーブランド財団の全スタッフ46名のうち12名がファイナンスとアドミニストレーション部門にいることからも，その作業量と重要性をうかがうことができる．

　プログラム部門は，以下の7分野について助成活動を行っている．プログラム・オフィサーは5名．うち2つの分野を担当している者が1名いるほか，ディレクターのもと指定の地区で働く特別フィランソロピー（慈善活動者）がいる．活動の分野は以下の通り．

・シビック・アフェアーズ：地域の治安，犯罪防止，裁判，職業訓練
・文化／芸術
・経済開発：クリーブランド地域全体の経済復興
・教育（初等教育，高等教育）
・健康：病院建設，エイズ研究，調査／研究
・ソーシャル・サービス：貧困地域，高齢者
・特別フィランソロピー：クリーブランドのなかでも，特定のカウンティを対象にフィランソロピー活動を実施．

　1994年の助成額は，2820万ドルで，分野別比率は次のようになる（2003年

12月31日現在で8240万ドル．以下（　）内は2003年の％）．

健康　31％（18％），ソーシャル・サービス　17％（13％），教育　16％（9％），文化／芸術　16％（9％），経済開発　9％（8％），シビック・アフェアーズ　8％（5％），特別プログラム　3％（2003年はその他環境2％，奨学金3％，その他組織の支援18％　など）

3.2.4　業績（資産規模，寄付額，助成額）―クリーブランド財団の，事業結果を機能別に以下に示す（寄付額とは，寄付者から受領した金を指す）．

1994年度

資産規模　　739,906,723ドル　（1,520,736,774ドル）

助成金　　　30,099,947ドル　（Program Related Investment 含む）
　　　　　　　　　　　　　　　（82,840,441ドル）

寄付金　　　12,712,183ドル　（40,169,318ドル）

3.2.5　方針―クリーブランド財団は地域のフィランソロピーのリーダーとして誇りをもっており，優れた助成財団として高い評価を受けている．寄付者の寄付方法は，財団と交渉する過程で活動の分野や方法などを「限定した寄付」から，「限定しない寄付」に次第に移行してゆく．このような現象の背景には，同財団が寄付者に対して教育をしていることや，またクリーブランド財団の業績によって，市民が同財団により強い信頼を寄せていることがあげられる．

同財団の方針は以下の言葉で示されている．

- 「感度のよい助成者」：民間非営利組織からの申請に対し厳しくかつ建設的に対応する．
- 「カタリスト」：地域の主要な問題を発見し，問題解決にあたる地域のイニシアティブを育成すること．
- 「コンベナー」：多様なグループを集め，地域の資源をより効果的に使えるように交流機会をつくる．
- 「教育者」：地域の問題について市民に周知する．
- 「フィランソロピック・リーダー」：クリーブランド地域だけでなく，全米のフィランソロピー界のリーダー役を務める．

3.2.6　組織構造―クリーブランド財団の理事は銀行代表者5名，市民代表6名（市長，法律家など）のあわせて11名で構成されており，最高意思決定機

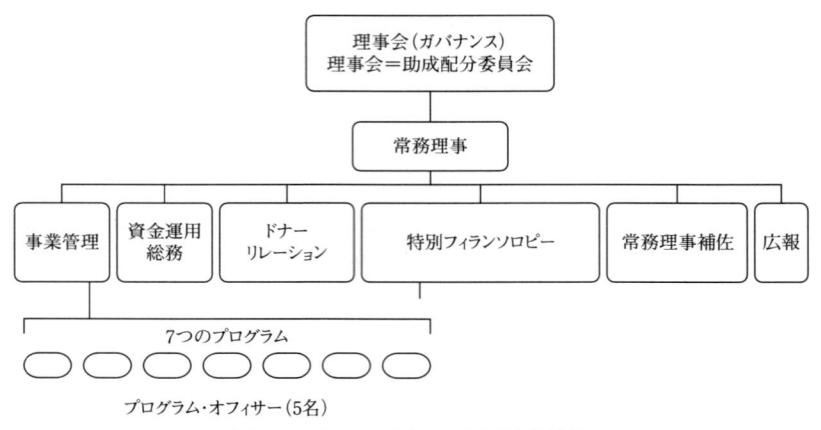

図 2.2　クリーブランド財団組織構造

関として機能する．同時に理事は助成配分委員会のメンバーとして助成金の配分の決定も行う．スタッフは 46 名．資金調達，同財団の資金運営およびアドミニストレーション，助成活動を行っている．

3.2.7　運営

（1）運営（担当部門）：上記の組織構成に基づいて資金調達，資産運用，助成が行われる．
それぞれの機能を担当する部門は以下のとおりである．

　資金調達（寄付受付）：ドナー・リレーション，資金運用，広報
　資産運用：資金運用
　プログラム：事業管理，特別フィランソロピー，広報

　助成を担当する部門は，管理部門と実務部門で上下関係を構成しているが，これは業務の効率化を図るためになされたものである．設立当初はこのような構成になっていなかった．助成事業の増加とともにプログラム全体を管理する部門が必要になってきたのである．

　事業管理の役割は，大きく分けて①助成申請書を適当なプログラム・オフィサーに振り分けること，②各プログラムへの予算配分，③戦略的プランと評価の管理——の 3 つがあげられる．

　また，異なるプログラム間で類似の助成活動を行っていないか重複をみたり，

申請手続きの時間を管理するのもこの部門の役割である．後述する戦略的プランとそのフォーマットは事業管理部門によって開発された．

(2) 管理／総務部門：「ソフト情報」としては，システム担当部が1991年に設置され，93年に管理ソフトが完成した．それまでは各部門で異なるコンピュータ・システムを使っていたため互換性がなく，多くの重複がみられた．現在では助成申請から寄付者まですべてが一括して管理されており，メイリングリスト，寄付者リストなどの情報は共有できるようになった．各スタッフが新システムを習得するための訓練室もある．

また財団内部だけでなく被助成者および寄付者とも情報の共有が可能である．新システムは被助成者向けプログラム「Grant Management」，寄付者向けプログラム「Fund Management」が開発され，外部からのアクセスが可能である．詳細については3.2.9「情報公開」の節で説明する．

なおインターネット活用については考慮中であるが，情報保持の問題があり決断には至っていない．

「ハード情報」として，助成に関する情報はプログラム・オフィサーによって記入され，クリーブランド財団内で10年間保管する．保管は総務部の記録係（2名）が担当し，ファイルの貸し出しなど，管理を綿密に行っている．

ファイルの貸し出しに関しては，2週間の期限が切れると頻繁に警告をするそうだが，幸いスタッフは協力的で警告の回数は少ない．被助成者が副資料として添付してきた出版物やビデオなどもここで管理される．同財団で保管されたファイル／資料は，10年後，ケース・ウエスタン・リザーブ大学の歴史資料館で永遠に保管される．システムが完成した現在，ファイルの情報はパソコンを通して自分のオフィスで取り出せるようになった．

3.2.8 顧客との関係—クリーブランド財団にとって直接の顧客は寄付者と被助成者の両者であるが，さらに間接的な顧客としてクリーブランド市民一般がある．それぞれに対して，関係づくりのための努力がなされている．

3.2.9 寄付者

(1) 寄付メニュー：寄付者に対しては，ファンド／信託の方法についてさまざまなメニューが用意されている．寄付者の財産の状態および意思を反映した寄付が可能になるよう，現在もメニューの開拓が続けられている．メニューの開拓はファイナンシャル部門が中心になって行われている．メニューは寄付の

タイプ，所有財産のタイプ，寄付方法のタイプから構成されている．これらの3つのカテゴリーついて，寄付者の財産状況や意図に最適なものを選ぶようになっている．カテゴリーおよびその選択肢は以下のとおりである．

「寄付タイプ」（さまざまな方法で，財団に寄付することが可能になるように開発されたもので，クリーブランド財団が考案したものである）

遺産，年金寄付，生命保険，リード信託，リマインダー信託，年金信託，直接寄付，収入プールファンド，抵当，信託

「財産タイプ」

株式，私有株式，土地，保険，抵当，現金，コピーライト

「寄付方法」

限定なし，広い興味のみを指定，特定の寄付先／目的を指定（大きくこの3つの選択肢があるが，詳細には9つの選択肢が用意されている）

これだけの選択肢を有し，しかも資金運用方法が専門化してきたため，寄付者には，技術的コンサルテーションが必要になる．

(2) 寄付者との関係づくり：寄付者との関係づくりはドナー・リレーション部門が中心になって行われるが，前述のようなファイナンスに関する技術的コンサルテーションが必要なため，チームを組んで寄付者との面接にあたる．

寄付者との関係づくりの目的は次の2つがある．

・寄付者からの信頼を獲得すること．
・寄付者が正しい方向でより効果的に寄付をするように教育すること．

信頼を獲得するためには，クリーブランド財団を通して寄付をする方がコスト軽減になること（自分で財団をつくる手間とリスク，最適な被助成者を選ぶための手間とリスクなどが軽減される）や，寄付者から預かった資金運用に優れていることをアピールする必要がある．また，さまざまなかたちの財産が寄付対象になることも魅力のひとつである．

寄付者への教育とは，寄付者の善意が現在のコミュニティのニーズに一致したテーマを選び，かつより効果的に寄付ができるように軌道修正することである．多額の金を全く見当違いのテーマに寄付をしようとする資産家が少なくない．近隣の教会のために夜間照明装置をつくるようにと，使途を指定して数百万ドルの寄付をしようとする人，猫の保護のためにと80万ドルの寄付をしようとした老婦人など，寄付金とテーマの間でミスマッチが起こるケースがある．

このようなミスマッチを解消して，コミュニティで今最も必要とされているものが何であるのかを伝えるのは，ドナー・リレーション部門の仕事である．

しかしながら，軌道修正には財団側の意図も含まれている．それは財団が助成財団としてより自由度をもって助成が可能になるように，「限定しない寄付」を増やすことである．クリーブランド財団は「限定しない寄付」と「広い範囲での限定」の2つの寄付方法に寄付者が集中してくれることを期待している．そのためには寄付者に「クリーブランド財団に寄付をまかせた方がより効果的な寄付になる」と認めてもらうことが必要である．

(3) 時間との葛藤：クリーブランド財団が「限定しない寄付」にこだわるのにはもうひとつ理由がある．それは時間との葛藤である．以前は寄付としては遺産が最も多かった．遺産の場合には「限定しない寄付」が多かったが，なかには使途を指定して信託をつくるよう遺言に記されたものもある．信託として永遠に残るこの財産は，一度使途を指定すると変更が困難である．時代が推移するにつれて問題が解決し，使途を失うこともある．現在，寄付者は「生きている」人からのものが増加している．存命中の人たちがつくった信託は死後も残ることになるので，残された信託をできるだけフレキシブルに使えるようにしておくことが重要になる．

3.2.10 被助成者

(1) 助成活動：助成の対象となる組織はクリーブランド地域の民間非営利組織（米国内国歳入庁が認定する民間非営利組織である501(c)3資格を有する）と政府機関（ソーシャル・サービス機関など）である．プログラムは7つあり，5名のプログラム・オフィサーによって担当されている．

被助成者との関係づくりはプログラム・オフィサーの役割である．年間数千件の助成申請書を受け付け，その中でクリーブランド財団と目的が一致し，より優れた運営能力のある組織を見きわめる作業である．これらの手続きは一般の助成財団とほぼ同じである．担当するプログラムの分野についての知識を深め，問題を発見し，方向を定め，その解決にあたる最適な被助成者を見出し，効果をもたらすよう助成金やコンサルテーションによって支援にあたる．

プログラム・オフィサーは，できるだけ現場に出向いて話を聞き，被助成者とパートナーとしての関係をつくるように努めている．年間200件以上の助成事業をひとりで担当するプログラム・オフィサーにとって，それは容易ではな

い．しかし，プログラム部では，助成前に必ず現場で被助成者となる民間非営利組織と面接することは暗黙の了解事項となっている．助成契約が成立し，事業が開始されるとモニタリングが行われる．被助成者は半年ごとに中間レポートを提出するが，単なる提出にとどまらずそれをもとにプログラム・オフィサーと被助成者はディスカッションをして，事業の進行状況を確認する．事業終了後，評価が行われる．プログラムオフィサーは被助成者とともに話し合い，それをもとに評価を行う．被助成者との話し合いはその事業だけでなく，事業が扱っているテーマ全体の社会的意味とその見通しについても話し合う．被助成者は事業の評価に直接／間接的に参加するが，これによってクリーブランド財団のプログラムの戦略的プランについても貴重な情報を得ることになる．

(2) 予算の制限：コミュニティ財団のプログラム・オフィサーと助成財団のそれとの最大の相違点は，予算の構成と制限である．予算源はクリーブランド市民の寄付であり，前述のように「限定なし」「限定あり」「指定」の3つに分かれる．予算金額だけでなく，そのなかで限定されずに使える金がどのくらいあるのかについて，最初に確認する必要がある．

プログラムサイドからみると，自由に使える予算が多くなるという意味で，できるだけ「限定なしの寄付」からの資金源が望ましいのである．プログラム・オフィサーは，寄付者の意向を受けて助成金を管理する役割と，自らのイニシアティブで問題発見をし助成活動にあたる2つの役割をもっているということがいえよう．

この2つの役割の間で，葛藤することも少なくない．たとえば，プログラム・オフィサーが最も望ましいと思う事業がみつかっても，「限定なし寄付」の予算が不足し，助成できない事態も起こる．予算はあるのだが，自由になる助成金がないのである．

(3) 優れた戦略的プラン：プログラム部門は，優れた戦略的プランの方法を開発した（なお，戦略的プランについては，3.2.13で詳述した）．寄付側と助成側の情報交流はドナー・リレーション部門とプログラムスタッフの週間ミーティングによって行われている．だが，寄付者とプログラムスタッフ間の直接交流の機会は特別には設けられてはいない．

3.2.11　広報活動

(1) 広報の対象者：広報部門は，クリーブランドの一般市民への周知広報活

動を行っている.

　クリーブランド財団をよりよく知ってもらうことを目的に，出版，マスコミを通しての広報活動，および CEO のためのスピーチ作成，財界／政界との人脈づくりなどを主な業務としている.

　(2) 広報ツールと用途：出版物作成は広報部が担当する．作成しているのはアニュアル・レポートと寄付者向けニュースレター，民間非営利組織向けニュースレターである．そのほかプログラム部が独自に作成する出版物について技術的援助をすることもある.

　出版物のほか，広告／宣伝，スピーチ原稿など，数多くの活動を実施しているが，表2.4 は対象者別にそれらの内容を記したものである.

3.2.12　情報公開

　(1) 情報公開の基本理念：新ネットワークシステムの導入により，情報は財団内部だけでなく寄付者，被助成者とも共有を可能にした．クリーブランド財団は情報共有システムをコミュニティ財団として2つの重要な責務を果たすツールだと考えている．責務とは①アカウンタビリティの証明，②公的な機関として情報公開の義務の2点である.

　(2) 情報共有システム：情報の内容は，①財団のファイナンス情報，②助成プログラム情報，③寄付者情報，④財団と被助成者および寄付者とのコミュニケーションからなる.

　情報は財団役職員，理事，取引銀行，寄付者，被助成者で共有される．名前と住所をベースに各構成員の情報が項目ごとに仕分けされる．これが共有情報になるが，すべての情報が共有されるわけではない．理由はセキュリティーの確保，プライバシーの保護，効率性の問題（必要とされる情報は構成員によって異なる）である．したがって組織内部と外部間での共有が可能な情報量や各構成員がアクセス可能な情報内容（項目）は異なる．情報共有における情報量および内容を区別するために，被助成者向けプログラム「Grant Management」，寄付者向けプログラム「Fund Management」，取引先銀行とのオンラインシステムが開発された．情報共有者はコンピュータ・ネットワークによってどこからでもアクセスが可能である.

　3.2.13　評価と戦略的プラン──クリーブランド財団は事業の評価とプランニングの一体化を図っている．評価の方法と開発には，1980年代半ばから本格

表2.4

対象者別活動内容	
対象	活動
一般市民 (ポテンシャル寄付者)	アニュアルレポート 広告／宣伝活動 スピーチ
メディア	人脈づくり ニュースリリース 出版物
コミュニティ・リーダー (財界／政界など)	人脈づくり ニュースリリース アニュアル・レポート
寄付者	個人コンタクト 礼状／カード アニュアル・レポート 年次総会 寄付者向けイベント ニュース・レター
民間非営利組織界および 被助成者（民間非営利組織）	財団センター・ライブラリ（同財団が援助） アニュアル・レポート ニュース・レター 年次総会 表彰レター

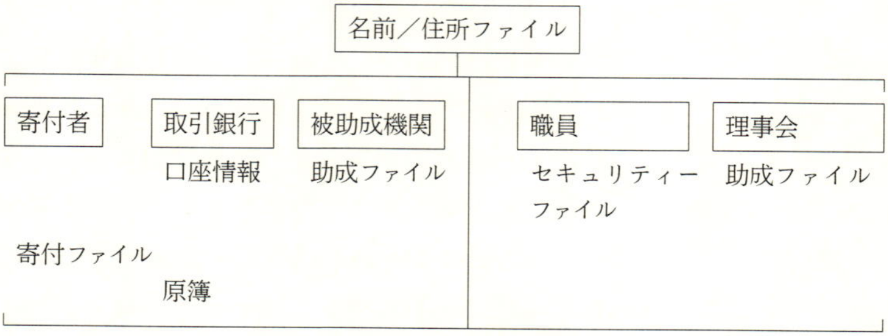

```
                      名前／住所ファイル
   ┌──────┬──────┬──────┼──────┬──────┐
  寄付者   取引銀行  被助成機関      職員    理事会
            口座情報  助成ファイル   セキュリティー  助成ファイル
                                    ファイル
  寄付ファイル
    原簿
```

図2.3　構成メンバー別情報項目

表 2.5　Grant Management による被助成者の情報

| 助成番号 | to ：被助成団体名 | 助成日付 |
| リクエスト番号 | for：助成概要 | 担当プログラム・オフィサー |

	助成メニュー
基本データ	タイプ，名前，受益者，金額
進行状況	期間，スタッフ，終了時期，支払
コード	キーワード，クロス・レファレンスなど
統一コード	地元財団資料センターとの共通コード
アクション	モニタリング，フォローアップ，ノート
助成契約	不確定要素を伴う助成金契約（コミットメント）
メモ	自由記入欄

表 2.6　Fund Management による寄付者の情報

寄付者名
寄付者の関心領域
寄付プラン
寄付者タイプ
寄贈内容（金，コピーライト，証券，保険など）
初回寄付日
生年月日
死亡年月日

寄付先リスト

的に取り組んでいる．1914 年の設立以降，財団は比較的静かに成長を遂げていたが，1950 年代後半，公民権運動が始まったころから急成長を遂げる．

しかし，クリーブランド財団はその規模が大きくなるにつれて，その焦点を失う危険性を感じた．そこで，事業全体の評価を行い，将来の方向および方法について見直しを行った．クリーブランド財団は，事業の評価に対して次のような考え方をもっている．すなわち，「評価とは，事業の次期方向と方法を見定め，現時点と次時点との間でステップアップをはかるためのツールである」というものである．したがって評価は事業を終了させるものではなく，次の方向を示すものでなければならない．そこで評価と戦略的プランを一体化する方法を創り出した．これは財団の事業全体を見渡すことのできる事業管理部門と，コンサルタント会社であるマッキンゼーが共同で開発した方法である．

(1) 評価頻度と期間：財団全体としての評価は 5 年に 1 度行われる．その間，7 つのプログラムは 1 年にひとつずつ，順に評価が行われる．

(2) 評価と事業プラン・サイクル：「評価とは，事業の次期方向と方法を見定めるための，現時点と次時点との間のステップアップのためのツールである」という考え方に基づき，評価から次の評価までは以下のようなサイクルをつくっている．

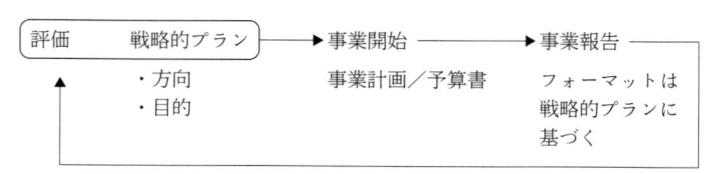

```
評価    戦略的プラン    → 事業開始       → 事業報告
        ・方向            事業計画／予算書   フォーマットは
        ・目的                              戦略的プランに
                                            基づく
```

図2.4 評価から事業プランまでのサイクル

評価と戦略的プランは，外部環境も含め，事業分析を行い，事業の方向性目的を探るという意味でほぼ同じものとみなされている．

(3) 戦略的プランのフレームワーク：戦略的プランは以下のようなフレームワークになっている．

・歴史
　プログラムが扱うテーマ（社会問題）の歴史的推移
　その中でのクリーブランド財団の事業の推移
・外部環境分析
　テーマに対して助成をしてきた他の団体
　ポジショニング（クリーブランド財団と他の団体との関係）
・内部環境分析
　過去2期（1期は3年）のプログラムの概要と予算構成
　主要被助成者
・マーケット分析
　テーマ（社会問題）における主だった活動分野と活動団体
　テーマに関与／機能する機関／団体
　テーマに関する，鍵となる問題点，可能性，それらのプライオリティ
・自己分析
　マーケット分析結果に基づいて，クリーブランド財団の活動の方向性を定める．財団が取り組む際の障壁，問題点，疑問点の列挙（これが理事会での議題になる）．

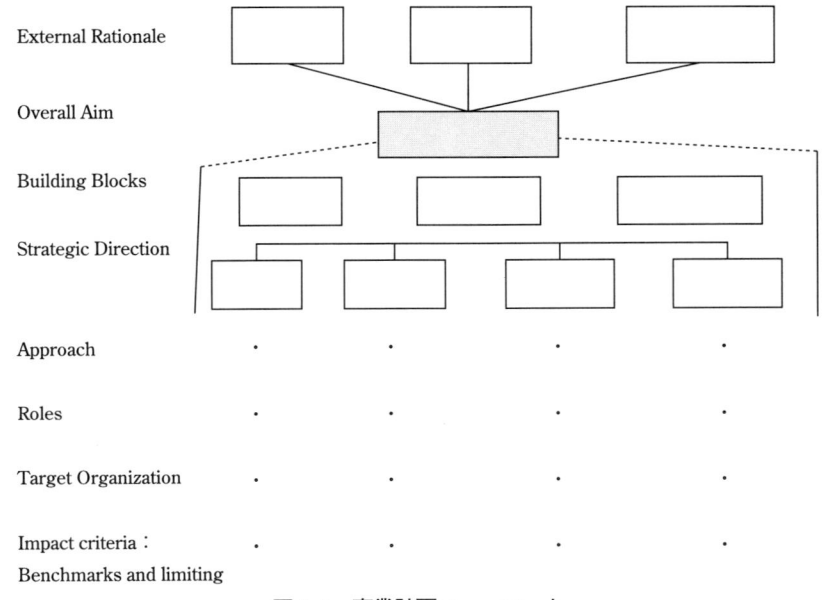

```
External Rationale      ┌────┐    ┌────┐    ┌────┐
                        └────┘    └────┘    └────┘
Overall Aim                   ╲     │     ╱
                              ┌─────────┐
                              └─────────┘
Building Blocks         ┌────┐   ┌────┐   ┌────┐
                        └────┘   └────┘   └────┘
Strategic Direction   ┌────┐ ┌────┐ ┌────┐ ┌────┐
                      └────┘ └────┘ └────┘ └────┘

Approach                 ・      ・      ・      ・

Roles                    ・      ・      ・      ・

Target Organization      ・      ・      ・      ・

Impact criteria：        ・      ・      ・      ・
Benchmarks and limiting
```

図 2.5　事業計画フォーマット

・次期事業のための提案
　ポイントとなるテーマと財団の役割
　事業戦略（焦点，目的，方法）
　(4) 戦略的プランと事業計画書の一体化：(3)で戦略的プランのフレームワークについて述べた．戦略的プランとは，プログラムが取り組む社会問題をマーケットととらえ，それを囲む外部環境，内部環境の分析をして焦点を絞り，自己分析し，自らが取り組む際の障壁，問題点（可能であれば強調点も）を明確にして，次の方向と事業を定めることである．

　プログラム全体の事業計画書は，戦略的プランの一連の手続きを反映してフォーマット化されており，常に，財団の使命および事業を社会的視点を以て日常業務にあたることができるように仕組まれている．

　これらの項目ごとに，プログラム担当者もしくはセクションとしての疑問，問題が記され，それらがそのまま理事会への議題となって提出される．理事会はプログラムの方向や方針を決めるためのアドバイザーとして機能する．

(5) 事業結果／効果に関する評価：評価は，事業がどのような結果になり，それが社会に対して効果をもたらしたのかについて，問いかけを行う作業である．これについてクリーブランド財団は以下のような考え方と方法を採用している．

①評価に対する考え方：量的なものだけでなく，質的なもの，たとえば地域への社会的影響を重視する．貧困地域の開発でいえば，そこに建設された施設や収容者の数だけでなく，ホームレスの人々の生活態度がどのように変容していったのかをみる必要がある．しかしながら，後者をみるためには，かなり長期レンジで広い範囲のデータを収集する必要があり，コストを要するものである．

②評価のインディケーター：評価のインディケーターとして2つあげられた．いずれも長期の追跡調査が必要である．

- 「制度化されたか」——助成した事業が，被助成者，もしくは他の類似団体によって継続して続けられているか．10年後に続けて行われているとすれば，成功したとみることができる．
- 「生活態度の変容（追跡調査による）」——たとえば貧困地域の人々のための職業訓練プログラムでは，参加者の数年の生活状況を追跡調査し，人々が定住して定職に就きはじめ，しだいにコミュニティ意識が生まれていったのなら，それは成功とみることができるだろう．

③評価方法：評価方法は2つである．ひとつはプログラム・オフィサーが被助成者とともに実施する方法である．被助成者が提出するプログレス・レポートをもとにその進展具合を判断するが，事業終了後に被助成者とともに話し合いの機会をもって評価を行う．これは被助成者が事業の実施者であり，目的を最も明確にもっている当事者だからである．

もうひとつの方法は，外部コンサルタントを雇う方法である．プログラムに応じた専門家を雇い，調査・報告してもらう．たとえば芸術／文化プログラムでは，新聞雑誌の批評および聴衆の反応などをもとに評価が行われた．貧困開発では，建設された家の数，雇用訓練への参加数などに加え，現場での面接調査が行われた．

3.2.14 成功要因／障壁

(1) 成功要因：クリーブランド財団が成功を収めた理由として以下の点が考

えられる．

　①2つの顧客との信頼関係：2つの顧客，すなわち寄付者と被助成者に対して，それぞれの要求／ニーズを意識した活動を開発する努力を続けていることである．寄付者は，クリーブランド財団でファンドを作る理由として以下の事項をあげている（順不同）．

コスト軽減
- 自分では資産をどう扱ってよいのか不確かである場合，クリーブランド財団は的確な助言と援助を与えてくれる．
- クリーブランド財団に資産を委ねれば，きちんと運営してフィランソロピーに活用してくれる．
- クリーブランド財団には，アドミニストレーションに長けたスタッフがおり，自分で資産運用をするよりもコストを軽減できる．
- クリーブランド財団でファンドをつくる（寄付をする）ことは，税制上の優遇措置を与えてくれる．

優れた助成活動
- クリーブランド財団のミッションすなわち，クリーブランド地域の生活向上というミッションを理解し賛同する．
- クリーブランド地域に対する愛着と，そこに貢献をしたいという気持ちがある．
- クリーブランド財団は，時代の変化とともに変わるコミュニティのニーズにマッチした助成活動をできる．
- クリーブランド財団には，コミュニティのニーズを把握し，それに適した活動を評価できる専門家スタッフがいる．

　被助成者は，クリーブランド財団が自分たちの事業を的確に理解し，かつ適切な助言を与えて事業を正しい方向に導いてくれるという信頼感をもっている．これは，同財団が前述のような，自己組織に対して優れた戦略的プランをもち，常にクリーブランド地域という環境分析と組織内の内部分析を照合することにより，優れた事業を評価／選定する能力を向上させていることに起因する．また，プログラム・スタッフは事業を評価するだけでなく，事業を運営する民間非営利組織の能力向上にも努めている．事業の選定から交渉，助成契約，モニタリング，評価に至るまでの過程で，事業の運営能力が向上するような情報や

アドバイスを与えようとしている．

②環境変化に応じたトランスフォーメーション：クリーブランド財団は最初から大きな成功を収めていたわけではない．その70年の歴史の中で，事業および自己組織の管理体制について何度か変革を試みた時期を経ている．

問題は，変革に至るまでの感度と方法である．まず感度であるが，クリーブランド財団を取り囲む環境が，財団の感度を上げているということである．すなわち，寄付者と被助成者の2つの顧客を抱えることにより，より厳しく，変化に富んだ環境に囲まれることになる．「同財団に資金を委ねれば，より効果的な寄付ができる」という信頼を獲得するためには，資金運営と同時に優れた助成能力を身につけなければならない．またより多くの寄付金を得るためには，寄付者になりうるクリーブランド地域の人々の志向や条件について詳細を把握し，寄付方法を開拓する必要があった．さらに被助成者（民間非営利組織）の事業が成功し効果を生むためには，被助成者の能力向上を目指して協力体制をつくることが必要である．これら2つの顧客のニーズと要求を意識することが，クリーブランド財団の変革を可能にしたのではないか．

もうひとつの要因は時間との葛藤である．これまで主要な寄付源は遺産であった．しかしながら同財団は「生きている寄付」をターゲットとしている．生きているうちに，寄付者にできるだけ健全な方向で寄付をしてもらおうという意図があるからである．遺言で特定された寄付金の使途は，法律上変更することは不可能である．それが，時代のニーズにマッチしない寄付でもその変更は困難である．しかも信託や基金として設立された以上，助成活動は続けなければならない．時代の変化によって寄付者の意図と地域のニーズの間にミスマッチが生じてしまうのである．したがって生きているうちに「使途を限定しない寄付」をしてもらうことが必要である．

寄付者に「使途を限定しない寄付」を選択してもらうということは，同財団が時代の変化と地域のニーズの変化に敏感で，それらをよく把握できるということを証明しなければならない．これが，プログラム部門の地域ニーズと事業を把握／評価する能力を向上される原動力にもなっている．

（2）障壁：障壁は2つあげられる．ひとつは寄付者の意思と財団のミッションとの葛藤である．とくに，寄付者の視野が狭かったり，地域に関する認識を誤っている場合には，その軌道修正をすることが先決である．しかしこれには

かなりの時間と説得の努力を必要とする.

もうひとつは時間との葛藤である.前述のように,一度設立された基金は永遠に同財団が運営しなければならない.基金の設立者の意図が現代のニーズにマッチしないとわかっていてもである.「教会の照明装置」のケースはそれを象徴している.また30年前に「ポリオ」絶滅のためにと設立された基金は,もはやその使途を失っている.こういった種類の基金が増加すれば,クリーブランド財団は助成財団としてのフォーカスを失い,優れた助成者としての使命を遂行できないことにもなる.

3.3 事例3 情報インターメディアリ

財団センター(The Foundation Center)は,助成に関する資料ライブラリーとして一般に知られている.設立当初に考えられていた主なクライアントは,資金調達を目的とする被助成者であったが,現在はこのほか助成者,リサーチャー,メディア関係者といった人々にも幅広く利用されている.

3.3.1 設立契機—財団センターは1956年,フォード,カーネギー,ケロッグなど10の大型財団の共同出資によって設立された.出資した財団の狙いは,より良い助成プログラムを開拓するために助成者側の情報を使いやすいかたちで広く提供することにあった.同時に,助成財団の情報を一般に提供することによって,その社会的認知度を上げるという効果も期待していた.

3.3.2 使命—助成財団,企業寄付など助成に関する資料を収集・分析し,それを配布することによって財団に関する一般理解を深めることにある.同財団の利用者は,被助成者,助成者,政府関係者,メディア関係者が主であるが一般市民も増えている.

3.3.3 目的(オブジェクティブ)—財団センターの目的は,質の高い助成情報を提供することにより被助成者の資金調達プロセスの効率化に貢献することである.たとえば被助成者が資金調達を計画しているとき,資料がなければ寄付対象にならない助成財団にアプローチしてしまうこともある.事前にデータを入手していれば,募金活動の戦略を立てることも容易になる.

3.3.4 活動分野 使命およびオブジェクティブは以下の活動によって遂行する.

(1) 5つのライブラリーの経営:ニューヨーク,ワシントンDC,アトラン

タ，クリーブランド，サンフランシスコにおける一般公開のライブラリーの経営．(2) 地域のライブラリー，コミュニティ財団など 200 の機関との提携により，より多くの人々が財団センターの資料へアクセスできるようにする．そのほか，(3) 助成関係の資料の出版，(4) 助成に関する調査，分析，(5) 資料へのアクセスのための情報テクノロジーの開発，(6) 資金調達に関する教育（トレーニングプログラムの提供）の活動を行う．

3.3.5　方針—個別の助成プロセスにはタッチしないこと．たとえば資金調達や助成に関するコンサルテーションを個別に行うことには関与しない．あくまでも一般情報を提供することに特化し，それによって，資金調達者自らがそのプロセスを効率化，開拓するのを手助けする．より正確で最新の情報を提供することによって，利用者たちの信頼を獲得するように努める．

3.3.6　業績—(1) ライブラリーの利用者は 5 カ所あわせて年間 6 万 5000 人である．(2) 出版物は 52 種類．最もポピュラーなものはディレクトリーで，6785 件の財団と，合計で 20 万ドルの助成金に関する情報が掲載されている．

(3) データベースには以下の情報が集められた．

助成者情報	6 万 5739 件（7 万 6682 件，2003 年度）
企業寄付情報	4437 件
助成金情報	79 万 4161 件
被助成者情報	13 万 5634 件

(4) 情報テクノロジー：CD-ROM による，ディレクトリー情報の提供．WWW（World Wide Web）による情報提供（出版物および財団センターの案内）．

(5) 教育プログラム：出版物，ライブラリーの活用および資金調達への活用方法を示すオリエンテーションには，年間 5200 人が参加している．プロポーザル・ライティングのセミナーには年間 1500 人が参加した．

事業成果とその効果について測定することは困難である．しかし，「上記のような事業によって，資金調達者がより効率的な資金調達の方法を開拓することが可能になったとすれば，それが効果であろう」と，財団センターの理事長，Sara Engelhardt 女史は語っている．

3.3.7　組織構造

(1) 組織構成

財団センターには2つの大きな役割がある．すなわち助成に関する情報収集・編集を行うことと，それを一般に情報サービスとして提供することである．この2つの役割を果たすため，リサーチ部，出版部，マーケティング部，パブリックサービス部（ライブラリーと教育プログラム），財団センターのアドミニストレーションを担う総務部と資金調達部がある．

財団センター

```
            ┌──理事会──┐
情報収集・編集 ─────────→ 一般への情報サービス
┌─────┬─────┬─────────┬──────────┐
│リサーチ部│出版部│マーケティング部│パブリック・サービス部│
└─────┴─────┴─────────┴──────────┘
│  アドミニストレーション：総務部　資金調達部  │
```

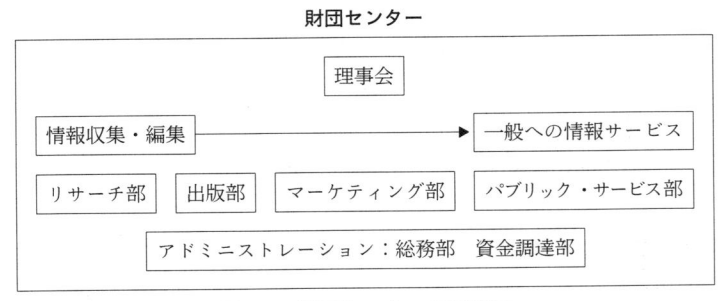

図 2.6　財団センターの組織図

（2）スタッフ：各地のライブラリーを含め，100名のスタッフがいる．そのうち85名はニューヨーク本部で働いている．ニューヨーク本部におけるスタッフの内訳は出版部25名，ライブラリー担当10名，リサーチャー3名，コンピュータ関係者5名，マーケティング部3名，資金調達部3名などとなっている．

他の4つのライブラリーのスタッフはあわせて15名だが，少人数で効率的に運営しているとのことであった．

3.3.8　収支—1994年の収入は915万9983（1627万7826ドル，2003年度）ドルで，そのうちの約50%（454万3666ドル（777万3537ドル））が出版による利益，319万7483ドルが財団や企業からの寄付である．年間支出額は900万5919ドル（1605万8738ドル）で，そのうちの約50%（416万1274ドル（724万0900ドル））がデータの収集と編集出版，246万0017（395万1626ドル）ドルがライブラリーの運営に費やされている．出版物の利益が収入の半分を占めており，財団センターは，資金面で自立可能な独立した民間非営利組織であると理事長は述べている．

3.3.9　イノベーション（変革）—理事長のEngelhardt女史は，財団センターのような組織は油断するとすぐに陳腐化してしまうと述べている．それでも

財団センターの情報が利用されるのは，利用者のニーズにあわせて情報を編集し（出版物や CD-ROM など），情報に付加価値を加える努力を続けてきたからである．

財団センターはデータの収集作業を通し，扱う助成情報の量と質の双方を上げることに努力している．また情報パッケージ，すなわちどのような情報をどのような編集スタイルで提供するのかについて模索し続けている．54 種類のディレクトリーと書籍はその努力の結果である．

最近最も力を入れているのは，インターネットなど新しい情報テクノロジーを使ったサービスである．HP による出版案内と財団センターの事業紹介は昨年から開始されたが，その使途については全センターをあげて開拓している．ただし民間非営利組織は情報テクノロジーについて奥手であるので，民間非営利組織の技術レベルを考慮する必要がある．したがって，財団センターだけが先走って一人歩きしないように注意している．

3.3.10 部門別機能―財団センターは，多分野で事業展開しており，仕事は部門ごとに分担され異なる．したがって，財団センターの事業の詳細を伝えるために，部門ごとに詳述した．

Ⅰ．情報システムサービス部（情報収集・編集）

(1) 情報収集機能：情報収集は 2 つの方法で行われる．ひとつは政府情報の獲得．もうひとつは 2 年に 1 度の調査である．財団センターの主要な情報源は政府情報である．内国歳入庁（Internal Revenue Service）で把握している助成および寄付情報はマイクロフィルムに収められ，市販されている．

しかし，このデータには 2 つの大きな問題がある．ひとつはユーザー・フレンドリーではないこと，つまり読み手にとって決して使いやすいものではないことである．もうひとつは情報の正確さに欠けることである．そこでこれらの欠陥を補足するために，2 年に 1 度，2 万 3000 の財団に対して質問票を送付している．調査結果は政府情報を補足するだけでなく，新たな調査・分析にも有益である．調査および分析はセンターの常勤リサーチャー 2 名のほか，外部の調査機関にも委託して行っている．

(2) 出版機能：現在，54 種類のディレクトリーと書籍を発行している．年平均 2 冊の割合で新刊のディレクトリーを発行しており，読者の多様なニーズ

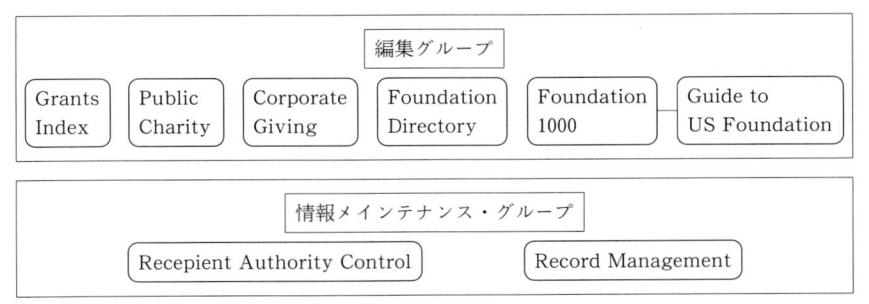

```
┌─────────────────────────────────────────────────────────────────┐
│                         編集グループ                              │
│  ┌─────┐ ┌──────┐ ┌────────┐ ┌──────────┐ ┌──────────┐ ┌──────────┐ │
│  │Grants│ │Public│ │Corporate│ │Foundation│ │Foundation│ │Guide to  │ │
│  │Index │ │Charity│ │Giving  │ │Directory │ │1000      │ │US Foundation│ │
│  └─────┘ └──────┘ └────────┘ └──────────┘ └──────────┘ └──────────┘ │
└─────────────────────────────────────────────────────────────────┘

┌─────────────────────────────────────────────────────────────────┐
│                   情報メインテナンス・グループ                      │
│      ┌──────────────────────────┐  ┌───────────────────┐        │
│      │Recepient Authority Control│  │Record Management  │        │
│      └──────────────────────────┘  └───────────────────┘        │
└─────────────────────────────────────────────────────────────────┘
```

図 2.7　情報システムサービス部の組織図

に応える努力を精力的に続けている．新規ディレクトリーのアイディアはライブラリーのユーザー調査（パブリック・サービス部門で実施）や民間非営利組織との交流による情報収集によって得ている．これらの売り上げは 400 万ドル（700 万ドル，2003 年度）を超え，財団センターの収入の 50% を占め，貴重な収入源となっている．

　(3)　オペレーション：情報システムサービス部では 46 名のスタッフが働いている．6 名のエディターに加え，Recepient Authority Control（収集したデータの精度のチェックと修正を専門に行う），Record Management（収集データのメインテナンス，メーリングリストの更新）を担当するマネージャーとスタッフがいる．

　(4)　成功要因／障壁：成功要因は，情報に付加価値を加える努力を続けていることである．一方，障壁は，情報収集の困難さである．財団センターはすでに社会的に確立された組織として認知されており，比較的情報を収集しやすい立場にある．しかしそれでも情報収集は困難であると感じている．理由は 2 点ある．まず政府情報の不正確さで，政府情報は公開が遅いうえに，内容が現在のニーズにマッチしていない時代遅れのものであること．もうひとつは，個々の助成者側の情報公開の姿勢で，財団センターの情報提供依頼に対し非協力的なこともあるそうだ．

II．マーケティング部

　(1)　目的：マーケティング部は出版物の売り上げ向上を目的としている．そのために 2 つの小目的を有する．ひとつは現存の出版物の売り上げを増すこと，

もうひとつは財団センターの存在および関連のプロダクト（ライブラリー，出版物）の社会的認知度を高めることである．

　(2) マーケティング活動：2つの目的を果たすために以下のマーケティング活動をしている．なお，スタッフは3名．①出版カタログの郵送（現在2万通を送付している），②テレマーケティング（1995年当時試験中），③ネットワーキング（会議，懇親会など交流の場の活用とネットワークづくり），④インターネット（WWWによる出版物案内および購入申し込み受け付け）．2003年現在ではウェブサイトに1日3万件のアクセスがあり4万7000人が登録している（2003年 Annual Report より）．

　(3) ユーザー：対象となるユーザーは，その属性および関心分野ともに多様化している．ユーザーの属性は，財団センターの設立当初，第1のユーザーと考えていた民間非営利組織（被助成側）から，助成者，リサーチャー，メディア関係者，政府機関などに広がっている．また外国からの利用者も急速に増えている．マーケティング部は，助成者と被助成者，それを探索している最中の人々に加え，まだ漠然としているが民間非営利セクターに関心をもっている人々へもアプローチしはじめた．

　(4) オペレーション：マーケティング部は2つの意味でコーディネーターとしての役割を果たしている．まず財団センター内部でのコーディネーター役である．出版部およびライブラリー部とはとくに連絡・調整を密にしており，出版部とパブリック・サービス部の方針をマーケティング活動に反映するよう努力している．また宣伝用リーフレットに掲載する出版物をめぐって6名のエディターの間で競争になるので，きめの細かい調整が必要になる．

　マーケティング部は財団センターとセンター外部の人々とのコーディネーター役でもある．ユーザーの志向，傾向について把握し，それにあわせて掲載リストを作成しようとしている．

　(5) 成功要因／障壁：成功要因は，財団センターのプロダクトである出版物が助成情報を公開すると同時にセンターの使命を伝えている点である．出版物に掲載されている情報は，助成行為だけでなく，その後助成金が民間非営利組織でどのように使われたのかまで含めている．このような情報は，民間非営利セクターに対する社会的関心を高めることになり，財団センターの使命である，「民間非営利組織の社会的認知度をあげる」ことに通じる．マーケティング部

は出版物の利点だけでなく，財団センターの使命を伝えることを心がけている．障壁としては予算不足があげられる．また，財団センター内における意見調整，すなわち宣伝媒体に掲載する書籍の優先順位をめぐっての意見調整にはエネルギーを要する．

Ⅲ．パブリック・サービス部

パブリック・サービス部は，一般公開されているライブラリーの運営（5つのライブラリーと全国200の提携ライブラリーを含む）を担当するセクションである．

また，メンバー・シップサービス，被助成者（民間非営利組織）用教育プログラムを運営している．

(1) ライブラリー運営：5つのライブラリーで合わせて年間6万5000人が利用している．ライブラリーには財団センターの出版物以外に民間非営利組織に関する全出版物／ジャーナルのほぼ90%が収められているという．またIRSなどの民間非営利組織に関する政府データもここで閲覧できる．4万3000の財団資料（アニュアル・レポート）も閲覧可能である．閲覧方法は通常の図書閲覧のほか，マイクロフィルムによる検索や，最近ではCD-ROMによる検索も可能になった．

(2) 提携ライブラリー：全米50州，200のコミュニティ財団や公立図書館と提携し，財団センターの出版物を設置し，またコンピュータ・ネットワーキングによってセンターへのアクセスを可能にしている．これによってより多くの人びとが民間非営利組織や助成に関する資料を入手しやすくなっている．

提携方法としては，センターに対して300〜350ドルの年会費を払い提携ライブラリーになると，センターは提携ライブラリーに対しセンターの出版物を無料もしくは40〜50%の割引料金で送付する．提携ライブラリーはこれらの出版物を財団センターのライブラリーの資格で設置し，一般公開することが許可される．

コーディネーションとして，提携ライブラリーには，財団センターの機能を一部果たしてもらうことにもなるので，センターとの連絡調整は密に行う必要がある．ニューヨーク本部にはそのための担当者を1名おき，200提携ライブラリーとの調整を行っている．具体的にはセンターの月刊紙，プレスリリース

の送付などである．また，担当者は提携ライブラリーを直接訪ねて話を聞き，運営方法についてのアドバイスを行う．また年に1度，秋に「ネットワーク・デー」を開催し，200の提携ライブラリーの交流の場を設けている．

(3) 教育プログラム：資金調達者，すなわちファンド・レーザーへの教育プログラムを提供している．

ひとつは財団センターのライブラリーの利用方法および助成者に関するリサーチの方法を教えるプログラムである．月に2～3回の頻度で行われている．もうひとつは，助成者たちと直接会って，助成者の助成方針や被助成者への考えを聞く「meet grant makers」と呼ばれる会合である．これは地域の助成財団の協力で行われているが，助成事業を離れ，助成者と民間非営利組織が相互理解する貴重な機会となっている．また，年間920名の参加者があるプロポーザル・ライティング・セミナーは，地域の民間非営利組織（サポートセンターなど）との協力で全米で実施されている．

(4) 会員サービス：被助成者への会員サービスを行っている．年間500ドルの会費で電話サービス，コンピュータサービス，コピーサービスを実施している．

(5) 顧客調査：顧客，すなわち財団センターのライブラリー閲覧者などのユーザーと接するのは，パブリック・サービス部である．ここでは顧客ニーズの情報を司書や調査票を通して収集している．調査票を通して情報収集する方法もとるが，最も有益な情報は，ライブラリーで直接ユーザーに接している司書たちからの情報であるという．

顧客層は確実に広がっている．顧客層は，資金調達のための情報検索をする被助成者，助成方針の決定のために資料を必要とする助成者に加え，研究者，学生，メディア関係者，政府関係者である．最近目立って増えてきているのは，外国の民間非営利組織，そして民間非営利組織の仕事を希望するジョブ・ハンターたちである．

(6) 成功要因／障壁：成功要因は，ユーザーに対して質と量の双方を兼ね備えた情報を提供していること．またユーザーの希望に対してできるだけ応えられるよう，柔軟に対応していることである．ユーザーと接するスタッフの質の向上も大切である．スタッフはユーザーのリクエストに応えるだけでなく，これまで満たされていないニーズを発掘する観察力も必要である．

障壁は,スタッフの数が不足していること.スタッフの転職,入れ替わりはこの世界では比較的頻繁に起きている.

3.4 事例4 「ユーザー・フレンドリー」を信条とするインターメディアリ

人材インターメディアリである「ニューヨーク・ケア」(New York Care)は,多忙なニューヨーカーでボランティアを希望する人々と,それを必要とする民間非営利組織の間を仲介して,両者を結びつける人材インターメディアリである.類似の機能を果たす組織はあるが,ニューヨーク・ケアがユニークなのは,資源提供者の都合や関心事にあわせてボランティア・プログラムをつくるところにある.このユーザー・フレンドリーなプログラムのおかげで,ニューヨーク・ケアの人気は急上昇を続け,ボランティア参加者の年間総活動時間は,1995年までの6年間で70%増加した.

3.4.1 設立—1987年,ニューヨークという大都会の就労者に対し,働きながらボランティア活動に参加できるような機会を提供しようと,ビジネスマンやフリーライターなど4名のニューヨーカーたちによって設立されたのがニューヨーク・ケアである.

ニューヨーク・ケアの使命は,「市民として社会に貢献することを希望しながらその機会を得られないでいるニューヨーク在住の市民と,ボランティアを必要としながらも,それをリクルートしマネージする術をもたない民間非営利組織との間のギャップを埋めること」である.

3.4.2 基本的事業—ニューヨーク・ケアの基本的な事業は,以下のとおりである.
- ボランティア希望者に対して活動プログラムのリストを提供すること.
- 民間非営利組織とともに,就労者の条件に適した活動プログラムをつくること.
- ボランティア希望者に対してオリエンテーションをすること.
- 活動の際に民間非営利組織とボランティアの間に立ってコーディネーションをすること.

ニューヨーク・ケアのサービス対象者はニューヨーク在住の市民である.1995年で8000人の市民が登録,80の民間非営利組織が参加し,年間100の個人向けプログラム,20の企業向けプログラムが運営されている.活動分野は,

高齢者，子供，ホームレス，エイズ，環境整備（公園や街の外観の美化）の5分野である．この分野に従って，月間80の活動プログラムが提供され，月平均2000人がボランティアとして参加している．

3.4.3 ユーザー・フレンドリーなサービス—ニューヨーク・ケアの名前は，テレビ，雑誌で取り上げられ，最近では海外からの取材が多い．他の機関よりも「attractiveness」があるといわれているように，同種の仲介機関に比べ，注目される度合は圧倒的に高いようだ．

（1）差別化されたボランティア活動プログラム：ニューヨーク・ケアの人気の秘密は，「ユーザー・フレンドリー」なサービスを提供することである．ニューヨーク・ケア自身が「差別化」と呼ぶように，他の機関とは異なったより柔軟で幅広い選択肢を有するボランティア・プログラムを提供している．プログラムには以下のような特徴がある．

①短期もしくは長期のプログラム（就労者には短期プログラムが好まれる）
②週末もしくは，就労時間の前後に活動するプログラム
③ボランティア希望者の技術や特技に合わせて選べる多様な活動メニュー
④現在の社会ニーズにマッチしたプログラム

（2）マーケティング精神に基づいた活動プログラム開発：プログラム開発の基本コンセプトは，「ボランティアを希望する市民のニーズを満たすプログラムの提供」である．プログラムの開発責任者は，ニューヨーク・ケアディレクター（5名のディレクターのうち2名）である．たとえば企業向けプログラムの場合，企業の社会貢献部との人脈をつくり，つぶさに社員ボランティアに関するニーズの調査を行い，ボランティアの関心事，技術，都合のよい時間帯について情報を入手する．

一方で，パートナーと呼ばれる民間非営利組織とのネットワークづくりも行う．実際にボランティア活動の機会を提供するのが民間非営利組織であり，民間非営利組織の理解，協力がなければ，ユーザー・フレンドリーなボランティア活動プログラムは成立しないからだ．

新しいプログラムのアイディアやその契機は，パートナーである民間非営利組織からではなく，ボランティア活動を希望して訪れる会員希望者から出されることが多い．他の民間非営利組織のつくるプログラムでは，ニューヨーカーたちの条件やニーズを満たしていないことが多かった．ディレクターによれば，

ボランティア希望者からのアイディアは漠然としていて，一見現実的でないようにみえるが，個々人の日常体験の中から生まれた希望やアイディアには，説得力や奇抜さがあり魅力があるという．このようなアイディアを実行可能なプログラムに仕立て上げるのが，ディレクターの仕事である．

(3) 多様な参加者からなるボランティア・プログラム・マネジメント：ニューヨーク・ケアは17名の常勤スタッフとパートタイムのスタッフ数名で構成されているが，ボランティア・プログラムのマネジメントには，常勤スタッフだけではなく，ボランティアの混成で取り組む．

「プロジェクト・リーダー（最終責任者）」――ボランティア・プログラムには，複数のボランティアがチームを編成して参加することになる．プログラムの作成および，その最終的な責任は，常勤スタッフのディレクターがとる．

「チーム・リーダー（ボランティア）」――各チームには，リーダーが任命されるが，リーダーは会員で経験豊富で資質があると見込まれたボランティアの中から選ばれる．チーム・リーダーは，活動準備から活動終了までの全行程を現場でマネジメントする．ボランティア参加者の人数調整，オリエンテーション，活動経費の決算報告はチーム・リーダーの仕事である．ボランティアの人数調整は不安定な仕事のひとつで，常にキャンセルの恐れがつきまとう．待機者リストをつくって代案を出せる準備をして，調整可能にしている．チーム編成が終わると，各メンバーのバックデータをもとにボランティアの仕事や役割分担を決め，メンバーに対してオリエンテーションをする．また，活動時にはボランティアに対し励ましやねぎらいの言葉をかけ，精神的サポートを心がけている．ニューヨーク・ケアは，チーム・リーダーに対して，「リーダー・マニュアル」とよばれる資料の配布と研修機会を提供している．

3.4.4 ポイント――ニューヨーク・ケアの特徴は，自らプログラムをつくることによって，資源提供者により魅力的なボランティア参加の機会を提供していることである．資源提供者のニーズを把握して，それに適したプログラムをつくろうとしている．「新プログラムのアイディアは，ボランティア希望者の方から出される」とあるように，顧客のニーズを吸い上げるだけでなく顧客の希望や条件をプログラムに反映させるところに人気の秘密がある．だが，このようなプログラムづくりには，民間非営利組織の理解，協力が必要であることを忘れてはならない．

3.5　事例5　企業と民間非営利組織を仲介する人材インターメディアリ

「企業ボランティア協議会」(Business Volunteer Council; BVC) は，企業人のボランティア希望者と民間非営利組織を仲介するインターメディアリである．1993年，不景気によって寄付が縮小するなか，限られた資源でより効果的な社会貢献活動を可能にしようと，企業のリーダーたちによって設立された．ホームレスや高齢者のお世話をするボランティアから，民間非営利組織のマネジメントを手伝うボランティアまで，幅広いボランティア・プログラムを開拓しようとしている．

BVCは，企業側と民間非営利組織側の双方に，コンサルテーション，ワークショップ，情報提供を行い，互いのフィランソロピー活動におけるマネジメント力を向上させることに熱心で，教育機関としての役割も果たす．

3.5.1　使命─BVCの使命は，「企業や市民の資源を活用することによって，地域の民間非営利組織の活動を促進し，地域の民間非営利セクターの基盤を強化すること」である[4]．この使命を達成するため，企業については，「民間非営利組織とのパートナーシップによってより効果的なコミュニティ活動を実現し，ボランタリー精神を育成する」，そして民間非営利組織については，「企業とのパートナーシップを実現することによって，より多くの資源獲得を可能にし，さらにマネジメント能力を向上させる」，という2つの目的を掲げている．

3.5.2　業績─BVCは，主要なクライアント（顧客）に対する情報提供機関として以下のような業績を上げてきた．

「企業」
- 80企業のコミュニティ活動プログラムの開発の援助（コンサルテーション）
- 企業の役職者に対し民間非営利組織の理事会メンバーの席を提供
- 週末ボランティア活動の開拓と斡旋

「民間非営利組織」
- 450以上の民間非営利組織に対して，幅広い層のボランティアを斡旋
- ボランティア・マネジメントの教育
- 組織のガバナンスとリーダーシップに関する，教育，訓練，コンサルテーション

「ボランティア」
  ・一般市民にもボランティア斡旋を行っており，年間1000人の市民がBVCの紹介したボランティア活動に参加した．

3.5.3 活動内容（2つの顧客へのサービス）—資源提供者すなわち，企業と一般市民とその受け手である民間非営利組織に分けて，事業内容を説明する．

(1) 資源提供者（企業，一般市民）
  ・コミュニティ活動開発のコンサルテーション——企業の使命にマッチし，より効果的な活動が可能になるためのプランづくりの手伝い．
  ・COEの教育および機会提供——企業COE，すなわち役職者向けに，民間非営利セクター，民間非営利組織に関する会議，ワークショップを開催．各役職者の関心に応じ，民間非営利組織の理事会メンバーの席を斡旋．
  ・企業のコミュニティ活動担当者向けワークショップの開催——コーポレート・シチズンシップに関するテーマを広くカバーする連続ワークショップ．講師は大学教授，コンサルタントが多い．
  ・会員企業向けサービス——年会費は，1万ドル，5000ドル，2500ドル，500ドルで，会費額に応じてサービスの密度が異なる．
  ・ボランティア活動月刊誌——会員企業の社員だけでなく，一般市民にも配布されている．ボランティア活動の分野，期間，グループ／個人別などが一覧できるよう編集に工夫が凝らされている．
  ・ボランティア活動選択のためのコンサルテーション——会員企業の社員および一般市民への電話によるコンサルテーション．電話による相談は15分ほどだが，活動を決定する際は，事務所で30分ほどかけて相談に乗る．

(2) 民間非営利組織向け活動：民間非営利組織に対しては，その能力向上を目指し教育機会を提供する．最近では，ガバナンスおよびリーダーシップをテーマにした教育プログラムが多い．

「ワークショップの開催」
  ・事業内容／方法の向上
  ・理事会の運営（理事会の能力向上，理事会の自己評価，理事会の役割）
  ・資金調達
  ・ボランティア・マネジメント

「事業プランのコンサルテーション」

・民間非営利組織の使命の見直しから,活動分野の選択,事業方法,人員配置,評価まで総合的コンサルテーションを実施.

「ボランティア受け入れの準備」——多くの民間非営利組織がボランティアを希望し,BVC に申請してくる.しかし民間非営利組織側の多くはボランティア・マネジメントの方法を知らず,仕事を指示できなかったり,ボランティアと感情の行き違いが起こるケースが多い.そこで3時間ほどのワークショップを開催し,ボランティアの受け入れ体制を整えるようにしている.

3.5.4 ポイント—異なる文化や考え方をもつ企業と民間非営利組織の相互理解やコミュニケーションを促進し,調整するには,BVC は中立の立場にある必要がある.そのために BVC は,企業側からも民間非営利組織側からも独立した機関であることが重要であった.「設立前には商工会議所もしくはユナイテッド・ウェイ(前述)の下部組織にしようという提案もあったが,この案をのんでいたら,BVC の活動には制限が加えられ発言の自由を守ることができなかった」と BVC の代表者は述べている.

スタッフ(常勤7名)のすべてが,企業と民間非営利組織の双方のセクターで働いた経験をもつ.スタッフは企業と民間非営利組織の双方の行動原理やメンタリティーを理解しており,企業と民間非営利組織間の「通訳」としての役割を果たしている.

3.6 事例6 寄付者マーケティングに長けた資金インターメディアリ

3.6.1 設立の背景——英国における複雑な寄付税制 「チャリティーズ・エイド財団」(CAF) は,1974年,英国民間非営利セクターの上部組織である NCVO[5] の寄付部門から独立し,設立された資金インターメディアリである.

英国の慈善寄付の制度はコヴェナント (Covenant)[6] という,複雑かつ煩雑な制度であり,寄付者はその寄付行為を所得の移転とみなされ,寄付時にはいったん所得税を支払い,後にそれを還付 (reclaim) されるシステムをとっている.またコヴェナントは,そのプロセスが複雑なだけでなく,事務手続きも「お役所仕事」で大変煩雑である.これでは,民間寄付は促進されないとして,寄付者への負担を軽減し寄付を促すことによって,英国民間非営利セクターの資金源を拡大することを目的に設立されたのが,CAF である.

3.6.2 業績―年間取扱寄付総額は4億4000万ドル（2億3800万ドル，2004年度），寄付側が一般市民1万人・企業1500社，民間非営利組織側が1万8000登録している（寄付を受けられるようにきちんと活動しており，有効とみなされているのは，4000団体）．

3.6.3 収入源―主な収入源は，扱った寄付金をCAFでいったんプールすることによって得られる利息と，代行サービス料である．

3.6.4 サービス

(1) 基本サービス：民間非営利組織に関するデータ・ベースを構築し，最新の情報を保持することによって「寄付先情報リスト」をつくり，一般に公開する（寄付トレンド，民間非営利組織の活動調査・分析などの情報公開も実施）．寄付希望者には，リストと同時に，英国税制と寄付手続きを含めた情報パッケージを提供する．また，寄付先，寄付方法についてコンサルテーションも行う．寄付手続き（寄付者向け）および税金の還付（民間非営利組織向け）の手続きを代行する．

(2) マーケティング精神に基づき開発されたサービス

①一般向けサービス――無料電話サービス：フリーダイヤルで，CAFを活用した寄付方法に関する情報提供と相談を行う．資料パッケージ：電話相談よりさらに詳しい情報を網羅しパッケージにして送付する．寄付小切手：役所提出用書類の代わりとして開発されたもので，CAFは「小切手」と名付けた．寄付者は「小切手」に名前と，金額，銀行名，寄付先を記せばよい．これに基づき，CAFは寄付者から指定された民間非営利組織に送金する．チャリティ・カード：いつでも，どこでも寄付を可能にするために，チャリティ・カードを開発した．これには，個人のアカウント・ナンバーと24時間受付の電話サービス案内番号が記されている．チャリティ・カードによって，時間帯と場所を選ばず，いつでも寄付ができるようになった．たとえば夜間，自宅でテレビをみている時に，放映されたチャリティのコマーシャルをみて寄付を思い立つ人が多い．だが，そのような夜間の時間帯では寄付手続きが不可能で，寄付のタイミングを逃してしまうことが多い．このチャリティ・カードがあれば，いつでも，寄付が可能になる．寄付者は電話で，自分のアカウントナンバーと寄付先，寄付金額を伝える．これを受けたCAFは，カード作成時に登録された必要情報と照合しながら，送金手続きを行う．チャリティ・カードを入手す

るための要件は，250ポンド以上の口座をCAF用に開設することである．調査時までの3年で1万人以上の人々がチャリティ・カードのユーザーになった．本書執筆時点で8万人を超える（ウェブサイトより）．

②企業向けサービス——企業の社会貢献プログラムの方法のコンサルテーション（遂行上の問題について相談を行う．最近では予算削減，事務手続きの効率化などの内容が多い）．事務代行：寄付を求めて企業に送付されてくる申請書の処理で，大企業では，毎日届く寄付要請の手紙が年間2000～3000通に上り，その処理は悩みの種になっている．そこでCAFは，寄付対象にはならない申請書に限り，企業に代わって代筆を行う．企業トラストの代行：企業は自社でトラスト（信託）を開設し寄付を行うことも可能であるが，トラストの運営は煩雑である．そこで，CAFが運営を代行する．給与天引き制度：Pay Roll Givingと呼ばれるもので，社員が給与天引きシステムを使って，寄付を行うものである．これは，民間非営利組織にとって，安定した収入源になるというメリットがあり，民間非営利組織とCAFのほか3上部団体が協同してキャンペーンを実施している．具体的には，昼休みの時間帯を利用して民間非営利組織とCAFのスタッフが企業を訪問し，民間非営利組織の活動や給与天引き制度の手続きの方法について説明する）．

(3) 限定された仲介・幹旋業——CAFは，寄付者と民間非営利組織の1対1の仲介・幹旋は行わないことを信条としている．寄付者の関心分野で活動する民間非営利組織のリストは提供するが，選択するのは寄付者自身であるというスタンスを守っている．

現在，民間非営利組織は協力的であるが，CAF設立当初，民間非営利組織側からの抵抗があった．その内容は，「資金調達の競争相手が増すことになるのではないか」，「資金提供者と民間非営利組織の間に立って不当な搾取をする」というものであった．現在でもこのような批判や抵抗はまったく消えたわけではないが，民間非営利組織の態度はより協力的になっている．

(4) 民間非営利組織データ・ベースおよび分析——CAFには約1万8000件の民間非営利組織のデータが収められ，そのうち有効なのは4000件．CAFの20年の実績がものをいい，寄付先候補リストに掲載してもらうことを目的に民間非営利組織側から資料が送られてくるようになった．また，これらの情報をもとに，英国民間非営利セクターの動向を分析し，その報告書 *Charity*

Trend を毎年発刊している.

(5) 大がかりな宣伝・広告活動——テレビ,ラジオ,新聞に有名人を登用して,大がかりなキャンペーンを展開して寄付を呼びかけ,CAF を活用することのメリットを広く英国国民に訴えている.

3.6.5 ポイント—CAF の強みは,寄付者への優れたマーケティング力と寄付手続き方法における「商品開発能力」である.CAF は,英国における寄付税制の困難性のなかにビジネス・チャンスを見出し,発展を遂げてきたインターメディアリである.寄付者の動向,志向を鋭く観察し,寄付者の都合にあわせたサービスを創りだしてしまうところに成功の要因を見出すことができる.

しかしながら,CAF のディレクターが指摘するように,寄付面での工夫はなされてきたが,情報面ではもう一歩である.つまり,民間非営利組織に関するデータベースの蓄積とそれに基づく情報提供サービス面での開拓が不足しているのである.今後は,民間非営利組織のより積極的な協力を得て,英国民間非営利セクターの情報整備を強化しようとしている.

3.7 事例7 貧困地域開発における民間非営利組織の育成を目指す資金インターメディアリ

「低所得者のための住宅供給社」(Corporation for Supportive Housing;CSH) は,貧困地域の低所得者向け住宅建設およびホームレスの自立のためのプロジェクトを担う民間非営利組織 (CDC)[7] と資金提供者(財団,企業,行政など)間を仲介,調整する全米規模の資金インターメディアリ組織であり,1991年に設立された.

設立したのは,Pew Charitable Trust,フォード財団,The Robert Wood Johnson Foundation の3つの大型助成財団で,約1000万ドルの資金を設立資金として提供した.大型助成財団は,2つの理由からCSHを設立した.ひとつは,全国のCDCが数千を超え,大型財団の資金提供能力を上回ったことである.もうひとつは,CDC の数が増加したことにより,財団スタッフの処理能力を超えてしまったことである.この問題を解決するために,インターメディアリを設置し,助成財団の役割の一部をインターメディアリに委譲したのである.

3.7.1 使命—企業,財団から資金を調達し,貧困地域開発事業に従事する

民間非営利組織に助成し，これらの民間非営利組織の育成を図る．

3.7.2 活動分野—CSHは，低所得者向け住宅建設とともに，カウンセリング，職業訓練などの低所得の人々の精神的サポートのためのプログラムを重視している．CSHは，民間非営利組織に対して次のような情報および資金提供をしている．

(1) プロジェクト開発・プランニングのための援助：プランニング，フィージビリティ・スタディなどの初期の段階からオペレーションまでの，プロジェクト費用．

(2) ブリッジローン：プロジェクト開発のために得たローンの返済に遅れが出た場合，民間非営利組織に代わってそれを補償するためのローン．ローンの幅は2万5000～25万ドル．ニューヨーク地域ではこれまでに4つの民間非営利組織に対して総額68万8250ドルが貸し出された．

(3) タックス・クレジット・シンジケーション：税引きの対象となる企業寄付を集めて，貧困地域のプロジェクトに投資する[8]．

(4) 民間非営利組織（CDC）のキャパシティ・ビルディング：開発事業に従事する民間非営利組織自身のキャパシティ・ビルディング，すなわち，組織内のマネジメントシステムの開発，会計システムの充実，スタッフ訓練などについて教育プログラムやコンサルテーションを提供する．

(5) 先駆的モデルづくり：従来の低所得者向け住宅建設開発だけでなく精神的サポートのためのサービス事業への援助[9]．

(6) 広報：貧困問題および，開発事業に対する認識を広く周知するとともに，民間非営利組織，政府，メディア関係者，企業とのネットワークづくりを行う．

3.7.3 業績—1991年の設立から1994年まで以下のような業績をあげている．

(1) 資金調達：
- CSHは，財団，銀行，企業から資金を調達し，民間非営利組織への助成もしくは貸付のかたちで資金を配分する．
- 全米規模および地域の48財団から3200万ドルを調達．（助成金・寄付金総額513万1663ドル，2003年）
- 税控除対象になる企業による開発投資4200万ドルをシンジケーションとして扱った．

(2) 助成成果：

- 86組織，130の開発事業に対し合計で800万ドルの助成およびローンを提供した．
- 助成およびローンによって4000件の住宅が建設された．
- 企業による税控除投資をシンジケートし，1600件の住宅が建設された．
- 全国エイズ・住宅開発会議をスポンサーした．
- 自主事業としてコネチカットでモデル事業を開始した．

3.7.4 役割と機能——CSHは，資金提供者と民間非営利組織の双方に対して役割を果たしている．

(1) 資金提供者：効果的に資金を使い資金提供者の期待に応える．「提供した金が正しく効果的に使われるように，資金提供者に満足してもらうように努めることが大切である」，とプログラム・オフィサーのIrene Boldwin女史は述べている．財団がインターメディアリとしてCSHを使うのは，財団よりも専門知識を有しており，現場の事情に詳しいからである．

①資金提供者と受益者の相互理解——資金提供者とその受益者である民間非営利組織との交流の場をつくり，相互の理解促進にあたる．ミーティングやレセプション，サイトビジットなどの機会を設けている．

②資金提供者への参加機会の提供——資金提供者とインターメディアリであるCSHとの交流，相互理解も重要である．資金提供者はCSHのアドバイサリー委員会に参加し，助成方法についてアドバイスする．「資金提供者をCSHのスタッフの1人にしてしまう」とはBoldwin女史の言葉であるが，これは，資金提供者のインボルブメントの大切さを示している．資金提供者も事業への積極的参加が求められる．

(2) 民間非営利組織との関係

①民間非営利組織とのネットワーク——CSHのプログラム・オフィサーは，CDCで働いていた経験をもち，現場および民間非営利組織の事情に詳しい．オフィサーたちは，現場重視で彼らとの交流機会を見つけてはネットワーキングに努める．

②インタビュー（スクリーニング，モニタリング）——応募してきたアプリケーションは，書類選考にかけられる．書類選考に通ったものについては，プログラム・オフィサーがインタビューを行い内容を確認してゆく．このようなインタビューは何度か繰り返され，最後に推薦リストとして，理事会に提出さ

れる．助成が開始されると，プログラム・オフィサーはモニタリングをするが，できるだけ時間をかけて，現場で民間非営利組織側の話を聞く．また，必要に応じて事業遂行上のアドバイスをする．

3.7.5 ポイント—理事長の Juli Sandorf 女史は，インターメディアリの成功要因として次の2点をあげた．

(1) 信頼性の獲得：資金提供者から調達した資金を，確実に資金提供者よりも効果的に使うことができるという信頼性を獲得すること．そのためには，貧困問題に関する専門知識とこの分野で活動する民間非営利組織についてよく知っていることが必要条件である．民間非営利組織からの理解と協力を得ることも重要である．そのためには，CSH がインターメディアリとして，民間非営利組織に便益をもたらすことを示す必要がある．

(2) リーダーシップ：ビジネスの世界でもブローカーのイメージは決してよいものではない．どちらかといえば中間搾取といようなダーティーなイメージをもたれがちである．民間非営利組織の世界では，なおさらである．現場で直接事業に従事せず，資金フローに介在するインターメディアリの価値や存在は認められにくく，むしろ批判的にみられがちである．CSH の先輩格にあたる，貧困地域開発のための資金インターメディアリ，Local Initiative Support Corporation は，設立当初，民間非営利組織から理解されず苦労した．そこで，CSH のトップには，各界に顔の利く財界のリーダーがなり，インターメディアリの価値と効果について強くアピールした．

3.8　事例8　寄付代行型インターメディアリ（コミュニティ財団）

「ニューヨーク・コミュニティ信託」(New York Community Trust) は，先に紹介したクリーブランド財団と同じ機構をもつコミュニティ財団であり，1924年にニューヨーク地域に設立された．10億ドルの資産，年間寄付総額5100万ドルは全米最大の規模を誇る．クリーブランド財団が，優れた助成機関として自らイニシアティブ[10]を尊重するのに対し，ニューヨーク・コミュニティ信託は，寄付者の代行者としての志向が強い．

3.8.1 使命—ニューヨーク地域への貢献を希望する市民の寄付がより有効かつ効果的に使われるために，寄付者に代わって寄付行為を行い，民間非営利組織の活動を支援し，地域の福祉向上を実現すること．活動分野とその優先順

位は時代のニーズを反映するために変更可能で，その内容は理事会によって決定される．1995年の主な助成活動分野とその比率は以下のとおりである．

　教育，芸術，ヒューマニティー　46%（43%，2003年）

　特別なニーズを有する人々の福祉　24%（17%）

　子供，若者，家族　17%（19%）

　コミュニティ開発　11%（19%）

3.8.2　方針──ニューヨーク・コミュニティ信託には，厳しい制限とルールがある．ひとつは，地域をニューヨークに限定していることである．ただし，寄付者はどこに住んでいる人でも可能．もうひとつのルールは，寄付者との関係づくりに関連することで，寄付者への過干渉を避けることである．同トラストは，寄付者に対して，「どの分野のどの民間非営利組織／活動に寄付をしなさい」ということは決して言わないことになっている．寄付者の意思を尊重することを信条としているからである．

3.8.3　業績──1994年に預かった寄付は，5325万7392ドル（7863万4510ドル，2003年度）であり，2カ月で800件の寄付を受け付けている（100ドル程度の比較的少額の寄付も受け付けるのでこのような件数になる）．助成額は，総額5100万ドル（1億1799万1766ドル）で，3000件の民間非営利組織に助成された．

3.8.4　運営方法

　(1) 2つの信託ボディー：設立当初は，寄付金の銀行への信託という方法のみであったが，現在は信託制度（Community Trust）と民間非営利会社であるCommunity Funds Inc.に寄付金を預ける2つの方法がある．両者間では，手続きの複雑さや厳密度に違いがある．信託制度は，大型の寄付向きで，弁護士の立ち合いのもとに手続きをし，審査も慎重である．その代わり，運用管理は厳しく，信頼性が高い．Community Funds Inc.は手続きが簡素化され，弁護士の立ち合いも不要である．少額の寄付，手軽な手続きを好む寄付者に向いている．Community Funds Inc.は，より便利な寄付方法を市民に提供するためにつくられた．

　(2) 寄付として扱えるもの：寄付として扱われるのは，金だけではなく多様で，以下のようなオプションがある．

　・遺産，生存中の寄付

・現金，証券，株式，退職用積立，不動産，コピーライト（著作権），映画（テレビの放映権も含む）

寄付方法も，上記を複数組み合わせることが可能で，また頻度についても，継続もしくは1回かぎりの寄付などバリエーションがある．

(3) 寄付者の関心の度合に応じた寄付方法：寄付者の関心の度合にあわせて4つの寄付方法を設置している．

・Unrestricted Donation——これといった特定の民間非営利組織や関心分野を限定せずに，同トラストに寄付を委ねる．プログラムスタッフと配分委員会が寄付分野，助成先，金額を決める．

・Field-of-Interest-Donation——寄付者が関心分野，社会問題を指摘し，それに応じて同トラストのスタッフが非営利組織を選び助成する．

・Donor Advised Donation——寄付者がプログラム部の寄付先選考にアドバイザーとして参加するもの．

最終的な寄付先の決定はニューヨーク・コミュニティ信託が行う．

・Designated Donation——寄付者が寄付先となる民間非営利組織を指定するもの．寄付者が理事を務めたりボランティアとして参加している民間非営利組織への寄付が多い．寄付者がニューヨーク・コミュニティ信託を通して寄付をするのは，手続きが簡素化されるという特典が得られるからである．

これら4つの寄付方法の比率は以下のようになっている．

Donor Advised　28%（37%，2003年）
Designated　23%（13%）
Field of Interest　30%（34%）
Onrestricted　13%（12%）
(Scholorship　6%）（4%）

ニューヨーク・コミュニティ信託は，寄付者がよりコミュニティ参加に関心を深めることを歓迎している．しかし，Designated Donation のように寄付者が寄付方法について100%支配してしまうものが増えた場合，ニューヨーク・コミュニティ信託の助成活動における独立性に支障をきたす．

(4) 複数財団の共同出資のマネジメント：複数の財団の共同出資でファンドをつくることがあるが，これら財団の資金を同トラストにプールし運営を委託

することがある．このような場合，トラストが中立の立場でアドミニストレーションを行いグループのリーダーシップをとる[11]．

3.8.5 寄付者および民間非営利組織との関係

(1) 寄付者との関係：

- 相手のイニシアティブを尊重する「待つ姿勢」——ニューヨーク・コミュニティ信託はファンド・レイジング（資金調達）は行わない．これはトラストの強い方針である．トラストは，寄付者がよりよいフィランソロピー活動をすることを手助けすることをモットーとしている．したがって，「彼らが興味をもって同トラストを訪れてくれれば，手助けをしましょう」という「待つ姿勢」を守り続けている．
- 寄付者への教育機会の提供——寄付者にフィランソロピーをよりよく理解してもらうよう努める．寄付者が，無目的に寄付をしたり，社会の問題，その解決に取り組む民間非営利組織についての理解が漠然としたまま寄付をするのを歓迎しない．問題意識を明確にし，意図のある寄付を行ってもらうために，ニューヨーク・コミュニティ信託のドナー・サービス・スタッフが，寄付者に対し，ていねいにカウンセリングをする．

(2) 被助成者との関係：被助成者となる民間非営利組織との関係づくりは，財団のプログラム・オフィサーのそれと類似している．同トラストのプログラム・スタッフは民間非営利組織と強い信頼関係をつくろうと努力している．ニューヨーク・コミュニティ信託は年に3000件の助成申請を受け付けるが，そのなかで書類選考に通った者については，ニューヨーク・コミュニティ信託のプログラム・スタッフが直接，申請者を訪れインタビューする．

3.8.6 ポイント—ここで注目すべき点は，(1) 寄付者との関係，(2) 活動の阻害要因である．

(1) 寄付者との関係：クリーブランド財団と比較すると，ニューヨーク・コミュニティ信託は，寄付者のクリアリング・ハウス的存在になっている．ニューヨーク・コミュニティ信託における「Designated Donation」の比率は高く，増加傾向が強くなりすぎれば，ニューヨーク・コミュニティ信託は，単なる送金機関になってしまい，「プロの目利きによってより効果的な寄付を実現する」という目的を達成できなくなる．だが寄付者が盲目的であったり，依存的であるのも，ニューヨーク・コミュニティ信託の「寄付者の意思を尊重する」ポリ

シーにそぐわない．ニューヨーク・コミュニティ信託は，2つの目的の間で葛藤している．

(2) 活動の阻害要因：ニューヨーク・コミュニティ信託の役割と意味を理解しない人が多い．問い合わせをしてくる人々のうち，ニューヨーク・コミュニティ信託が地域福祉分野で直接活動していると誤解する人が少なくない．「直接活動をしないのに，なぜ寄付を集めるのか」というのが，市民の最初の反応であった．仲介機関としてのニューヨーク・コミュニティ信託の存在意義と価値は，一般に理解されにくい．また，民間非営利組織からの誤解も多かった．ニューヨーク・コミュニティ信託の設立後しばらくは，「寄付プロセスに仲介することによって中間搾取をしている」との批判や抵抗が，民間非営利組織側にあり，ニューヨーク・コミュニティ信託の意図と効果について理解されるまでに時間を要した．

3.9 事例9 民間非営利組織の評価専門機関

「全国チャリティ情報センター」（National Charities Information Bureau；NCIB）は，寄付者のための「Watch Dog」つまり番犬と呼ばれる組織で民間非営利組織の活動を評価し，その結果を寄付者に提供する．1918年に設立されたNCIBは，10の評価基準によって民間非営利組織の事業および運営を評価し，その結果をニューズレターなどの情報サービスによって寄付希望者に提供している．NCIBは，資金，人材など直接資源に関与することはないが，寄付者により確かな情報を提供することによって，寄付を促進しようとしている情報インターメディアリである．

3.9.1 使命―NCIBの使命は，「寄付者に対して民間非営利組織の確かな情報を提供し，より効果的な寄付が可能になるよう援助して民間非営利組織への資源提供を促進すること」である．評価対象は，個人寄付や財団からの助成金を受けて，全米規模で活動するオペレーティングの民間非営利組織である（NCIBはこれらをパブリック・チャリティと呼んでいる）．NCIBは，キャッチ・フレーズとして「Informed Giving」という言葉を用いているが，その意味は，寄付者は民間非営利組織に関する確かな情報をもとに寄付をするという意味である．

3.9.2 歴史―NCIBの設立は第1次世界大戦までさかのぼる．戦時下，救済

を目的とした民間非営利組織が急増したが,それらのアカウンタビリティに疑問がもたれるようになった.「毎日のように民間非営利組織から寄付依頼がくるが,いったいどの民間非営利組織に寄付をしたらよいのかわからない」という一般市民からの批判を受けてつくられたのが,NCIB である.

1906 年,グローバー・クリーブランド氏の呼びかけのもと,民間非営利組織の情報提供を専門とする機関の設立をしようと設立準備が始まった.1918 年,ニューヨーク地区など 7 つの地区代表者が集まり,National Investigation Bureau が設立された.設立当初はメンバーシップ制度をとり,会員のみに情報サービスを提供していたが,1973 年には一般向けの情報サービスが開始された.

3.9.3 方針

(1) 特定団体の推薦を避ける:各民間非営利組織の評価結果を公表するが,個々の組織を特別に推薦したり,寄付者と団体の仲介を直接行うことはしない.

(2) 情報の卸売業:NCIB は,民間非営利組織の情報をコミュニティと寄付者に効率的に提供する情報インターメディアリであるが,代表者のひとりは「卸売業」という言葉で自らの存在を表現した.1951 年,Valentine Macy 氏が理事長に就任したが,「NCIB は,寄付希望者に民間非営利組織の活動情報を提供する情報の卸売業である.私たちの存在によって,それぞれの民間非営利組織が個別に寄付者に情報を発信するよりも,確実にコストを節約できるようになる」と述べている.

3.9.4 評価基準

(1) 基準設置:設立から約 70 年間で,評価基準は 2 回書き換えられている[12].この評価基準は NCIB の理事会によってつくられる.評価内容は,主として民間非営利組織のマネジメントと財政状態に関するものである.ここでは,民間非営利組織の業績や効果に関する評価ではなく,「使命,目的に沿ってプログラムがきちんと運営されたか」という作業工程とマネジメントに関する評価が中心である.

(2) 評価基準(1991 年より執行):評価基準として,①「理事会のガバナンス」,②「組織とその事業目的」,③「プログラム」,④「情報」(プロモーション,募金,PR 情報が組織のアイデンティティ,目的,プログラム,財政的ニーズを正確に伝えているか),⑤「資金援助とその関連活動」,⑥「寄付の使

途」,⑦「年次報告」,⑧「信頼性の証明」(情報公開:会計監査,資金に関連した義務と使途),⑨「予算」がある.

3.9.5 事業と業績

(1) 情報サービス:NCIB は 2 種類の方法で情報サービスを行っている.ひとつは,*Wise Giving Guide* と呼ばれる機関紙で,年に 4 回発刊される.これは,400 の民間非営利組織の評価結果と,その時々の民間非営利組織に関するトピックスが掲載された新聞である.評価結果は一覧しやすいように,「□,X,?」の記号を用いて,9 項目ごとに 3 段階のランクづけがされている.たとえば,財政状態が良好であれば「□」マークが記される.購読希望者には無料で送付されるが,1995 年現在 8 万 2000 部送付されていた.送付先は,個人および企業の社会貢献部である.

もうひとつは,個々の団体について評価内容を述べたレポートによる情報サービスで,A5 サイズで 4 頁ほどの小冊子の形態をとり,詳細な評価結果と財政情報が掲載されている.

(2) 業績:1918 年の設立より,多くの市民から支持を得るようになったと,NCIB は自負している.メディアからの問い合わせが多く,新聞,ニュース,雑誌などから問い合わせが絶えない.また,機関紙の主な読者は個人と企業である.個人の場合,自らの寄付行為の判断材料に用いている.また企業の場合には,社会貢献部のような専門部署を設置していない企業にはよく利用されている.寄付者のなかには「この新聞に掲載されていないのなら寄付をしない」という人も多く,寄付者が募金者である民間非営利組織に対して NCIB の評価を受けることを推薦することもある[13].ただし,財団のようにプログラム・オフィサーなど,プロの判定者がいるところでは,この新聞は利用されていない.

3.9.6 評価プロセス

NCIB の評価は,調査とレイティングによって行われる.

(1) 調査:民間非営利組織に関する情報収集は,年次報告と NCIB が 9 つの評価基準に基づいて独自に作成した調査票によって行われる.NCIB は,各民間非営利組織に年次報告送付依頼とともに調査票を送付する.記述された調査票を受領すると,NCIB のリサーチャーが年次報告を参照しながら分析用フォーマットに記入する.この記述過程で,リサーチャーは年次報告と照合しな

がら記述されたデータの正確さについて確認する．シニア・リサーチャーは，民間非営利組織が記述したデータの内容が全体の脈絡と合っているか，一貫性をチェックする．ディレクターは，全体をオーバービューし最後のチェックを行い，調査を完成させる．NCIBのスタッフによって完成された調査票は，調査対象であった民間非営利組織に送付し，内容に間違いがないか確認してもらう．このフィードバック作業によって民間非営利組織からの信頼と協力を得ることができるという．以上の調査の全工程に要する時間は6週間である[14]．

(2) レイティング：レイティングは，前述の調査票をもとに行われる．レイティングを行うのは，NCIBのリサーチャー，シニア・リサーチャーとディレクターで，評価結果に関する最終意思決定は理事会でなされる．レイティングは，9つの評価基準のそれぞれについて3段階で行われる．また，「無回答（Unanswered）」，「結論不可能」も公表される．

レイティングの内容は「□：標準に合っている」，「X：標準に合わない」，「？：基準そのものがその組織にそぐわない」，「無回答（U: Unanswered）：民間非営利組織が回答しなかった」「結論不可能（N: No Conclusion）：記述された情報が不明確で結論を下すことができない」，であり機関紙に掲載される．

基準	理事会のガバナンス	目的	プログラム	情報	資金援助	寄付の使途	アニュアル・レポート	信頼性の証明	予算
組織名（例）SPF	X	□	N	□	？	□	□	U	□

図2.8　機関紙 *Wise Giving Guide* に掲載される評価リスト例

3.9.7　ポイント―まず，注目したいのは，このような「番犬」としての情報インターメディアリが，資源提供者の強い要請によってつくられたことである．毎日押し寄せる寄付要請に，「いったい，どれが確かな寄付先かわからない」という，市民の要望を受けてつくられたのがNCIBである．

一方，「私たちの『善意』をなぜ評価するのか」という民間非営利組織側からの批判や抵抗があり，訴訟問題が2度起きた．だが，どちらもNCIBの勝訴であった．勝因はNCIB自身のアカウンタビリティの証明がきちんとなさ

れていたこと，NCIB の評価プロセスや基準が明確に公表され，多くの市民の支持を得ていたことである．現在では，寄付者にも，民間非営利組織側にも NCIB に対する抵抗はあまりない．しかし，NCIB の基準を使う人も，それを使わずに独自の判定基準で寄付を行う人もおり，NCIB の基準が米国における民間非営利組織の評価の唯一の基準であるわけではない．

1) RSVP は民間非営利組織であるが，連邦政府ボランティア省の援助を受け，拡大してきた．のちに紹介するようにソーシャルワーカーとの協力など政府機関との連携もあるが，法的にも，また運営面でも RSVP は独立しており，官僚主義に悩まされることはないという．
2) ユナイテッド・ウェイ（United Way）＝個人や企業から寄付を集め，それを民間非営利組織に配付する民間機関．ユナイテッド・ウェイは後述の Community Serve Society（CSS）に委託する形で RSVP に寄付を行っている．
3) 民間非営利組織の能力向上をめざし，情報や教育プログラムを提供する機関．
4) BVC のミッション・ステイトメントより翻訳．
5) 英国民間非営利組織の上部団体．英国民間非営利セクター促進のため，民間非営利組織の運営管理や情報提供，相互交流の機会を提供する．
6) DEED OF COVENANT．寄付者とその受益者の間で交わされる捺印証書のことで簡単にいえば法律文書化された寄付である．チャリティに対する寄付の多くはこれによって行われている．この特徴として，
　ア）定期的な寄付：コヴェナントは寄付者から受益者への所得の移転を意味し，毎年定期的に行われなければならない．特にチャリティを目的とした場合，同一の相手に最低4年以上，一定額以上を寄付することが義務づけられていた（最近では期間についてはフレキシブルになった）．
　イ）様式行為：封印，署名，引き渡しの手続きを証人の前で行った捺印証書の形式を取らなければならない．最近ではフォーマットが用意されている．
　ウ）一見，寄付者には税制上の優遇措置がない：寄付者は所得税納付後の金額からチャリティに寄付をする．チャリティ団体は税制当局に対して，寄付者がこの寄付額についてすでに支払った税金の還付を請求し，当局の審査を経て還付が行われる．
　還付税額 ＝（寄付額×100／〔100－税率〕）－寄付額
　（参考文献：「英国のコーポレート・シチズンシップ」笹川平和財団　1990年）
7) CDC：Community Development Corporation.
8) 米国では，企業が慈善や貧困地域の開発のために投資もしくは寄付をした分については税控除の対象になる．これらの金を集め，プールして貧困地域の開発プロジェクトに配分する機関のことをシンジケーションという．
9) たとえば，ニューヨーク市の精神治療課との協働によるハウジングプロジェクトなど．これによってホームレスへの本格的な精神治療施設を備えたハウジングが可能になる．

10) 寄付者に対しては「unrestricted」すなわち限定しない寄付を勧め，寄付先については助成のプロフェッショナルであるクリーブランド財団にまかせてもらうことを志向している．
11) 最近の例では，NY AIDS Fund がある．
12) 1918 年の設立以来，評価は 2 回書き換えられている．1918-1950 年，1950-1988 年，1988 年から 3 年かけ新基準を作成．1991 年より執行．
13) 掲載を希望してウエイティング・リストで待機している民間非営利組織は 150 件．
14) 返却されたドラフトをもとにニュースの発行をする．これらの情報管理については，コンピュータを使ってのデータベース管理は行っていない．

3章　インターメディアリはどう機能するか

　第3章では，いくつかの事例よりインターメディアリの諸活動を整理し，基本的な機能を抽出する．さらにこれらの諸機能がトランザクション・コスト（取引コスト）とどのような関係にあるのかを分析することによって，このコスト軽減にどのような役割を果たしているのか考察する．

1　インターメディアリ分析の視点と枠組み

　民間非営利組織とその資源提供希望者の間でさまざまなミスマッチ問題が生じ，資源提供を阻害している．この原因がトランザクション・コストにあるとして，トランザクション・コストを軽減することが問題解決の鍵要因であると仮説を立てた．第2章では，仮説をもとに資源提供者と民間非営利組織の間を仲介することによって，資源提供機会をつくり促進するインターメディアリの先進事例をみた．

　本章では，これらの事例をもとに，インターメディアリの機能を抽出し，トランザクション・コスト（取引コスト）との関係をみる．したがって，分析は2段階に分けて行う．第1段階では，事例インターメディアリの機能を抽出・整理する．第2段階では，第1段階で明らかになった各機能とトランザクション・コストとの関係をみる．

1.1　分析フレームワークの提示
　まず，「インターメディアリ機能分析」と「トランザクション・コストとインターメディアリ機能の照合」の2つの分析フレームワークを提示する．
1.1.1　インターメディアリ機能分析のフレームワーク
　(1) 活動領域：民間非営利組織を中心に資源提供者から受益者への資源の流

れを概観し，図3.1のように区分する．区分することによってインターメディアリの基本領域および活動領域を確認する．

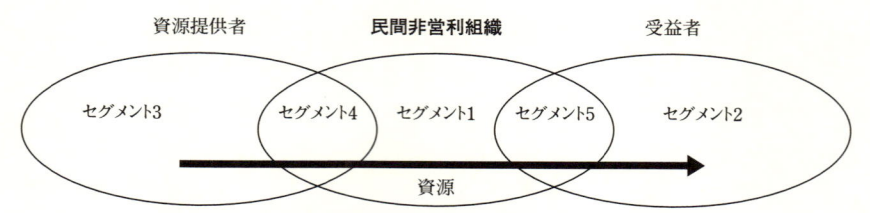

図3.1 民間非営利組織を中心にした資源提供者，受益者の関係

セグメント1：民間非営利組織．受け取った資源をサービスに変換するための準備活動をしている．
セグメント2：ニーズをもった人々で，民間非営利組織からのサービスを希望する潜在的受益者．
セグメント3：資源を有しているが，民間非営利組織へ提供をしていない潜在的資源提供者．
セグメント4：資源の授受を行っている資源提供者と民間非営利組織．
セグメント5：サービスの授受を行っている民間非営利組織と受益者．

(2) 機能抽出：インターメディアリが働きかける対象者（民間非営利組織，資源提供者）別，対象者のフェイズ別にインターメディアリ機能を整理する．

2.1.2 トランザクション・コストとインターメディアリ機能照合のフレームワーク

分析作業によって抽出されたインターメディアリ機能と各種トランザクショ

表3.1 資源提供者向け機能

フェイズ	フェイズ1 無関心	フェイズ2 関心／無行動	フェイズ3 探索	フェイズ4 活動	フェイズ5 評価
機能					

表3.2 民間非営利組織向け機能

フェイズ	フェイズ1 無関心	フェイズ2 関心／無行動	フェイズ3 探索	フェイズ4 活動	フェイズ5 評価
機能					

ン・コストとの関係をみる．さらに，トランザクション・コストの原因と機能の関係をみてゆく．

(1) トランザクション・コストとインターメディアリ機能：トランザクション・コストは，「検索コスト」「交渉コスト」「モニタリング・コスト」の3つに分類されることは第1章で述べたとおりである．この分類にそって，インターメディアリの各機能とコスト軽減／増幅との関係をみる．

表3.3 資源提供者向け機能とトランザクション・コスト

トランザクション コスト	検索コスト	交渉コスト	モニタリングコスト
機能			

表3.4 民間非営利組織向け機能とトランザクション・コスト

トランザクション コスト	検索コスト	交渉コスト	モニタリングコスト
機能			

(2) トランザクション・コストの原因とインターメディアリ機能：トランザクション・コストの原因として，「不確実性」「限定された合理性」「機会主義」があげられる．これらの原因とインターメディアリの各機能がどのような関係にあるのか，原因と機能のマトリックスにしてみる．

表3.5 資源提供者向け機能とトランザクション・コスト原因

コスト原因	不確実性	限定された合理性	機会主義
機能			

表3.6 民間非営利組織向け機能とトランザクション・コスト原因

コスト原因	不確実性	限定された合理性	機会主義
機能			

1.2 分析フレームワークの理論的根拠

1.2.1 インターメディアリ機能分析のフレーム・ワーク―インターメディ

アリ機能分析のためのフレームワークを，活動領域および対象物別態度別のマトリックスで示した．このマトリックス作成の理論的根拠を述べる．

(1) 活動領域と2つの対象者：図3.1より，インターメディアリのホームベースともいえる位置は「セグメント4」であることがわかる．すなわち，資源提供者と民間非営利組織を仲介し資源提供機会を創造，促進することを目的とするインターメディアリは，基本的には両者の交流部分に位置する．このことは，インターメディアリが働きかける対象者が資源提供者，民間非営利組織であることを意味している．

(2) 対象者の態度変容（フェイズ）

① 態度変容と範囲——対象者を2種に分けてとらえることにしたが，さらに対象者の中で区別する必要がある．第2章でミスマッチ問題を分析し，資源提供者の態度によって問題の内容が異なることが判明した．これは，ミスマッチ問題解決策が資源提供者の態度に応じて模索する必要があることを示唆している．たとえば，資源提供に関心を抱き始めたばかりの者と，自分の関心が明確になり資源提供方法を探索しはじめた者では，必要とする情報の内容が異なる．このように異なるニーズを有する者に一律のサービスをしていたのでは，効果が薄い．インターメディアリが対象者の態度の変容とニーズの変化にどのように対応しているのか確認する必要がある．

また，資源提供実施プロセスだけに注目していたのではインターメディアリ機能の全体像を把握するには不十分であることが予想される．たとえば，民間非営利組織の活動に関心を抱いているが，行動には至らない潜在的資源提供者の存在を意識することは，資源開拓の可能性を拡げる．また，民間非営利組織の活動に参加した後に参加継続の有無を決める時期があるが，これは資源獲得の意味から見逃すことができない．したがって，対象者の態度変容を捉える範囲を資源提供の前後も含めてとらえる必要があるだろう．

② マーケティングの態度変容論の借用——態度変容は認知科学，消費者行動，マーケティングの研究分野の対象とされ研究が進められてきた．ここでは，資源提供者の開拓という立場から，マーケティングにおける態度変容論に注目してみることにしよう．

③ 態度変容論（David Aaker）——Aaker et al. (1992) は顧客の態度変容について，潜在する対象者に注目することが重要であると指摘している．

Aakerは，顧客は，特定の商品ブランドに気付いていない状態にあるのが当然のことであり，この段階から順を追って，ブランドを学習するように働きかけることが重要であるとした．

個人（顧客）は初期段階において，市場にブランドが存在していることに気付いていない．したがって，顧客にそのブランドの存在について気付いてもらうことが第1ステップである．第2のステップは，顧客にそのブランドについて学習してもらうことである．第3のステップは行動変容のステップである．これは，ブランドを個人が購入したり試す前段階のことで，ショールームに出かけたり，問い合わせるなど顧客個人が必要とする情報を自ら行動することによって積極的に獲得する段階である．

Aakerの態度変容の理論を借用し，資源提供者と民間非営利組織の関係について次のような解釈ができる．

・資源提供者，民間非営利組織は，資源提供について互いに無関心であったりまた可能性に気付いていないことがある．

・対象者には学習機会が必要である．

・対象者に働きかけることによってその態度が変わる可能性が大きい．

④ 顧客のサービス・ライフサイクル論 (Blake Ives & Richard O. Mason) ――Ives & Mason (1990) は，「すべての顧客は自身のニーズを把握し，製品を購入し，使用しなくなるまでのサービス・ライフサイクルを経験する．すなわち，顧客自身が自分が何を欲しているかを自覚し，欲しいサービス／製品の購入の方法を知り，購入，使用，修正／修理し，最後に中止／廃棄する．そして優れた顧客サービスとは，顧客がライフサイクルのどの時点にあるかを確認しながら，それらに応じたサービスを提供することである」と，その顧客サービス・ライフルサイクル論の中で述べている．なお，顧客サービス・ライフサイクル論を次ページ図3.2のように示している．

顧客サービス・ライフサイクル論は，資源提供者の態度変容をどのような範囲でとらえ，またどのような状態にあるのか確認することの重要性を示している．資源提供者が資源提供を実施する段階までには関心が向けられるが，それ以降の態度については注意が払われないことが多い．しかしながら，顧客サービス・ライフサイクルが示すように，資源提供者は提供後に資源提供を継続するか，撤退するのか，それともアップグレードしてより多くの資源提供をする

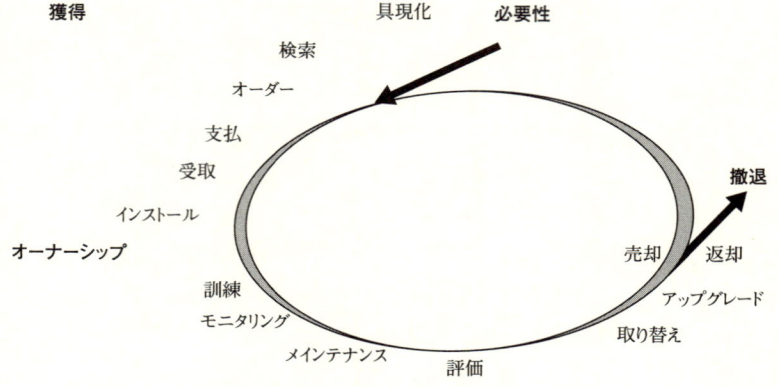

```
        獲得           具現化    必要性
                検索
              オーダー
            支払
          受取
        インストール                              撤退
  オーナーシップ                            売却  返却
                                              アップグレード
              訓練                    取り替え
            モニタリング
              メインテナンス  評価
```

図 3.2　顧客サービス・ライフサイクル

のか評価し判断しているのである．したがって，顧客サービス・ライフサイクル理論を民間非営利組織と資源提供者に適用すると以下が重要であることがわかる．

・対象者の態度は活動後にも注目すべきである．
・対象者の態度は資源提供実施前から注目すべきである．
・対象者の態度は次第に変容するがどのような変容段階に位置しているかを把握し，それに対応するサービスを開発してゆく必要がある．

⑤　対象者の態度分類「5つのフェイズ」——以上，ミスマッチ問題の分析結果，マーケティングの態度変容理論から対象者の態度変容を以下の5つのフェイズに分類したい．

図3.3はミスマッチ問題の分析結果から得られた対象者の状態の変化に加え資源提供前後の態度を組み合わせたものである．すなわち，対象者の態度「無関心」，「関心／無行動」，「探索」，「活動（資源提供）」に加え，行動後の「評価」を加え，5つのフェイズとした．評価を入れるのは，評価によって，その活動を継続するか，より内容の高いものへと活動を移行するか（アップグレード），止めるのか，の将来の活動の方針を決めるからである．

ここで問題になるのは，資源提供者の態度変容をもとにつくられたフェイズの民間非営利組織への適用可能性であるが，施設ボランティアのミスマッチ事例や福祉施設でのインタビュー結果は適用可能性を示している．

```
┌─────────┐ ┌─────────┐ ┌─────────┐ ┌─────────┐ ┌─────────┐
│ フェイズ1 │ │ フェイズ2 │ │ フェイズ3 │ │ フェイズ4 │ │ フェイズ5 │
└─────────┘ └─────────┘ └─────────┘ └─────────┘ └─────────┘
  無意識      関心/無行動    探索        参加       評価→継続
  無関心                              実施        アップグレード
                                                 撤退
```

図3.3 対象者の態度変容を示す5つのフェイズ

「無意識,無関心」…民間非営利セクターの活動に関心がなかったり,もしくはその存在に気づいていない.

「関心/無行動」…民間非営利組織の活動に関心をもっているが,行動するまでに至らない.

「探索」…関心の内容が明確になり,資源提供を希望しその方法を探索している.

「参加,実施」…資源提供が実際に行われる(ボランティア活動参加,寄付など).

「評価」…資源提供(活動参加)後,継続するか中止するか,もしくはより多くの資源提供をするか決定する.

たとえば筆者とある私立保育園とのミーティングを行った際に,市民の人的・資金的資源提供の可能性があるにもかかわらず,ほとんどの私立保育園はそれに気づいていないことがわかった(フェイズ1)[1].

施設ボランティアのミスマッチ事例からは,ボランティア採用に関心はありながら,方法がわからず行動に移していない(フェイズ2),ボランティア募集や資金調達活動を行っている(フェイズ3),実際に資源提供者と活動を実施し(フェイズ4),活動後にその活動を評価する(フェイズ5),というフェイズが存在することがわかった.以上から,民間非営利組織にも態度変容における5つのフェイズが適用できると判断した.

1.2.2 トランザクション・コストとインターメディアリ機能の照合―トランザクション・コストは,「検索コスト」「交渉コスト」「モニタリング・コスト」の3種類に分類されるが,これらのコストにインターメディアリの諸機能がどのような影響を及ぼしているのかをみるために,諸機能と各トランザクション・コストをマトリックスにして整理する.

またトランザクション・コストの原因は,第1章で述べたウィリアムソンの理論に基づき,「不確実性」「限定された合理性」「機会主義」を採用する(表3.5,表3.6).

2 分析結果

2.1 活動領域

図3.1「民間非営利組織を中心にした資源提供者，受益者の関係」に記したセグメントによるフレームワークに基づき各事例を分析してみると，インターメディアリは複数のセグメントを活動領域としていることがわかる．これはインターメディアリがさまざまな活動を含有し総合対応するものだからである．また，想定した民間非営利組織，資源提供者，受益者の関係（図3.1）とは異なる関係を描くインターメディアリがあることもわかった．

(1) 活動領域の変化：インターメディアリは，複数のセグメントで同時に活動したり，移動していた．たとえば「低所得者のための住宅供給社」（Corporation for Supportive Housing, CSH, 第2章参照）は，財団や企業から，貧困地域開発事業への寄付行為の委託を受け，それを確実に実施する（セグメント4）．同時に CSH は，その使命に基づき，貧困地域開発事業に従事する民間非営利組織の技術的支援や学習機会を与えている．これは，モニタリングやカウンセリングを通して民間非営利組織が貧困地域で活動する現場で実施される．したがって活動領域は，民間非営利組織と受益者の交流の場であるセグメント5である．

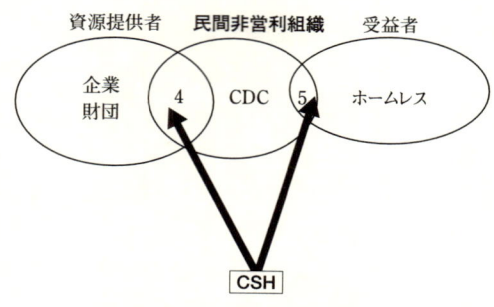

図3.4 CSH の活動位置

(2) 関係構造の変化：資源提供者，民間非営利組織の態度変容によって資源提供者，民間非営利組織，受益者，インターメディアリ間の関係は変化することもわかった．たとえば，互いに無関心な状態にある時には交流部分（セグメ

資源提供者(潜在)　　　民間非営利組織　　受益者

　　3 高齢者　　　　1 非営利組織　　2 地域の
　　　　　　　　　　　保健機関　　　　ニーズ保持者
　　　　　　　　　　　　　　　　　5

　　　　　　セグメント4 不在

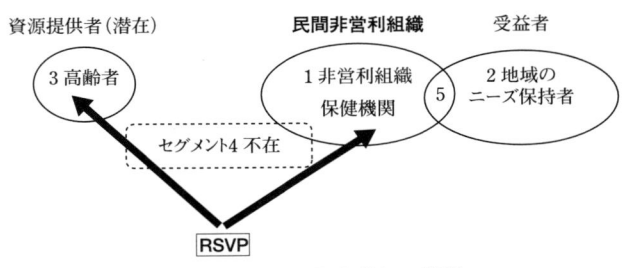

　　　　　　　　　RSVP

図 3.5　RSVP 設立当初の構図
RSVP は高齢者と民間非営利組織に働きかけセグメント 4 をつくろうとした．

ント 4，セグメント 5）は存在しない（図 3.5）．それだけではなく，インターメディアリが介在し事業が展開するプロセスで，資源提供者と受益者との直接交流する機会が生じる．これによって新たな「セグメント 6」がつくられ，図 3.1 で示した構造そのものが変化することもわかった（図 3.6）．

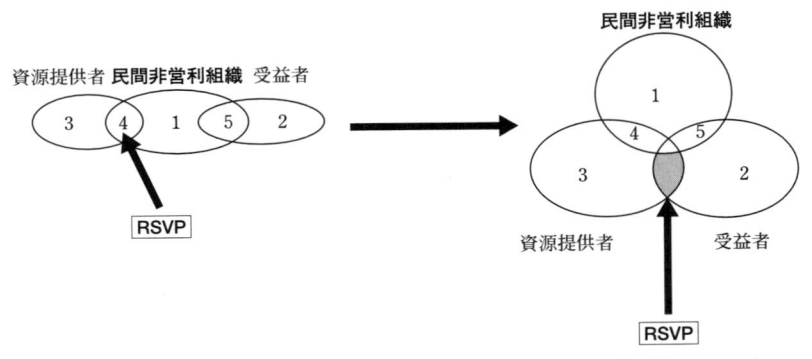

図 3.6　資源提供者と受益者の直接交流によって出現した「セグメント 6」

　このような関係構造の変化は，活動歴の長いインターメディアリ，第 2 章の事例では財団センターと退職者と高齢者のためのボランティア・プログラム（RSVP）にみられた．
　① 退職者と高齢者のためのボランティア・プログラム（RSVP）——同プ

3 章　インターメディアリはどう機能するか——91

ログラムの設立当初（1965 年）から現在の活動経緯を追ってゆくと，図 3.1 に示した構図だけでは説明しきれないことがわかった．

RSVP 設立当初，高齢者ボランティアに対する一般市民の理解は薄く，民間非営利組織のボランティアになろうとする高齢者の希望者も，またそれらを受け入れようとする民間非営利組織もまれであった．したがって両者の交流の場である「セグメント 4」はなかった．設立当初の RSVP の主要な仕事は高齢者と民間非営利組織の交流の場である「セグメント 4」をつくることであった（図 3.5）．

現在では，高齢者のボランティアに対する社会的認識は高まり RSVP の認知度も高い．設立当初のように，RSVP が高齢者や民間非営利組織に直接働きかけなくても彼らの方から RSVP に登録してくる．したがって，RSVP の主たる活動領域は「セグメント 4」であり「セグメント 3」「セグメント 1」を活動領域としていない．

興味深いのは，新たに「セグメント 6」が出現することである．高齢者のボランティア活動が始まると，RSVP は高齢者ボランティアと受益者との調整役を果たすようになった．高齢者ボランティアと受益者の間で相性や条件の不一致などの問題が生じるからだ．この調整活動の場は高齢者ボランティアと受益者が交流している場（「セグメント 6」）であり，図 3.1 にはないセグメントである．

② 財団センター——同センターは，助成財団（資源提供者）とオペレーティング財団[2]（民間非営利組織）間の情報仲介機関として 10 の大型助成財団によって設立された．助成財団の助成分野，規模，傾向など助成に関する情報を助成希望側のオペレーティング財団に提供する「情報インターメディアリ」である．

財団センターは，助成財団から情報を収集し編集，それを出版物とライブラリを通してオペレーティング財団に提供することを主な事業としていた．働きかける対象者は助成財団とオペレーティング財団であったので，「セグメント 4」と「セグメント 1」が主な活動領域であった．

現在財団センターには，助成財団，オペレーティング財団だけでなく多様な利用者が集まっている．また財団センターに収集されている情報は助成財団に関する情報だけでなく，企業寄付や個人寄付，さらに民間非営利セクター関連

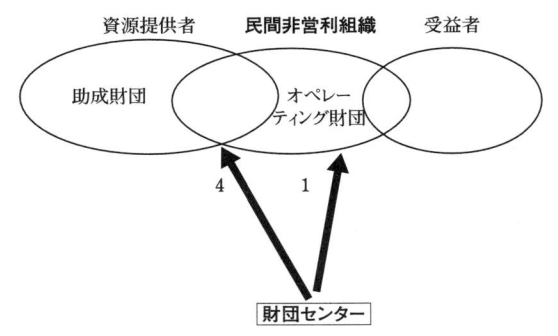

図3.7 設立当初の財団センターの活動領域

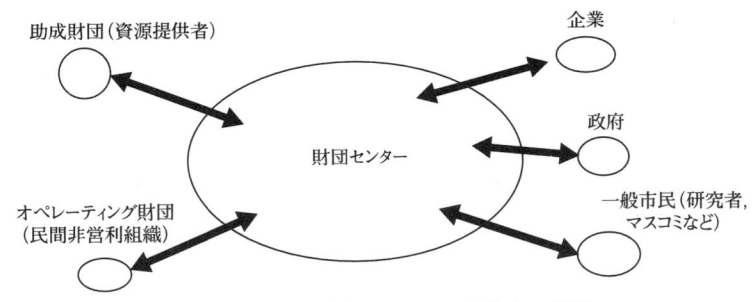

図3.8 現在の財団センターと対象者の関係

のデータも蓄積されている．財団センターに情報が蓄積され，情報を求めて多様な人々が集まるという構図になっている．したがって，財団センターは対象者にあわせてセグメントを移動しているのではなく，対象者のほうが情報を求めて集まるような求心力をもった機関になっているのである（図3.7，図3.8）．

2.2 機 能

各事例について，インターメディアリの活動内容を対象者別，フェイズ別に整理した．ここでは，人材インターメディアリの代表例として退職者と高齢者のためのボランティア・プログラム（RSVP）を，資金インターメディアリの代表例としてクリーブランド財団を示す．

なお，情報インターメディアリは財団センターであるが，「関係構造の変化」（本章2.1(2)）で示したように，対象者は多様で特定することができないので，

3章 インターメディアリはどう機能するか――93

対象者別フェイズ別による整理方法は適当でないと判断した．インターメディアリの諸活動を整理した後，それらの機能に注目し対象者別，フェイズ別に列挙し整理する．

(1) 活動内容の整理

①退職者と高齢者のためのボランティア・プログラム（RSVP）——RSVPは知名度が高く，設立当初のように対象者を集めるための宣伝，広報活動は行っていない．むしろ口コミによってRSVPにアプローチしてくる人々を主たる対象者としている．したがって，「フェイズ3以降」の活動に集中している

表3.7 RSVPのボランティア向け活動

フェイズ 機能	フェイズ1 無関心	フェイズ2 関心／無行動	フェイズ3 探索	フェイズ4 活動	フェイズ5 評価
相談			退職前教育 電話応対 面接	懇親会 バースデーカード	
NPOリスト提示			資料提供		
交渉			コンサルテーション （活動と技術のマッチング） オリエンテーション （非営利組織が実施）		
代案提示				代案提示 保険，交通費支給	

表3.8 RSVPのボランティア受け皿（民間非営利組織）向け活動

フェイズ 機能	フェイズ1 無関心	フェイズ2 関心／無行動	フェイズ3 探索	フェイズ4 活動	フェイズ5 評価
相談			電話による応答 面談		
情報提供 審査 交渉			活動資料提供 RSVPによる訪問 コーディネーター選出 オリエンテーション	マニュアル提供	
教育 モニタリング				マネジメント講習会 コンサルテーション	

(表 3.7, 表 3.8).

②クリーブランド財団——クリーブランド財団の活動は最も網羅的である.

表 3.9 クリーブランド財団の資源提供者向け活動

フェイズ 機能	フェイズ1 無関心	フェイズ2 関心／無行動	フェイズ3 探索	フェイズ4 活動	フェイズ5 評価
広報	広報部による周知広報活動				
勧誘		ドナー・リレーション部に よる電話受付／勧誘			
相談			資金運用部による 寄付方法の相談		
NPOリスト提示			寄付先リストの提示		
契約			寄付行為の決定と契約		
代行				資金運用部による 寄付金の資金運用 プログラム部門による 寄付行為の管理	
報告					広報部からの報告

表 3.10 クリーブランド財団の民間非営利組織向け活動

フェイズ 機能	フェイズ1 無関心	フェイズ2 関心／無行動	フェイズ3 探索	フェイズ4 活動	フェイズ5 評価
広報		広報部からのニューズレター			
申請受け付け			プログラム部門による 寄付金申請受付		
審査			申請書審査 現地調査		
交渉			プログラム部門による 寄付金に関する 条件整備（交渉）		
契約			プログラム部門を介しての契約		
モニタリング 評価				プログラム部門によるモニター 事業報告請求と評価	

すなわち，フィランソロピー（慈善活動）に無関心な層から，クリーブランド財団に資金を信託した人まで細かなサービスを展開している．また助成者としての誇りも高く，被助成者である民間非営利組織に対する学習効果を重んじた「モニタリング」，「評価（フェイズ5）」に熱心である（表3.9，表3.10）．

(2) インターメディアリ機能の抽出

表3.7から表3.10のように，個々のインターメディアリの活動内容を整理すると，ほぼ共通する機能を有しているのがわかる．これらの機能を対象者別，フェイズ別に整理し表3.11，表3.12に記した．

表3.11 資源提供者向け機能

フェイズ	フェイズ1	フェイズ2	フェイズ3	フェイズ4	フェイズ5
	無関心	関心／無行動	探索	活動	評価
機能	宣伝広告，広報		コンサルテーション 資源提供先リスト提示 資源提供先斡旋 オリエンテーション	モニタリング 代案提示（問題時）	調査

以下はインターメディアリが資源提供者の各フェイズに応じて実践している各機能である．

「宣伝広告，広報」：民間非営利組織の活動の重要性を訴え，活動支援のための資源提供を呼びかける．

「コンサルテーション」：資源提供に関心をもち，方法を探索している人々へのアドバイス．

「資源提供先リスト提示」：資源提供に関心をもち，方法を探索している人々に対し，関心／興味に応じた資源提供先である民間非営利組織のリストを提示する．

「資源提供先斡旋」：資源提供者が提供先を決定したら，提供先民間非営利組織に紹介する．

「オリエンテーション」：資源提供方法についてオリエンテーション（指導）する．

「モニタリング」：資源提供者に代わって，希望どおり民間非営利組織が資源を

活用しているか確認する．

「代案提示」：資源提供者に不本意な資源の使われ方が発覚した場合には，資源提供者の希望に沿うような民間非営利組織を新たに紹介する．

「調査」：資源提供者が実際に提供した後の感想，意見を聞く．

表 3.12 民間非営利組織向け機能

フェイズ	フェイズ1 無関心	フェイズ2 関心/無行動	フェイズ3 探索	フェイズ4 活動	フェイズ5 評価
機能	広報 学習機会提供		申請受付 審査 交渉 契約	モニタリング （指導） 代案提示（問題時）	評価

以下はインターメディアリが非営利組織のフェイズに応じて実施している各機能である．

「広報」機能：民間非営利組織に対し，インターメディアリの存在と便益を周知する．

「学習機会提供」：民間非営利組織の能力向上のためのワークショップなど，学習機会を提供する（対象者はインターメディアリの利用者以外も広く含む）．

「申請受付」：資源提供を希望する民間非営利組織からの申請書受付．

「審査」：資源提供者からの申請書を審査．

「交渉」：書類審査に合格した民間非営利組織に対し，インターメディアリが面接し申請内容について確認する．また資源提供者（もしくはインターメディアリ）と民間非営利組織の条件が一致するように交渉する．

「契約」：交渉によって合意された内容に基づき，資源提供について契約する．

「モニタリング（教育）」：民間非営利組織が資源を使って活動を始めると，契約どおりに実施されているかインターメディアリがモニタリングをする．重要なのは，監視だけでなく民間非営利組織に対して活動・運営上でのアドバイスをして，民間非営利組織の能力向上に努めることである．

「代案提示（問題時）」：契約どおり事業が進められない場合，資金であれば民

間非営利組織に対して返却を要請する．またボランティアなど人材資源の場合，民間非営利組織と資源提供者間で問題が生じた場合には，民間非営利組織に対し別の資源提供者を紹介する．
「評価（教育）」：事業終了後，事業について評価を実施する．評価は被助成者である民間非営利組織について，また助成者としてのインターメディアリについても行われる．いずれにせよ，民間非営利組織の事業結果が評価の中心データとなる．また評価は学習効果を狙ったものとして捉えられており，民間非営利組織に対して何らかのフィードバックがなされる．またインターメディアリにとっては次期助成事業の改善に役立てている．

2.3　トランザクション・コストとインターメディアリ機能の照合

2.3.1　トランザクション・コストとインターメディアリ機能——「分析フレームワーク」（本章 1.1.2）に基づき，インターメディアリ機能とトランザクション・コストをマトリックスにして整理した（表3.13, 表3.14）．

分析結果から，インターメディアリの諸機能が各トランザクション・コストと何らかの関連があり，しかもその多くはコスト軽減に貢献していることがわかった．だが，インターメディアリにはトランザクション・コストを軽減する機能だけでなく，モニタリングや評価のように民間非営利組織にとってコストを増加させる機能もあることがわかった．ただし，一概にコストの増加だと言い切れないのではないかと思われる．モニタリングや評価にコストを費やすことによって，民間非営利組織が学習効果を上げ，業績向上につながれば，後の資源提供者の検索や交渉にかかるコスト軽減が期待できるからだ．

2.3.2　トランザクション・コストの原因とインターメディアリ機能——トランザクション・コストの原因は，ウィリアムソンが示した「不確実性」，「限定された合理性」，「機会主義」を採用した[3]．

資源提供者向け諸機能のすべてが資源提供者の不確実性を軽減しているのがわかる．また資源提供者の「限定された合理性」ゆえに不足する情報を諸機能が補っている．たとえば代案提示は，資源提供が期待通りに遂行されない場合のリスク保証であり不確実性を軽減している．また資源提供者だけではとうてい見つけることのできない代案を提示するので，資源提供者の「限定された合理性」を補足する機能ととらえることができる．機会主義を「自分にとって都

表 3.13 資源提供者向け機能とトランザクション・コスト

機能＼トランザクションコスト	検索コスト	競争コスト	交渉コスト	モニタリングコスト
広報	X			
提供先リスト提示	X	+		
コンサルテーション	X		X	
紹介・斡旋	X		X	
オリエンテーション			X	X
モニタリング（フォローアップ）				X
代案提示（リスト）	X			
事後報告	X		X	X

「広報」：広報機能は，資源提供者が提供先や方法を探索するコストを軽減する．しかし，広報活動によって資源提供者の数が増加し，競争が起きる可能性はある．

「提供先リスト提示」：提供先である民間非営利組織のリストによって，資源提供者は個別に民間非営利組織を探すよりもコストを軽減できる．リストに提示された民間非営利組織に資源提供者が集中するので競争コストは増す可能性はある．

「コンサルテーション」：コンサルテーションによって資源提供方法が明確になるため，資源提供者の検索，交渉にかかるコストが軽減される．

「紹介・斡旋」：民間非営利組織を紹介・斡旋する機能は資源提供者にかかる検索，交渉コストを軽減する．

「オリエンテーション」：資源提供者が実際に提供するにあたっての方法，注意事項をあらかじめ知ることができるので，活動中のトラブルとそれによる交渉コストが軽減される．事前のオリエンテーションが明確であれば，活動中のモニタリングも容易になる．間接的ではあるが，モニタリングコストも軽減される．

「モニタリング」：契約どおり民間非営利組織が資源提供しているかを，インターメディアリが確認し資源提供者に報告するので，資源提供者のモニタリングコストは軽減される．

「代案提示（リスト）」：民間非営利組織が契約どおりに活動しなかったり，資源提供者とのあいだで問題が生じた場合，インターメディアリが資源提供者に代案を提示する．これによって，資源提供者が興味や関心を喪失したことに対し代償することになる．また資源提供者は新たに民間非営利組織を探す検索コストを軽減することができる．

「事後報告」：インターメディアリによる事後報告は，資源提供者が民間非営利組織の活動内容を確認するモニタリングコストを軽減する．また，事後報告の内容が資源提供者にとって満足ゆくものであれば，同一の民間非営利組織に資源提供を続けようとするので次期段階の検索，交渉コストも軽減される．

合のよいようにことがらを解釈し行動する」と定義すると，機会主義は資源を受ける民間非営利組織だけでなく資源提供者にも該当する．施設ボランティアのミスマッチ事例で示された，点字翻訳ボランティアがその例である．このような「自分の思惑」だけで資源提供するのでなく，受益者のニーズに合致した

表 3.14 民間非営利組織向け機能とトランザクション・コスト

機能＼トランザクションコスト	検索コスト	競争コスト	交渉コスト	モニタリングコスト
広報	X	+	X	
申請受付	X			
審査			X	
交渉			X	
契約			X	
モニタリング				+
評価	X	X	X	+

「広報」：インターメディアリの存在と助成情報が広報されることによって，民間非営利組織が資源提供者を求める探索コストが軽減される．また広報によって助成方法，内容に関する情報が提供されるので，助成側と民間非営利組織側の関心分野の一致／不一致を見分けることができ，交渉コスト軽減にも役立つ．広報によって，民間非営利組織の申請数は増加するのでインターメディアリをめぐる競争コストは増す（ただし，大型助成者では受け入れられないような申請をインターメディアリが受け付ける場合，民間非営利組織の資源提供先機会は増加することになる．この場合，資源提供間の競争コストは軽減されることになる）．

「申請受付」：民間非営利組織が個別に資源提供者に申請する場合，申請フォーマットなど方法が異なるためコストがかかる．インターメディアリが，それらを一括して統一した方法で申請を受け付ければ民間非営利組織の申請に要する「交渉コスト」軽減される．

「審査」：民間非営利組織が別個の資源提供者にアプローチすれば，それぞれ異なる審査基準に照合して申請する必要がある．インターメディアリの審査基準がひとつであれば手間は省かれ「交渉コスト」は軽減される．

「交渉」：各資源提供者に個別に交渉するよりも，インターメディアリ1カ所で交渉する方が，交渉コストは軽減できる．

「契約」：交渉と同様の効果が期待される．また契約方法も統一されていれば，手続きに要するコストは軽減される．

「モニタリング」：民間非営利組織側にモニタリング意識がないことが問題であった．学習効果を上げるために，事業プロセスを見直す習慣が身についていなかった．インターメディアリはモニタリングによって民間非営利組織に学習機会を提供している．したがってインターメディアリは，民間非営利組織に対してモニタリングにコストをかけることをすすめている．

「評価」：評価は民間非営利組織に義務づけられた事業報告書を中心に行われる．評価もモニタリング同様，学習機会のためのコストである．モニタリングと異なるのは事業の開始から終了，さらに効果までのレンジでとらえていることである．評価結果は，民間非営利組織にフィードバックされる場合，学習効果をもたらすことが期待される．学習効果を上げ，レベルアップした民間非営利組織には，より多くの機会が期待されるので，検索，競争，交渉コストが軽減される可能性が高くなる．

表 3.15 資源提供者向け機能とトランザクション・コスト原因

コスト原因 機能	不確実性	限定された合理性	機会主義
広報	X	X	
提供先リスト提示	X	X	
コンサルテーション	X	X	
紹介・斡旋	X	X	
オリエンテーション	X	X	X
モニタリング	X		X
代案提示	X	X	

表 3.16 民間非営利組織向け機能とトランザクション・コスト原因

コスト原因 機能	不確実性	限定された合理性	機会主義
広報	X		
申請受付	X	X	
審査	X		X
交渉	X		X
契約	X		X
モニタリング	X		X
評価	X		X

ものにするためにオリエンテーションやモニタリングが役立つ（表 3.15）．

　民間非営利組織向け諸機能は，資源の所在，入手方法，資源活用方法を明らかにしようとするものである．その意味で諸機能は，資源提供に関する民間非営利組織の不確実性軽減に貢献しているといえよう．また，申請受付段階以降の諸機能は，民間非営利組織が契約にしたがって事業を遂行しているかを確認するための作業である．これらは，契約外に資源を用いたり，事業を遂行しないなど，民間非営利組織の機会主義的行動を防ぐのに役立っている．

3　考　察

3.1　トランザクション・コストとインターメディアリ諸機能の関係

　インターメディアリの各事例より事業内容を整理し，諸機能を抽出した．さらにこれらの諸機能とトランザクション・コストとの関係をみてきた．その結

果,資源提供者向け,民間非営利組織向けの諸機能のほとんどが,トランザクション・コスト軽減に貢献していることがわかった.同時に,民間非営利組織にとってはコストを要する機能(モニタリング,評価)もあることがわかった.ただし,これらは一時的には民間非営利組織に負担となるコストではあるが,長期的には学習効果のような便益をもたらし,結果的にトランザクション・コストを軽減するような間接的な機能と捉えることもできる.このような機能は,企業でいえばR&Dのような,「将来の利益増を見越した投資」に相当するコストととらえることができるのではないだろうか.そこで,間接的にコスト軽減に寄与する機能に注目したい.

3.2 間接的にコスト軽減に貢献する機能(投資的意味をもった機能)

資源提供促進のための投資的性質の強い機能として「広報」と「評価」について述べる.

3.2.1 「広報」―広報は,民間非営利組織と資源提供者の双方に行われるが,事例からは資源提供者に対する広報が多かった.これにより,不確実性の軽減すなわち,寄付やボランティア活動の情報源の所在を知らせるという役割がある.だが,それだけではない.広報とは社会問題やフィランソロピー活動への人々の理解を促進し,資源を開拓するという目的意識が強い.

3.2.2 評価

(1) 不確実性軽減と評価:評価は不確実性軽減に貢献している.評価は主として民間非営利組織の事業について行われるが,民間非営利組織の事業報告書をもとにインターメディアリが評価を行う.評価結果によっては非合法的もしくは契約に反する活動を行った民間非営利組織はリストから除外される.したがって評価結果は資源提供者に提示される資源提供先リストに反映され資源提供者の不確実性を軽減している(図3.9)[4].

(2) 評価と「効果的なギビング(資源提供)」:評価は,資源提供者への情報提供に反映され不確実性軽減に貢献していることがわかった.しかしながら,それだけが目的ならばモニタリングだけでよい.民間非営利組織が機会主義的になり,寄付金を契約外に用いるなどの非合法的な行為を防ぐには事業の中間報告や活動現場でのヒアリングなどのモニタリングが有効である[5].それなのになぜ,モニタリングを実施しているにもかかわらず事業後に評価を行うので

```
┌─────────────────────────────────────────────────────────┐
│ ［民間非営利組織］                                        │
│  機能 ・・・・・・・・・・・・・・・・・・・・・・・・・ ［評価］│
│                                                    ↓    │
│ ［資源提供者］                                            │
│  機能   ・・・・（ 資源提供先リストの提示 ）・・・・・・    │
│  取引                                                    │
│  コスト        不確実性                                  │
│                限定された合理性                          │
└─────────────────────────────────────────────────────────┘
```

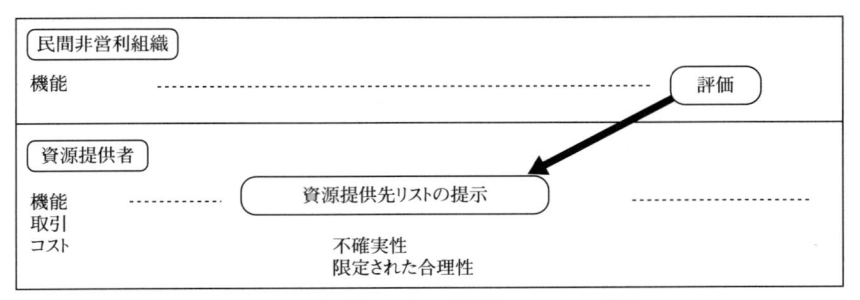

図 3.9　評価結果と資源提供先リストの関係

あろうか．

　ここで，事例に立ち返り，インターメディアリが「評価」の目的や意義をどのように捉えているのか省みる．クリーブランド財団は，「評価」を「戦略的プランニング」と一体であると位置づけて，評価結果を次期事業プランに組み入れることのできる，事業プラン・マニュアルを開発している．また，同財団をはじめ，「評価」の必要性を「効果的なギビング」と関連づけて説明したインターメディアリは多かった．低所得者のための住宅供給社（CSH）は，「効果的なギビング」をキーワードに評価について説明している．CSH にとって「効果的なギビング」は 2 つの意味を持つ．ひとつは，資金提供者から委託を受けた「資金」を信頼できる民間非営利組織（CDC）に譲渡すること（助成）．もうひとつは，助成活動を通して，CDC に技術的な支援や学習機会を提供し CDC を育成することである．とくに，「評価」は 2 つめの「民間非営利組織の学習効果」を目的として，より効果的な事業が可能になるようにアドバイスをする機会であると述べている．

　以上から，「評価」は単に資源が契約通りに使われているかを監視するだけでなく，インターメディアリによるより効果的な民間非営利組織育成の機会だと捉えることができよう．

　(3)「評価」と「ボトムライン」：しかしながら，さらに問題になるのは，何をもって「効果的」だと判断するかである．「民間非営利組織には企業でいえば売り上げに相当するようなボトムラインがない」とは，ドラッカーによる象徴的な指摘である．

　たとえば，貧困地域の開発に従事する民間非営利組織（CDC）の活動効果を，何を基準に測ればよいのかという問題が生じる．事業によって建設された

低所得者向け住宅数のような定量可能な要素もあるが，ホームレスの人々のコミュニティ意識の育成，生活態度の変容など定性的な要素については評価基準が曖昧である．またどのくらいの期間で効果をみるのか，ということも問題となる．コミュニティ意識の類は短期間では現れにくいからだ．

　民間非営利組織はユニバーサルな業績評価の判定基準をもっていないために，民間非営利組織の効果や比較優位を述べることは困難である．その意味で評価そのものが，多様化や複雑さという不確実性を包含しているのである．

　このような評価をインターメディアリは，なぜ，またどのように実施しているのか，それはトランザクション・コストにどのように対応するのか．次章で詳細に考察する．

1) 1995年11月17日，日本私立保育園連盟，マネジメント研究会での講義．
2) 米国では財団は2種類に大別される．ひとつは助成を専門に行う助成財団．もうひとつは助成金などを受けて事業実施を専門にするオペレーティング財団である．両者の棲み分けは明確で，助成財団が事業を実施することはほとんどない．
3) 「不確実性」「限定された合理性」「機会主義」の結果として生じる「少数性，情報の偏在」は，現象であるので照合の対象とはしない．
4) 注意すべき点は，評価結果に基づいて資源提供者に特定の民間非営利組織を推薦したり斡旋することはしないことを明示するインターメディアリがあることである．たとえば英国のCharities Aid Foundation (CAF)，財団センターは個別の推薦をしないことを明示し民間非営利組織のリストだけを公表する．National Charitable Information Bureauのように評価専門機関も，独自の評価基準による評価結果を公開する．評価された民間非営利組織の優劣は一目瞭然であるが，ここでも特定の民間非営利組織を個別に推薦をすることはしない．
5) 助成金を，契約とは異なる用途のために被助成者が使ってしまう事態は，予想以上に多くに発生する．たとえばフォード財団は，ネイティブ・アメリカン居住地区の開発事業として，家内工業の育成に助成をした．助成契約当初，織物工業の育成を計画していたが，それがうまくゆかず，被助成者が陶器事業に勝手に転向してしまったというケースがあった．フォード財団に許可なく変更することは契約違反であり，契約変更手続きのために担当プログラム・オフィサーが，現地で念入りに調査をしていた（1987年，フォード財団による研修時）．
　これは，事業計画における調査不足や，環境の変化による影響で起こった契約外の助成金使途の問題であるが，類似の例は少なくない．あくまでも，地域開発というミッションのためとはいえ，被助成者の都合だけで助成金の使途変更をするには限度があるとして，助成財団の多くは変更手続きについては契約事項として記述している．

4章　インターメディアリと評価問題

　本章ではインターメディアリと評価について注目するが，まずその基本的な考え方や特徴を把握してゆく．そのために，民間非営利組織の評価の特徴をあげてゆく．

1　インターメディアリの鍵としての評価機能

1.1　インターメディアリによる評価の意義

　インターメディアリは，「効果的なギビング」の実現のためにさまざまな機能を開発しているが，評価はその役割を担う重要な機能であることが前章迄の事例分析からわかった．つまり，インターメディアリは，資源提供者から委託されたエージェントとして，確実かつ有効に民間非営利組織に資源提供されたのかを確認するために，評価を行うのである．

　換言すれば，評価によって，資源提供者と民間非営利組織の間の資源提供にかかわる不確実性を軽減することが期待されているのだ．また，評価を民間非営利組織の技術指導や学習機会として活用している事例もあった．インターメディアリが資源提供先である民間非営利組織の事業改善や組織活性化を目的に評価を活用しているのである．

　したがって評価の意義は大きく2点あげられるだろう．第1に「効果的なギビング」という言葉に象徴されるように，寄付者や社会に対して，資源が有効に使われたことを説明するアカウンタビリティの証明である．第2に資源配分先である民間非営利組織の学習機会の提供である．

1.2　アカウンタビリティ概念への疑問

　インターメディアリが行う評価の意義として「アカウンタビリティ」をあげ

ることに異論をもつ人は少ないだろうが，アカウンタビリティという概念のあいまいさゆえに疑問を抱く人は少なくないだろう．インターメディアリは個々の資源提供者と民間非営利組織の仲介者としての役割，独自の使命と優先順位をもった助成者としての役割というように，複数の役割を有している．同時に，インターメディアリの周囲には複数の利害関係者が存在している．一体，誰に対して何を，どのようなかたちで説明すれば，アカウンタビリティの証明になるのだろうか．

　アカウンタビリティ（説明責任）は，一般に人々あるいは組織が行ったその行為について，委託者や意志決定者など上位の者に対して責任と報告をすること解釈されている．だがその概念は複雑かつ抽象的である．そのためか，民間非営利組織はアカウンタビリティについてあまり注意を払ってこなかった，あるいは議論を避けてきたともいえる（Edwards & Hulme, 1996）．

　Cutt & Murray（2000）によれば，カナダにおけるアカウンタビリティの概念は，はじめ公的セクターにおいて議論されてきたが，しだいに企業や民間非営利セクターにも適用されるようになっていった．彼らはアカウンタビリティの概念を次のように説明している．「最低2者の関係者が存在しており，一方がもう一方に責任を委譲する．委譲された者は委譲した者に対して，責任の遂行と報告の義務をもつ」．この定義は，委譲者と被委譲者の上下関係（あるいは階層関係）を基本にしている．この基本モデルが今日では拡大解釈され，上下関係だけでなく水平関係，あるいは直接，間接関係をも含むさまざまな利害関係者との関係についても用いられるようになったと説明している（Cutt & Murray, 2000）．

　一方，1対1の，階層関係によるアカウンタビリティの定義に疑問を投じているのは，Brown & Moore（2001）である．彼らは，アカウンタビリティを「成果をあげることについて約束を果たすこと」と定義した上で，プリンシパル―エージェント関係ですべてのNGOのアカウンタビリティを説明できないと指摘している．なぜならば，民間非営利組織のなかには，ドナーなどの資源提供者やサービスの対象者などのクライアントとの関係において存在している上下関係のような，非対称な関係を打破し，相互に影響しあう（two-way）対等なパートナー関係を築こうとすることを信条としているものが存在しているからである．その意味で，一方からもう一方への，一方向的な関係（one-way）を基本にした階層モデルが，必ずしもすべての民間非営利組織に適していないのである（Brown & Moore, 2001）．

　Brown & Moore は，民間非営利組織と利害関係者間の「多重構造」からアカウンタビリティをみてゆくことが必要であることも指摘しているが，そのフレームワークを示しているのは Najim である．Najim（1996）は，従来の議論，すなわちアカウンタビリティ概念のあいまいさが，民間非営利組織の非効率性や外部批判に対する脆弱性の誘因になっているという議論を認めた上で，アカウンタビリティの問題を整理するためのフレームワークを提示することを試みた．Najim（1996）は，アカウンタビリティをその対象別に次のように分類した．
　①パトロン（資源提供者）に対する民間非営利組織のアカウンタビリティ
　②クライアント（サービスの対象者）に対する民間非営利組織のアカウンタビリティ
　③民間非営利組織自身に対するアカウンタビリティ
　Najim（1996）は，パトロンとの関係においてはアカウンタビリティは比較的明確な関係やルールができているが，クライアントに対するアカウンタビリティはしばしば無視されがちであることも指摘している．

1.3　インターメディアリのアカウンタビリティ

　民間非営利組織と利害関係者との多重構造がアカウンタビリティをあいまいにしているとすれば，インターメディアリにも同じことがいえるだろう．この課題を克服するには，Najim が試みたようなフレームワークを用いて対象別にアカウンタビリティをみてゆく必要がある．そこで，冒頭（1.1節）で説明した「寄付者や社会に対して，資源が有効に使われたことを説明するアカウンタビリティの証明」を，インターメディアリの利害関係者別に分けて考察してみる．

　インターメディアリの利害関係者を大別すれば，資源提供者と資源提供先の民間非営利組織があげられる．Najim のフレームワークに従えば，インターメディアリのアカウンタビリティの対象とは，①パトロン＝資源提供者，②クライアント＝民間非営利組織，③インターメディアリ自身ということになる．
　そして①のパトロンである資源提供者に対しては，資源提供者の資源が民間

非営利組織によって正しく，無駄なく使われたかを説明する必要がある．③のインターメディアリ自身に対しては，それ自身の使命に基づき，資源配分を適切に行い，かつ効果を上げているのかを説明する必要がある．つまり，資源配分を通して，社会や人々の生活が改善されているのかを確認し説明する必要がある．そして②のクライアントである民間非営利組織に対してはどうだろうか．本書であげてきた事例をみるかぎり，クライアントである民間非営利組織は，アカウンタビリティの対象というよりも，むしろ評価や支援，学習機会提供の対象としてみられている．Najim が指摘したようにクライアントに対するアカウンタビリティの意識は弱いようだ．

1.4　インターメディアリの評価目的

インターメディアリの評価の意義からアカウンタビリティの構造を考察してきたが，評価目的を次のように整理することができよう．

第1の目的は，資源提供者に対してのアカウンタビリティの証明である．資源提供者に対して，彼らの資源が確実に民間非営利組織に提供されたことを示すことである．これは，ニューズレターや年次報告書などの報告によってなされることが多い．

第2の目的は，インターメディアリ自身のアカウンタビリティを問うことである．その第1の理由は，インターメディアリが従事する活動が社会にとって役立つものであるのか否かを問わなければならないことである．第2の理由は資源配分と優先順位問題である．有限の資源を使って民間非営利組織に対し支援するのであれば，優先順位をつけて資源を配分する必要がある．一個人のレベルで突発的に行われる寄付の場合には，優先順位と資源配分は問題になることは少ないが，組織的で継続を必要とする資源提供の場合には，配分とは重要課題であり，とくに配分の根拠が必要になる．

評価は，複数ある民間非営利組織の活動のなかから，まず不正な活動，道徳的に不適切な活動でないことを確認し，その上で最も効果を上げうる活動を選び配分するための根拠を提示してくれる．

第3の目的は，民間非営利組織の育成があげられる．インターメディアリは，一方で資源調達機関，もう一方で助成機関としての機能をもっている．助成機関としてのインターメディアリは，資源提供者から委託された資源を民間非営

利組織に提供するだけでなく，それがより有効に機能するように技術支援や学習機会を提供することが求められている．助成対象となる民間非営利組織が評価を通して得られる学習効果とは，事業や組織改善や運営のノウハウなど知識の蓄積を指している．

2 民間非営利組織の評価の特質

民間非営利組織の評価は困難であるといわれるが，その最大の理由は，組織の存在意義と使命から自己規定していかねばならないという問題にある．ドラッカーは，「自己規定的」(self defining) という言葉を用いて，民間非営利組織のこのような特徴を象徴的に表した．民間非営利組織は，多数の善意から特定して使命を決め，使命達成の方法まで自己規定していかねばならないのだ．また，民間非営利組織を取り巻く関係者も自己決定が求められる．すなわち寄付者，ボランティアなどの資源提供者が，自分が支援する民間非営利組織について自己決定する．また，受益者 (beneficiary) も，サービスを受けるか否か，どのサービスを受けるかを自ら選択しているのである．

民間非営利組織の「有効性」や「効果」の判断基準が不明確なことも，民間非営利組織の評価が困難である理由のひとつである．民間非営利組織は企業や政府よりも効果的に機能するといわれるが，その「効果的」の意味でさえあいまいである．何が効果的なのかを決める基準もなく，解釈は多義的になる．さらに，時代や環境の変化によって価値観は変わるので，現時点で優れた使命だと選択したとしても，将来はそれがあまり意味をもたない活動であることも起こりうる．そのような条件下にある民間非営利組織の評価とは何か．本節では，その考え方や特徴に注目する．

2.1 民間非営利組織の評価に対する疑問

インターメディアリが，資源配分先である民間非営利組織を評価することの意義を，先の 1.4 のように想定してみた．しかしながら，民間非営利組織には企業セクターにおける利潤のような統一されたボトムライン（評価基準）がないので，民間非営利組織の事業を評価することは容易ではない．民間非営利組織はその構成員の共通の価値観や関心に基づいて組織され，目標から業績まで

自ら決定している．したがって，評価基準は多様な価値観の影響を受け分散しがちである．また民間非営利組織の事業成果は，定量可能なものもあるが，質的・定性的な要素を多く包含するものである．それゆえに，確固とした評価手法を見出すことは困難であるといわれている．ここでは，第III部以降でふれるインターメディアリにとって重要機能とみられる「評価」について基本的な考察を行う．

民間非営利組織の評価は，企業などの他セクターに比較して，緒に就いたばかりの感があり，概念や方法論が確立されていない．先述のような困難性を包含していることが，評価の概念形成や方法論の開発を遅らせてきた原因であろう．以下で民間非営利組織の評価の困難性について概観する．

2.2 民間非営利組織の評価の困難性

民間非営利組織の評価についてその性質や特徴を抽出すべく，アウトラインに注目して説明した．その説明から民間非営利組織の評価が困難であることが窺えた．ここでは，その困難性について，Cutt & Murray (2000) の分析視点に沿って，4つの側面に区分し説明する．

2.2.1　目標と期待される成果の質―多くの民間非営利組織が掲げる最終到達目標（ゴール）は，社会変革や生活環境の変化を求めるようなものであり，広範囲にわたり，かつ達成には長い期間を要するものである．それゆえ，目標に到達したことを示す指標も得られにくい．つまり，民間非営利組織が掲げる目標はその対象範囲が広範であり，長時間かけないとその成果が表れないものが多いのである．また，社会変革や人々の態度変容，生活の改善の状態を確認するために，どのような指標を用いたらよいのだろうか．その指標に基づいてどのようなデータを収集し，定量化したらよいのだろうか．民間非営利組織が求める成果が，広範囲かつ無形のものであるために，その証拠としてのデータを収集することが困難なのである．

2.2.2　投入と成果の因果関係―成果の測定が困難な場合にはたいてい，評価の対象を投入（計画や予算，人員），事業運営プロセス，実施された活動自体やそれによって直接得られた結果（アウトプット）にして，それらを測定しようとするようになる．この試みの背景には，計画立案あるいは運営方法が適切であれば，期待どおりの成果が得られるという仮説がある．システムが適切

に整えられていれば,予定どおりに成果が得られるという考え方である.

しかしながら,このような仮説どおりに社会現象は起こるのだろうか.特定の投入に対して,特定の成果が得られるというように,投入と成果を因果関係で説明することは実際には困難である.現実には,事業実施した民間非営利組織には予測困難,あるいはコントロール不可能な条件が影響して,期待どおりの成果が得られないことがよくある.逆に,そのことが幸いして思いもよらぬ成果を得ることもある.

筆者は1997年より,インドネシアのNGOのドナー調査とディレクトリー制作事業への助成を担当していた.しかし,1998年に勃発したスハルト退任を求める民衆運動と同時期に起こった経済危機は,本助成事業の続行を困難にした.ほとんどのNGOは通常業務を止めてスハルト退任運動に参加したが,助成先であるNGOもその例外ではなかった.経済危機により助成金の送金が不可能になるという事態にも直面した.事業計画はインドネシアで最大級のNGOによって作成され,その計画の練度,実施能力,助成金額も十分とみられていた.つまり,投入を見るかぎりは計画立案あるいは運営方法は適当であり,したがって期待される成果が予定どおりに得られるはずだったのである.しかし,実施者であるNGOや助成者にコントロール不可能な事態が発生し,その結果,期待される成果が予定どおりに得られなくなった.

逆に,期待した結果よりも副次的に表れた結果が大きな成果を生むこともあるだろう.たとえば,ある研究者のグループに研究支援助成をしたとする.研究成果は芳しくなかったが,研究グループの若手メンバーが,本研究事業を通して多くのことを学び成長著しかった場合はどうか.若手研究者にとっては,先輩研究者の作業に参加することによって貴重な訓練機会を得ていたのである.後に,この若手研究者が大きな業績を生んだとしよう.支援された研究そのものは失敗かもしれないが,そこから副次的に得られた「若手研究者の育成」が,後の大きな業績につながったのである.

以上のように,社会や人々の生活の変化や改善を目的とするような活動の場合,成果の測定が困難なだけでなく,当該事業と結果の因果関係を証明することはかなり困難なのである.

2.2.3 スタンダード(標準)の不在—投入,運営プロセス,あるいは成果について何らかのかたちで測定が行われたとしよう.次に問題になるのがデー

タの解釈である．解釈が困難である理由として，スタンダード（標準）の不在があげられる．彼らは "Industry Norm"（業界の標準）すなわち，非営利セクターにとっての「標準」が不在であり，他のセクターや組織と比較できるような標準値と目標値も不足していると指摘する．

　ある事業について目標達成率が70%という結果がデータ分析から得られたとしよう．それが成功であるのか失敗であるのか，あるいは他と比較して平均的であるのか劣るのか，どのように判断すればよいのだろうか．残りの30%を達成できなかったことを理由に失敗と判断を下すこともできる．逆に50%以上の達成率なので「良し」としようとすることも可能である．科学的方法に基づいてデータ分析したとしても，その結果を判断する人物あるいは組織によって解釈が分かれるのである．また，その解釈についても正否を決める根拠は不在である．

　2.2.4　原因の解釈―仮に達成率70%は成功ではなく，改善の余地ありという判断をくだしたとしよう．残り30%が達成できなかった理由を考え，改善のポイントを探ろうとする．しかし，理由は複数考えられよう．事業計画が甘かったのか，スタッフの能力不足か，対象者／対象地域の問題か，あるいは外的要因が問題なのだろうか．

　先のインドネシアの例のように，事業実施者にはコントロール不可能な外的要因を理由にあげてしまえば，改善努力は不要となってしまう．また，計画案はよく練られたものであっても，投入量（予算，人員）が不足しているために，期待される達成率に到達できなかった可能性もある．このように，目標に到達できなかった理由を究明しようとすると，複数の理由が考えられうるが，どれが最大の原因であるのかを特定することは容易ではない．さらに，コントロール不可能な要因を原因とした場合には，改善情報を提供できないばかりか，改善に対する意欲を希薄にする可能性もある．

　2.2.5　心理的要因―Cutt & Murray（2000）は「"Look good, avoid blame" 症候群」という言葉を用いて，評価を困難にするものとして担当者の心理的要因をあげている．この症候群は，主として事業実施者あるいはそれを支援した資源提供者を想定してつくられた言葉であろう．民間非営利組織は社会変革あるいは生活の改善という，広範囲かつ中長期にわたる最終到達目標に向かって，日々活動している．その目標が広範であるほど，あるいは困難であるほど，民

間非営利組織のスタッフは挑戦者意識と希望，そして信念をもって活動する．しかし，その信念がかたくなであるほど，事実を客観視できなくなる可能性も秘めている．そのような状況では，民間非営利組織のスタッフは，良い徴候や賞賛については耳を傾けるが，その一方で批判やまずい徴候については意識的，あるいは無意識に避けてしまおうとする傾向がある．

　先にスタンダード（標準）の不在ゆえに解釈が多義的に分かれることを説明したが，「"Look good, avoid blame" 症候群」と重なると，成果に関する判断がよりあいまいになり，結果として信頼性の薄いものになる．

　以上，インターメディアリ事例をもとに，その役割や機能についてトランザクション（取引）コストの視点から分析した．その結果，インターメディアリには大きく2つの役割があることがわかった．ひとつは，資源提供者と非営利組織の間の資源譲渡の過程でおこるトランザクション・コストを軽減することによって，より効率的な寄付やボランティアを促すことである．

　もうひとつの役割は資源譲渡先である非営利組織の評価を行うことである．評価はトランザクション・コストの視点からは，よりコストを要する作業である．しかしインターメディアリは評価を重要視している．評価は寄付された金がきちんと使われ，寄付の対象となった活動が成果をもたらしたのかを確認する作業である．しかしながら，民間非営利組織には企業でいう売り上げのような業績判定のメカニズムがビルトインされていない．そのような組織の評価をどのように行うのか．次章以降で非営利組織の評価方法についてレビューする．

III NPOの評価はどのように行うか
理論と実践例を学ぶ

5章　NPO評価とは何か

　民間非営利組織の評価については，さまざまな課題や困難を抱えながらも種々の方法が開発されてきた．そこで本章では，評価の基本用語，実施視点に基づいた各種評価手法を解説する．なお，利益をボトムラインとしない事業の評価については米国において歴史的にも技術的にも最も蓄積がある．そこで米国の文献，事例を中心にレビューする．

1　評価基本用語の解説

　評価にはいくつかの専門用語や"同業者用語"など用語の用いられ方がある．実はこれらの用語については複数の定義や解釈が存在している．評価関連の文献をみても，用語の使い方については厳密な統一がみられない．そうしたなか，評価者は自らの評価方針や哲学，あるいは作業状況に応じて使いわけをしているのが現状である．しかしながら，本章で評価の実用視点からの手法の説明をするにあたって，基本的な用語について統一したイメージをもつ必要がある．そこで，基本用語の解説を試みる．

1.1　「評価」の定義

　「評価」あるいは evaluation の定義を明示的に述べずに評価を論じている著書は意外に多い．Connell, Kubish らの *New Approaches to Evaluating Community Initiatives*（1995，全2巻）は，地域のイニシアティブを尊重することをテーマとした評価方法の書で，対象としては民間非営利組織を念頭においた本である．しかし，2巻いずれも評価の定義を明示せずに評価のあり方を説明している．Gray & Associates（1998）の *Evaluation with Power*（Independent Sector）は，民間非営利組織向けに評価の方法を説明したものである

が，ここでも評価の定義を明示的には行っていない．
　一方，W. K. Kellogg 財団の *Evaluation Handbook* (1998) は，明確な定義ではないが次のように述べている．

「われわれは評価を単に事業がうまくいったことを証明することを目的に実施するのではない．むしろ，事業を改善するために評価を実施するのだ．したがって，われわれは評価をアカウンタビリティ証明のためのものさしだけだとは思わない．むしろ，事業を運営し，学習効果をあげるための道具だとみたいのだ」(W. K. Kellog Foundation, 1998: 3)．

　同財団は，「評価」を，アカウンタビリティ証明，学習効果の2側面から捉えているのである．
　では，日本の評価研究においては，「評価」をどのように定義しているのか．龍・佐々木は「評価」に対するイメージが千差万別であること，「評価」に関する一般的合意は存在していないことを指摘する（龍・佐々木，2000）．日本では行政評価あるいは政策評価という言葉で種々の著書が出ている．評価について明確な定義を試みようとしたのは山谷清志であった．
　山谷（1997: 16）は「第一に evaluation には価値判断が入らない．客観的な数値で表わすものさしに照らして測定し，判断し，客観的な結論を提示するものである．したがって政策の『良し悪し』の議論にならない．良し悪しを判断する材料を提供するだけである」と述べている．
　米国の評価研究における定義の試みはどうだろうか．米国での評価研究は実験的評価あるいは科学的評価と呼ばれる自然科学研究から始まっている（本章2.1.2）．科学的評価の研究者たちは評価を次のように定義している．Suchman (1967) は科学的評価とは「評価判断するために自然科学における調査方法と技術を活用していること」と定義し，Scriven (1967) は「最終到達目標（ゴール）の基準と業績データを結び付けるための方法論的行為」と定義している．科学的評価を批判し，セオリー評価（theory-based evaluation）を提唱した Weiss (1972: 4) は，「政策やプログラムのアウトカム（結果）あるいは運営方法について体系立ててアセスメントし，明示あるいは暗黙の基準とを比較し，その結果をプログラムや政策の改善に役立てること」と定義している．
　最も包括的な定義と思われたのは Rossi (1999: 20) の定義で，その定義の引

用頻度も高い．その定義とは以下のとおりである．

　「社会事業とは社会環境を改善することを目的に政治的環境あるいは組織環境に適応すべく設計された事業のことをいう．プログラム評価とは，この社会事業の効果を体系立てて探るための社会調査手続きのことを指す」(Rossi, 1999)．

　また，Pattonは，"utilization focused evaluation"を主張，すなわち評価依頼主あるいは事業実施者が評価結果を有効利用しなければ，その存在意味がないとしている (Patton, 1997)．全米評価学会（American Evaluators Association）は，良質な評価の基準として，「有用性」「実現可能性」「正当性」「正確さ」をあげている．これらの基準は，評価が調査として信頼するに足るものであるだけでなく，有用性がなければならないことを意味している．
　以上，評価の定義のいくつかをみてきた．しかしこれらの定義や説明には，判断材料としての情報を収集するための調査作業と，ある価値観に基づいた判断との区別が明らかにされていない．特に実務者向けの説明においては両者が混在し，研究者は情報収集調査に傾斜している．
　しかし，評価目的に視点を定め，評価結果をみて最終判断する作業と判断材料としてのデータ収集や分析をする作業とは別種のものである．たとえば，あるサービスのモニターテストをして，良好と解答した率が70%と出たとする．この数字をもってサービス満足度が高いと判断することもできるし，低いとすることも可能である．モニターテストを実施し数値を出す作業は評価調査者であるかもしれないが，最終判断するのはサービス提供者自身である．日本では，評価者に最終判断まで委ねようとする依頼主が多いが，これではコンサルタント会社に自社の方針まで決めてもらおうとしているのと同じことである．
　そこで，評価を情報収集と判断の側面を区別する意味で，本章では次のように定義したい．
　「評価とは2つの異なる行為から構成される．第1の行為は，対象となる事業やプログラムの「良否」あるいは「改善点」を判断するための客観データの収集・分析とその提供である．第2の行為は提示された客観データに基づき，当該事業またはプログラムの「良否」あるいは「改善策」を決める判断行為である．」

1.2 「成果」の定義

すると評価に際してプログラムの「成果」とは何かが問題となる．日本語で「成果」はひとつの言葉で集約されている．類似した言葉に「効果」があるが両者の区別は明確でない．英語では，「成果」はその影響力や影響範囲の大きさ，あるいは成果の出る時期によって区別する言葉がある．どのレベルの成果を評価するかによって，評価の視点，質問あるいはデータ収集方法も異なる．最も一般的な区分は，「アウトプット」「アウトカム」「インパクト」であるが，ここでは事業実施のプロセスにも注目すべく「活動」も説明する（W. K. Kellogg Foundation, 1998）．

①「活動」(activities)：事業のなかで計画されていたイベント，アクション，技術，道具，それらを運営するプロセスを指す．これらのなかにはイベント実施のための教材やパンフレットなどの成果物，教育，訓練，カウンセリングなどのサービス，そして人間関係や担当者や参加者の能力など無形のインフラストラクチャーが含まれる．

②「アウトプット」(output)：事業活動（「活動」）で得られる直接的な成果あるいは「結果」を指す．一般にアウトプットは，事業実施の結果，得られた生産物やサービスの束（集合）を指す．たとえば，刊行された本の部数，開催された会議数，訓練数あるいはそれの参加者数や出席率などである．

③「アウトカム」(outcome)：事業実施の結果起こった，対象者の態度，行為，知識，技術あるいは地位上の変化を指す．多くの場合，個人レベルでの変化に注目する．

④「インパクト」(impact)：事業実施の結果起こった，組織，地域社会あるいは制度面での変化を指す．これには政策レベルでの改善された状況，能力，変化などを含む．

以上は「成果」に関する標準的な分類である．その他，アウトカムを短期的，中期的，長期的に分類して「短期のアウトカム」(short-term implementation phase outcome)，「中期のアウトカム」(mid-term implementation phase outcome)，「長期のアウトカム」(long-range outcome) という言い方をすることもある[1]．

1.3 目的別にみた評価

①「形成評価」(formative evaluation)：事業を継続することを前提に，改善点を見出すために行う評価のことをいう．評価結果は事業実施途中でフィードバックされることもあるし，次期事業の計画立案に活用されることもある．ただし，事業実施の途中でフィードバックが行われ，その結果，事業計画に変更が起こると，評価調査も変更が強いられたり，事業環境が安定せず評価データがとりにくくなるという弊害も予想される (Chen, 1990)．

②「総括評価」(summative evaluation)：事業継続か中止を判断することを目的とした評価．または中止を前提に，その正当性の説明責任を確保するための情報を収集するために評価を行うこともある．したがって，総括評価は政治的な判断や思惑と表裏一体の関係にあり，評価者は事業を取り巻く政治的環境により注意を払う必要がある．

1.4 実施者別にみた評価

さらに「評価」をその実施主体によって区別することがある．

①「内部評価」(internal evaluation)：事業実施団体のスタッフあるいは幹部が評価を実施することを「内部評価」という．「自己評価」「自己チェック」なども「内部評価」と同類である．内部評価のメリットとして，事業担当者が事業に精通しておりデータが入手しやすいこと，評価結果を事業改善に反映しやすいことがあげられる．しかし，事業担当者であるゆえに，自分の立場を危うくするようなデータを隠蔽したり，また意図していなくても，事業への思いが強すぎて客観性に欠ける可能性があるというデメリットがある．

②「外部評価」(external evaluation)：事業実施者以外の第三者が評価を実施することを「外部評価」という．外部評価は客観性確保のために実施されることが多い．しかし，外部者ゆえに組織内部のデータを入手しにくかったり，組織内の政治環境を把握しきれず，有用性の低い評価結果を出す可能性もある．

1.5 タイミング別にみた評価

事業の計画立案段階，実施過程，実施後のタイミング別にも評価は分類される．

以下では，龍・佐々木 (2000) の解説，あるいは行政府機関の評価レビュー

と民間非営利組織の状況とを照らし合わせながら説明を試みた．

①「事前評価」（計画立案段階）：事前評価に相当する英語の単語は複数存在している．appraisal, ex ante evaluation などである．事前評価は事業の目標の設定，予算，活動予定にいたる計画立案に必要な情報を収集すること，その計画の実行可能性をチェックする行為を指す．事前評価で行う作業として以下があげられる．

- ニーズ調査（本当に事業が必要とされているか）．
- 事業の目標と期待される成果（アウトプット，アウトカム，インパクト）の確認，あるいはその指標の設定．
- 事業の受益者の確認．
- 事業を構成する理論（変化の理論: Weiss, 1972）の検証．
- インプット（投入）としての，予算，スタッフ，運営方法，スケジュールなどを網羅した事業計画の策定とチェック．
- 事業が成立するための前提条件およびコントロール可能なリスク，不可能なリスクの確認．
- 事業の実行可能性の確認．
- 事業の費用に対して期待される効果（効率性）の検討．
- プレテスト．

②「中間評価」：事業の実施過程で行う評価のことで，代表的なものがモニタリングである．その他英語では，プロセス評価（process evaluation）という呼び方もする．中間評価の結果，事業が予定どおりに進んでいない，あるいは想定した結果が出ていないと判断された場合には，事業計画の改訂を検討する．中間評価で行う作業として以下があげられる．

- 事業運営の進捗状況の確認（予定どおりに事業が進められているか）．
- 事業のプロダクト（物，サービス）の生産状況の確認．
- 当初計画と実績とのギャップの確認．

中間評価の結果，予定と実績にギャップがみられたり，予定どおりに事業が進められていないと判断されたなら，事前段階に戻り事業計画をチェックする．

③「事後評価」：事業実施後の結果，あるいはアウトカムやインパクトを測定し，事業の効果を検証する作業を事後評価という．実施直後と一定期間経た後に実施するものとに区別し「終了時評価」「事後評価」とするものもある．

事後評価は以下の作業を行う.
- 想定したアウトプットの確認.
- 成果(アウトカム)の測定.
- 事業効果やインパクトの測定(なお,インパクトの場合には想定していた影響と想定していなかった影響の両者をみることがある).
- 費用対効果の判断(事業に投じた費用と,得られたアウトカムまたはインパクトとの比較をし,効率性を判断する).効果を金銭に換算して投入した費用と比較する方法(cost-benefit analysis)と,効果を金銭に換算せずに費用と比較する方法(cost-effectiveness analysis)がある.

1.6 対象/スコープ別にみた評価

評価の対象についての定義や解釈は一定しない.これは,団体によって事業の規模が異なりプロジェクトとプログラムの関係が相対関係にあることに起因していると予想される.たとえばある団体はひとつの活動(たとえば出版)のみを指してプロジェクトといい,それらの活動を複数束ねたものをプログラムと位置づけるが,別のある団体は,複数活動で構成される活動をプロジェクトと呼び,中長期計画で記されたドメインをプログラムと呼ぶ.この時個々のプロジェクトはこのドメイン(またはプログラム)を構成する一要素として位置づけられている[2].また,行政府機関の評価では,プログラム評価は政策の妥当性を問う政策評価を指していた.このように,プロジェクト,プログラムの用語の区別は一定せず,あいまいでもあることを認識した上で,以下のように「評価」の分類を行う.

① 「事業評価」(project evaluation):個々の活動あるいは活動の束によって構成される事業を対象にした評価.計画どおりに事業が進められ,予定されていた結果を生んだのかどうかの確認,あるいは事業の運営方法についての改善点を見出すところに力点が置かれることが多い.

② 「プログラム評価」(program evaluation):特定の目標あるいは分野ごとに事業を束ねたものをプログラムと呼ぶ.プログラムレベルの目標は事業単位のそれよりも抽象度や範囲が広い.「プログラム評価」はこの目標に照らし合わせて,成果や目標達成度をみる.また,プログラムを構成する各事業の優先順位や予算配分を決定する際の判断材料としてプログラム評価結果が用いら

れることもある．

③「クラスター評価」(cluster evaluation)：類似事業をひとつの「クラスター」として集め，クラスター全体としてどのような成果あるいは効果があったのかをみる．ここでいう効果は個々の事業のそれとはレベルが異なり，政策や制度面での変化を指す．「クラスター評価」は先の「プログラム評価」のように優先順位をつけることも目的としてあげられる．その他，助成財団が類似事業を実施した助成先をひとつの「クラスター」にまとめ，共通傾向や課題を発見し，事業実施者や関係者間で相互に共有，学習しあう機会として活用することもある．

④「政策評価」(policy making evaluation)：最もマクロレベルの評価を指す．すなわち，社会制度やシステム，トレンド，あるいは政策の変化を対象にしている．

⑤「団体／組織評価」：先の4つは「成果」や「業績」を対象にした評価であったが，「団体／組織評価」はこれらとは異なる類いの評価である．団体の信頼性あるいは比較優位を確認するための評価である．認証，格付けなどがその例である．多くは，団体の業績ではなく団体の運営システムまたは能力チェックに照準をあてて評価している．

本節では，以上のように評価についての基本用語（概念）を整理した．この上で非営利組織の評価のアプローチをさらに次節以下でみてゆく．

2　民間非営利組織の評価アプローチ

民間非営利組織の評価の考え方そしてその困難性について前述した．しかし，そのような制約条件がありながらも民間非営利組織は成果や組織について評価を試みている．ここでは1970年代から評価に本格的に取り組んできた米国の民間非営利セクターに注目し，その評価方法についてみてみよう．

2.1　民間非営利組織視点の評価の歴史

2.1.1　民間非営利組織による啓蒙活動―民間非営利組織に特定した評価の書籍を刊行・発売したものとしては，The Aspen Institute の *New Approaches to Evaluating Community Initiatives*（全2巻），The Independent

Sector の *Evaluation with Power*, そして P. F. Drucker Foundation for Nonprofit Management の *Self Assessment Tool for Nonprofit Organization* などがあげられる．

　The Independent Sector の *Evaluation with Power* は，民間非営利組織が評価をマネジメント・ツールとして使いこなすための導入書の性格を色濃く出している．The Aspen Institute の *New Approaches to Evaluating Community Initiatives*（全2巻）は theory-based evaluation（事業の理論を基礎においた評価）という特定の手法を非営利組織向けとして提案している．P. F. Drucker Foundation for Nonprofit Management の *Self Assessment Tool for Nonprofit Organization* は，民間非営利組織向けに独自に開発した評価ツールであるが，それもある特定の手法のマニュアルといってよいものである．

　W. K. Kellogg 財団も民間非営利組織向けの *Evaluation Handbook* と *Logic Model Development Guide* を発行している[3]．いずれも，ハンドブック，ガイドブックというタイトルをつけているが，先の書籍に比較し，包括的，理論的な性格が強い．また，*Evaluation Handbook* の "Historical Context of Evaluation in Human Services" という項で，評価の歴史がレビューされている．対象読者，筆者が財団あるいは事業型の民間非営利組織であることを考えると，ここで述べている歴史とは「民間非営利組織における評価の歴史」と解釈してよいだろう（この評価の歴史については6章を参照）．

　2.1.2　評価のはじまり：福祉・人的サービスと科学的評価—米国では 1960 年代の「偉大なる社会」と呼ばれる貧困撲滅を目的とした社会福祉や人的サービスに，巨額の政府予算が投入された．しかし，貧困も地域社会問題も一向に減る様子はなく，投じた政策の効果が問われるようになる．「偉大なる社会」政策から学んだことは，すべての社会問題を解決するに足る資源を米国では国家も国民も有していないということであった．換言すれば，有限の資源であることを自覚し，それを投じる社会問題あるいは解決策としての政策には優先順位をつけねばならないということである．そして，政策に優先順位をつけるために評価が導入されたのである．評価はその歴史を重ねるなかで，アカウンタビリティ（事業が成果をあげていること）の証明に加え，事業やサービスの質の改善も目的とされるようになっていった．

　当初，最も一般的な評価手法は対照グループ法（treatment and control

group）と呼ばれる方法であった．これは，類似の属性や性格をもつグループを2種類つくり，ひとつのグループ（treatment group）には事業サービスを提供し，もう一方の（control group）にはサービスを意図的に提供しないというものである．一定期間後に両グループを比較し，その差を定量測定をし，その差が事業の効果であるとした．この方法は科学的評価と呼ばれ，統計学の理論を基礎に設計された手法である（Campbell & Stanley, 1995）．この自然科学モデルは「仮説―検証」の考え方を基礎にしており，評価調査においては，対象となる事業の結果生じたと推測される変化の因果関係を証明しようとしたのである．

2.1.3 科学的評価への批判

（1）Weissらの批判：1980年代に入ると科学的評価に対して批判が起こる．Weissも批判者の一人であるが，科学的評価の代案として「事業を構成する理論・ロジックを基礎においた評価」として「セオリー評価」（theory-based evaluation）を提案する．彼女たちの批判をまとめると次のようになるだろう（Connell et al., 1995）．

第1に，科学的評価あるいは対照グループのような実験的評価は，調査手法のひとつでしかない．それにもかかわらずこの方法が唯一の評価方法だと思われがちである．第2に，評価は，ある仮説に基づいて行われるものである．したがって，仮説の視野に入らない課題や別の評価視点があるはずである．しかし，仮説以外の視点や評価上の質問が無視されがちである．第3に地域社会の問題や制度を変えてゆこうとする，地域のイニシアティブが無視されている．

とくに第3の問題のイニシアティブには共通かつ統一の最終到達目標（ゴール），標準的なプログラムや参加者が存在しないため，これらを定量測定するための「ものさし」が見当たらなかった．そのためイニシアティブは調査不可能なものとして，評価対象からはずされていたのである．W. K. Kellogg財団は，この第3の問題，すなわち地域のイニシアティブに注目し，このイニシアティブこそが民間非営利組織が最も尊重している側面であると指摘している．

（2）地域のイニシアティブを尊重するための評価：The Aspen Institute, W. K. Kellogg財団は，地域イニシアティブを尊重する評価が重要であり，そのためには「バランスのとれた評価」が必要であるとしている．

W. K. Kellogg財団は「仮説―検証モデル」の自然科学モデルの代案として，

文化人類学的なアプローチあるいはフェミニスト・アプローチをあげている．いずれも，評価対象となる事業を複数の視点から理解しようとするもので，プロセスや実施面にも着目するものである．そして，そこで起こった事象や経験を地域社会や人間関係の文脈のなかで解釈しようとする．フェミニスト・アプローチとは，事業や評価から除外されがちであった「女性」の視点を取り入れようとするものである．

　Weissらが開発した，理論をベースにした評価「セオリー評価」(theory-based evaluation) もコミュニティ・イニシアティブを尊重できる評価手法であると推薦する．セオリー評価については，評価手法のレビューの項で後述するが，ごく簡単に説明すれば次のとおりである．

　すべての事業あるいはプログラムにはあるロジック（理論）が存在する．つまり，事業開始から，期待される成果に達するまで，ひとつのシナリオが作られている．そのシナリオを理解することによって，事業計画の構造や欠陥を把握することができる．また，このシナリオと現状を照らし合わせることによって，進捗状況や方向を確認することもできる (Chen, 1990)．Connell, Kubishらは，彼らの著書 *New Approaches to Evaluating Community Initiatives*, Vol. 1 (Cornel, et al., 1995), Vol. 2 (Fulbright-Anderson, et al., 1998) のなかで，地域イニシアティブを尊重した評価のあり方について説明している．その題名のとおり，地域イニシアティブを尊重すべきであるとの視点から，適当な評価手法としてやはりセオリー評価をあげている．

2.2　民間非営利組織評価と政府評価

　前項では，民間非営利組織視点からみた既存評価手法への批判，そして地域イニシアティブを尊重した評価の提案をみることができた．ここで注目したいのは，W. K. Kellogg 財団，Connell, Kubish らも，政府による評価と民間非営利組織による評価を特に区別していない点である．彼らは「evaluating human service program」あるいは「evaluating comprehensive community initiatives」という表現をしている．つまり，「福祉や人的サービス分野の事業を評価する」ことを議論しているのである．彼らの表現によれば「政府や他機関が評価を実施してきたが」とあり，誰が評価を実施するのかは二義的な扱いになっている．米国の貧困地域開発や福祉サービスの歴史をみれば，そこに

関与していたのは政府だけではなく，フォード財団やロックフェラー財団，さらにはその助成を受けて活躍したコミュニティ開発社（CDC）なども含まれていることがわかる．したがって，福祉や人的サービス分野の事業評価に政府以外の機関が参加することはありえるだろう．現に，フォード財団は「偉大なる社会」政策で投じた助成金／補助金の効果を測定するために，政府6省とともに，評価専門非営利会社 Manpower Demonstration Research Corporation（MDRC）を1976年に設立している（後述）．

以上から，米国の民間非営利組織が採用した評価手法は，とくに福祉や人的サービス分野においては政府機関が採用しているそれと同じものであると予想される．米国の評価分野で標準的な教科書には，evaluationとは記されているが，評価を実施するのはどのセクターか（政府か民間非営利組織か）を記しているものは少ない．日本で「政策評価」「行政評価」というタイトルをつけた文献が多いのと対照的である．そこで，事業型の民間非営利組織は，現場でどのような評価手法を用いていたのか，そしてそれは政府機関の手法と同じものか否かについて，評価事例から確認したい．

2.3 福祉分野における民間非営利組織の評価事例

まず，米国の福祉分野で活動する民間非営利組織が実施する事業評価の事例を概観する．そこで用いられている評価手法に注目する．そして，これらの手法が民間非営利組織のために特別に開発されたものであるか，あるいは政府セクターと同じ評価手法であるかを確認する．なお，ここで取り上げた事例は笹川平和財団の自主企画事業「民間非営利組織のための評価」の一環として，米国非営利専門機関に調査委託し収集したものである（2000年，MDRC調査報告から）．

（1）事例収集の視点：本事例調査の目的は，民間非営利組織が評価を使いこなすことに成功した事例を収集することにあった．よって，以下の視点に基づいて事例を収集した．
・事業や組織の改善に評価を役立てる．
・評価結果を資金調達に役立てる．
・評価を日常業務の中に組み入れる．
・評価結果に関する情報公開・共有を効果的に行う．

・受益者や事業スタッフに対し参加機会を提供する．
・組織の評価：そして，異なる視点ではあるが日本の非営利組織の状況を鑑み，団体評価（認証や格付け）の例も収集することにした．

(2) 対象分野

　米国の福祉分野で活動する民間非営利組織を事例収集の対象とした．福祉分野を選択したのは，日本の福祉分野で活動する民間非営利組織の参考資料とすることを念頭においていたからである．福祉分野では，介護保険，規制緩和などの導入によって民間参入によるサービス提供者の多様化と競争が起き，さらに受益者の選択の余地が徐々に増える状況にある．このような状況にあって，評価情報が今後より多く求められると予想した．

　しかし，収集された事例の多くは，貧困地域での青少年の職業およびリーダーシップ訓練，あるいは保育などで，高齢者介護においては，先の視点に合致するような成功事例はみつからなかった．これは米国では米国の事情によって評価に費用が投じられる分野とそうでない分野があるためと考えられる．また貧困地域の事業事例が比較的多くみつかったが，「偉大なる社会」政策の評価ブームの影響を受けていると予想される．また，「福祉」(welfare) の適用範囲と概念が日米で異なることにも注意すべきである（日本では高齢者・障害者への福祉サービスをさすが，米国の場合，地域づくりなども含まれていることがある）．

(3) 調査実施団体（評価専門の非営利会社）：本調査事業を委託するにあたり，その実施機関の選択にも配慮した．ここでは，民間非営利の評価専門機関，Manpower Demonstration Research Corporation（MDRC）に事例調査を委託することにした．MDRCは，民間非営利組織の評価専門機関で，その収益額は年間1840万ドルである．

　MDRCは，「偉大なる社会」の時代に生まれた評価ブームの申し子といってもよいだろう．1974年，フォード財団と6つの連邦省によって，4400万ドルの資金を投じて設立された．当初の目的は，貧困地域で成功した雇用プログラムを他の地域に広げることであるが，その目的は，米国社会における社会福祉分野の政策改善に資することである．しかしながら，1980年代，レーガン・ショックによって，連邦政府の福祉予算と同時に，評価予算が激減する．これによって，MDRCの方針も変えなければならなくなった．それまで，MDRC

は連邦政府と大型財団を主要な顧客としてきたが、この時期に州政府とのビジネスを増加させている。すなわち、全米規模の事業だけでなく、特定の州に特化した評価事業も実施するようになった。その最初の例が、カリフォルニア州の雇用事業（教育、訓練、職業開拓）である。これが契機となって、1985年、サンフランシスコ事務所が開設された。

（4）事例要約：以下は事例収集の視点に基づいて集められた事例である。なお、資金調達に評価が貢献した例は、下記の「ユースビルド・プログラム」、「ニューホープ・プロジェクト」など複数みられた。評価を実施していることが、別の財団と比較した際に有利に働いたと報告されている。

①事業や組織の改善に評価を役立てた事例「ユースビルド・プログラム」——「ユースビルド・プログラム」とは、ヒスパニックあるいは黒人を中心とした高校中退者を対象に建築施工訓練を施し、荒廃した住宅を修復することで、地域社会に貢献させようとするプログラムである。このプログラムの目標は、社会的・経済的に恵まれない若者に、自分だけでなく、周囲の環境も律してゆくことを身につけさせることである。そして、最終的にはこれらの若者の自助努力と能力開発を促し、社会に貢献する人材として成長させることである。

このプログラムは米国の複数地域で展開されていた。このような規模の大きなプログラムの場合、その資金提供をしている助成財団が評価を義務づけることが一般的であった。ユースビルドもその例外ではなく、フォード財団が最初に評価予算を提供した。評価の目的は学習効果を上げることと、プログラムを全米に展開するための拡大効果であった。

評価を実施するにあたり、その方法も慎重に選ばれた。ランダム抽出によって事業を実施するグループとそうでないグループの2種をつくり、両者の比較をするような実験的あるいは科学的評価手法は、事業立ち上げ時期には適当でないとして、プログラム向上をめざす改善志向型の形成評価を選んだ。評価専門家や大学研究者など複数のメンバーが評価調査に加わった。とくに、評価調査者は評価の設計・実施だけでなく、ユースビルドの実施運営まで細かにコンサルテーションを行った。

その結果、評価担当者とユースビルドの担当者は良好な関係を構築し、最終評価報告が出る前から、事業運営課程で評価から出された知見をプログラムに活かすことができたのである。

また，ユースビルド・プログラムの対象地域は積極的に評価を受けることによって，他の機関からのプログラムへの資金調達もうまくいくようになったと述べている．初年度の5万ドルから3年目には100万ドルを調達しているが，評価を行うことで助成側の信頼を得ることができたことが要因である．また，1992年には「ユースビルド法」が成立し，96年には全米34州，100件のプログラムが展開されるようになっている．

　その一方で，評価対象が大きく，かつ評価に関わった専門家が複数であったために，評価の最終報告書が出るまでに5年近い期間を要するという問題も生じた．また，400ページ以上に及ぶ分厚い報告書は読みやすいものではなかった．評価の予算は10万ドル（事業予算の10%）であるが，その活用方法も考えないと評価自体の効果も問われることになる．

　②評価を日常業務の中に組み入れる「パラプロフェッショナル介護会」(paraprofessional healthcare institute, 評価を実施する職能組合)——介護保険制度導入に伴う在宅介護の普及によって，ホームヘルパーの存在は日本社会に定着しつつある．米国にも高齢者の在宅介護を支援するホームヘルパーという職業がある．ホームヘルパーは英語を母国語としない移民であったり，あるいは有色人種であったりするが，いずれにしても生活保護を受ける低所得者層の人々がホームヘルパーの職に就くことが多い．ホームヘルパーの待遇は決してよいものではなく，離職率も高い．しかし同一のホームヘルパーが一人の高齢者に継続的に世話をするのが望ましく，サービスの質の充実にもつながる．したがって，ホームヘルパーの労働環境をよくすることが高齢者在宅サービスの質の向上にもつながると認識されている．

　「コーポラティブ・ホームケア協会」(Cooperative Home Care Associates; CHCA) はホームヘルパーの協同組合であり，高齢者サービスの質の向上とホームヘルパーへの訓練と労働環境改善に努めることを使命としている．

　「パラプロフェッショナル介護会」(PHI) は，上のCHCAはじめ5つの共同組合に代わって，ホームヘルプサービスおよびその労働環境を評価するインターメディアリである．CHCAなどのホームヘルプ組合はその活動資金を財団や公的機関から調達しており，その反対給付として事業評価情報を報告することを求めるところが多い．当初，複数の資金提供団体の個別の要請に応じて評価を行っていたが，データ収集作業が重複し時間や費用の浪費を生じた．そ

こで，組合に代わって，経常的に評価を行い資金提供者等にそれを提出する専門機関として PHI が設立されたのだ．

PHI は，資金提供者と組合が求める評価情報を提供し，それ以外の新たな洞察も加えるべく，ホームヘルプ訓練受講者の英語能力，受講者の所得源（生活保護の割合など），受講者の年齢や教育のレベル，受講を続けられなかった理由，などを調べ評価を行っている．これらの調査内容をみてもわかるように，ホームヘルパー受講者を受け入れている組合の協力なしには必要なデータを収集することができない．そこで PHI は，データ収集のためのルールをつくり，組合の日常業務に組み入れるためのシステムとフォーマットを構築し，各組合がこれにそってデータを収集するような仕組みをつくりあげていったのである．この事例は，評価が資金調達に直結しており必須であるために，評価情報収集を日常的業務のなかに組み入れる必要があったこと，それを効率的に実施するためにインターメディアリを設立した試みである．

③評価結果に関する情報公開・共有を効果的に行う「ペリー保育園」——ペリー保育園は 1960 年代に設立されたが，その優れた保育サービスで他の保育園の群を抜いていた．先生対園児数の比率の低さ，園児たちが積極的に学習できるように工夫されたカリキュラム，両親の積極的参加などの独自の保育方針で知られている．1979 年，その保育方針が子供の成長にとってより効果的であることを証明するために，10 年間にわたる本格的な評価調査事業を展開した．

この評価では，比較グループあるいは対照グループが用いられた．すなわち，同じ地域で同じ社会・家庭環境にある 3～5 歳の子供たちを選び，2 つのグループに分ける．ひとつのグループにはペリー保育園で保育サービスを提供し，もうひとつのグループはサービスを提供しない．双方のグループの子供たちを 15～19 歳になるまで 10 年間追跡調査し，学業成績，就職率を調べ比較したのである．

10 年間の評価作業のなかで，評価の経過報告を関係者だけでなく，広く一般に行った．全米における保育サービスの質を向上すべく，自らの保育方針をモデルとして政策提言を始めたのである．この活動は「ボイス・フォー・チルドレン」というキャンペーン活動へと展開していった．政策決定者にその声を届けるべく，メディアによる活動，視覚に訴えるプレゼンテーション，小冊子

など大型の全米キャンペーンを実施したのである．キャンペーンの直接的効果を特定することはできないが，「ボイス・フォー・チルドレン」は保育の質の向上に向けて，公的補助増額におおいに貢献したといえよう．

　この事例は，評価によって得られた情報をその作業課程から一般市民と共有し，政策提言へとつなげていった事例である．また，評価報告書に記載されている内容は一般に専門的でわかりにくいといわれているが，それを簡易でわかりやすいものに加工して理解者を増やした点も注目される．

　④受益者や事業スタッフの参加機会をつくる「ニューホープ・プロジェクト」——ニューホープ・プロジェクトは1990年代にウィスコンシン州ミルウォーキーで実施された小規模事業で，低所得労働者層を対象に一定の所得水準を確保するための支援活動である．このプロジェクトには現行の貧困政策に対する疑問を明らかにするために行われた．すなわち，労働をして一定の所得をあげると生活保護を受けることができなくなり，その結果，生活保護を受けていたときよりも生活水準が下がってしまわないかという疑問である．そこで，このような状況の打開策として次のような作業枠組がつくられた．すなわち，一定時間以上働けば，育児手当や健康保険が給付され，それでも決められた所得水準を下回ると所得補填金がニューホープから給付されるのである．この給付によって，労働習慣を身につけさせ，生活保護などに依存する態度を軽減することができると考えたのである．

　ここで評価は，自らの仮説を証明し，政策改善のための提言をすることを目的に始められた．また，ここで注目すべきなのは，ニューホープの理事会，マネージャー，スタッフ，そして受益者の代表が，評価者と一緒に評価調査の設計，実施，分析や議論に参加したことである．それまで，評価には客観性が求められるとして，評価者は事業実施者や受益者とは距離をおくのが一般的であった．しかし，ニューホープは自らの仮説と主張を証明するために評価が必要と考え，自らその費用を調達したこともあり，評価プロセスに自ら積極的に関与したのである．また，福祉専門家をアドバイザーとして評価プロセスに参加させているが，福祉政策に影響を与えることを意図してのことである．

　評価方法は，無作為抽出あるいはランダム・サンプリングと呼ばれるもので，ニューホープによるサービスや給付を受けるグループと受けないグループ（対照グループ）をつくり，一定期間後に両者の差をみようとするものである．し

たがって，事業の対象者の選択，事業方法も評価調査を同時に設計された．事業および評価設計には実に5年もの年月がかかっている．また，評価担当者によれば，予想以上に現場関係者とのコミュニケーションに時間がかかっている．そのため，予算をはるかに上回るコストがかかってしまったという．

⑤組織評価（認証）を行う「全米幼児教育協会」（NAEYC）——全米幼児教育協会（NAEYC）は，0～8歳までの子供を対象とする保育園と学童保育園に対して，独自の基準に基づき認証を行う民間非営利組織である．またNAEYCは質の高い幼児教育や保育を全米に普及させることを目的に議会への働きかけや啓蒙活動も実施している．1985年の発足以来，7588の保育園が認証されたが，認証を受ける保育園の数は年々増加しており，99年現在で，米国認可保育園（10万6000）の6.5％がNAEYCの認証を受けたことになる．米国では，保育や幼児教育は州政府と地方自治体の管轄となっており，連邦政府は関与していない．しかし，州および地方自治体の基準はばらつきが大きく，それほど厳しい基準を設けていないところが少なくない．これでは，保育の質の低下も懸念される．このため，保育や幼児教育のサービスの質に厳しい基準を設定し，それをクリアした保育園に認証を与えるNAEYCは，こういった行政の活動を補完する役割を担っているともいえよう．最近では，低所得者層の子供たちを対象とする保育園に対して公的補助金の金額を決定する際に，NAEYCの認証を取得しているかどうかを判断基準とする州も増えている．

もうひとつ注目したいのは，認証に至るまでの評価のプロセス自体を被認証者（保育園）の学習の場として活用し，サービスの質の向上につなげるようにする環境づくりに徹していることである．学習と改善が認証評価の目的になっているのである．NAEYCによる認証は何ら法的に義務づけられたものではない．あくまでも保育園側の任意である．また，認証評価プロセスはたやすいものではない．それでも認証を受けようとする動機はさまざまだ．保育園の価値を確認したい，保育園に権威づけをしたい，あるいは公的補助や財団からの助成金が受けやすくなる，子供の家族にアピールしたい，などがあげられる．

認証評価は2つのプロセスを経る．ひとつは，自己観察である．園長とスタッフが共同して，NAEYCが用意した10項目について自己採点する．このなかには，子供の家族からの意見の確認がある．園児の家族の半数以上から25の質問について回答を得なくてはならない．自己観察によって提出された書類

のチェックが終わると現場訪問である．保育専門家によるボランティアが派遣され，自己観察の内容を一つひとつ検証してゆくのである．

　これらのプロセスは時間，労力，あるいは精神的な負荷を伴い，決してたやすいものではない．しかし，このプロセスを経た保育園は自らの長所，改善点をスタッフと共有することができ，士気が高まったと述べている．NAEYCの認証をクリアし有効活用するためには，まず園長がスタッフを説得し，チームワークを築くことが必要である．同時に，NAEYC側も自ら定める基準に柔軟性をもたせ，自己観察の際は相対基準を用い，基準について恐怖心を感じさせないような配慮にも注目すべきである．

2.4　事例別にみた評価手法

　各事例ごとに，評価手法，評価実施者，評価資金提供者に注目して分類し，表5.1にまとめた．

　事例別に評価手法を一覧すると次のことがわかる．用いられている手法は，

表5.1　事例別にみた評価手法一覧

事例名	対象事業	評価手法 (評価注目面)	評価実施者	評価資金 提供者
ユースビルド・プログラム	青少年訓練・地域開発	「事業プロセス」形成評価・参加型評価（面接調査）	評価専門家，財団，実施者のチーム形成	事業のドナー（財団）
パラプロフェッショナル介護会	高齢者・身障者介護ヘルパーの労働環境改善	「ヘルパー生活のチェック」(ヒアリング・アンケート)	職能組合，評価専門組織設立	事業のドナー（財団，政府）
ペリー保育園	保育サービス政策提言	「事業の成果・効果」対照グループ手法（10年間の比較）	評価専門家と事業実施団体	政策提言事業のドナー（財団）
ニューホープ・プロジェクト	低所得者労働意欲向上と制度改革	「事業の成果・効果」対照グループ，エンパワーメント評価	評価専門機関，事業担当者	事業のドナー（財団）
全米幼児教育協会	保育園認証	「組織体制とサービス」システム・チェック，自己および他者観察	認証専門機関	認証申請料金

事業の効果をみるために用いた対照グループ法（科学的評価方法），事業運営の改善を目的に運営プロセスに注目した形成評価，サービスの質を確認するための観察である．また認証評価は事業の効果や運営プロセスというよりも，組織のシステムをチェックすることに主眼がおかれていた．

非営利組織が用いたこれらの評価手法は，民間非営利組織特有のもの，あるいは独自に開発した手法ではない．政策や福祉サービスの評価で使われている評価手法を，自らの事業や状況に適用させて使っているのである．

2.5 評価手法レビューの必要性：評価を使いこなすために

先に予測したとおり，評価手法については，政府，民間非営利組織はともに同じ手法を用いているようだ．すなわち，対照グループによる科学的評価方法，ロジックモデルを用いたセオリー評価，あるいは改善を主目的とした形成評価などである．しかし，Connell, Kubish や Kellogg 財団が主張するように，民間非営利組織特有の評価はあるはずだ．では，何が異なるのか．

それは，評価を通して何を知りたいのか，あるいは何を評価対象としてみるのかという点であろう．ひとつの福祉事業に政府，財団，あるいは CDC が参加していた場合，それぞれの視点，問題意識や関心は異なるはずである．たとえば，政府であれば投じた予算に対する効果（費用対効果）に最も重きを置くかもしれないが，CDC のような草の根の団体であれば，サービス受益者の満足や生活の向上に重きを置くかもしれない．評価手法において政府と民間非営利組織の間で差異はみられないが，視点や目的によって評価手法の選択や解釈が変わってくるべきであり，評価を使いこなしてゆくことが求められているのだ．そこで，次章では評価手法の展開の歴史，そして実践視点からの評価手法の解説を試みる．

1) Clahoun County Health Improvement Program の評価用に作成されたロジック・モデルではアウトプット，アウトカム，インパクトという表現を用いず，期間に分けて説明している．
2) 英国に本拠を置く国際 NGO「フォスター・プラン・プロジェクト」や笹川平和財団では，ドメインや中長期ガイドラインをプログラムと称している．
3) 同財団は評価部を設置し，同財団のプロジェクトあるいはプログラム評価を実施している．すべての助成先に対し評価を義務づけ，助成金のほかに評価補助金を供

与するというユニークなシステムをもっている．評価部はこれらの助成先の評価に対する助言，技術支援さらには非営利組織向けの評価教材や訓練機会を提供している．この刊行物も非営利組織の能力強化活動の一環である．

6章　評価手法の展開
歴史的な展開と現在

　前章でみたように評価はその定義も漠然とし，捉える人によってそのイメージはさまざまである．このような状況下，事業やプログラムを対象にした評価，組織を対象にした評価など各種の評価が工夫されてきた．本章では，プログラム評価とその手法の歴史的展開を概観した後，民間非営利組織にとって興味深いと思われる免税認証のための組織評価事例，受益者など関係者とともに評価を実施する参加型評価について述べる．なお，組織評価については，世界で初のNGOによるNGOの免税認証を実施しているフィリピンの事例を紹介する．この事例によって評価作業の実際のイメージを伝えることにしたい．

1　評価手法の歴史的展開

1.1　「評価」アプローチの誕生——1930〜1960年
　「評価」の最も初歩的な原型は，1930年代のアメリカにおける教育，公衆衛生の分野にみることができる．その後「評価」という手法は，第2次世界大戦中に軍人のモラル評価，人事政策，広告の効果などに応用され，さらに50年代の終わりには，都市開発，住宅政策，公衆衛生，職業訓練などの政策の効果を事前に判断する手法としての「政策分析」（Policy Analysis）まで高められた．政策科学が学問として成立するのもこの時期であり，当時60年代には評価の実績が劇的に増えた．これはとくにジョンソン大統領の「貧困との戦い」政策で急増した公共プログラムに評価が適応されたことに起因する．この時期の先駆的な論文としてサッシュマンによる評価手法に関する解説（Suchman, 1967），キャンベルによる社会実験に関する論文（Campbell, 1969）などがあげられる．

1.2 「評価」の定義

先にみたように「評価」という語句に対する世界的，一般的な合意は，実は存在しない（龍・佐々木，2000；山谷，1979）．「評価」に関して最も長い歴史と経験を有するアメリカでは，その意味は時代とともに拡張され，事業やプログラムの事前段階から事後段階までのそれぞれのステージにおける分析評価活動一般を含むようになってきているのは前章までにみたとおりである．本章では，Rossi（1999）の定義をもとに科学的方法あるいは調査としての「評価」に注目し，その歴史をレビューする．したがって，著者が定義した評価の2つの行為のうち（p.119），「評価判断のための情報分析・提供側面」に注目することになる．ここでは，この定義に基づき，1960年代の「科学的評価」から，近年最も注目されている手法である「パフォーマンス・メジャーメント」に至るまでを概観し，その変遷の過程を説明する形で論を進めていきたい．

1.3 「科学的評価」（Scientific Evaluation）——1960年代

1.3.1 ランダム実験法による評価——1950年代に学問として成立した政策評価は，60年代末になって1本の論文によって決定的な影響を受けた．この分野の先駆的研究者であるキャンベル（Campbell）の「実験としての改革」（"Reform as experiments"）がそれで，このなかで彼は，政策決定は社会状況を改善するのかどうかに焦点をあてた継続的な社会的「実験」の結果に基づくべきであるという主旨を述べた（Campbell, 1969）．ここでキャンベルが言う「実験」は極めて自然科学的なものである．このイメージを明確にするために，ある予防薬の効果を調べる「実験」を例にとって説明しよう．

キャンベル（Campbell, 1969：409–429）は「まず，サンプルとしてねずみを200匹用意する．これらをランダム・アサインメント（コイン投げなどを利用した無作為な割り振り）により100匹ずつ2組のグループA, Bに分け，片方のグループAにのみある予防薬を投与する．このA, Bの発病率を比較することで予防薬の効果が測定できる」[1]とする．また，この実験は調査者が誰であれ，その結果は原理的には同じものになる．この客観性の保証により，この実験は一般化が可能となるのである．キャンベルは，政策の効果もこのような手続きを踏むことで測定が可能になると考えた．そして，彼はこのような「実験」によってまず政策の効果を確認し，しかる後に社会一般に適応すべきだと

主張したのである.

1.3.2 社会政策への適用——ボルチモア LIFE プログラムは，犯罪者の更生と再発防止を目的とする少額資金補助制度の有効性をテストする実験であった．実験はまず，メリーランド州立刑務所を釈放され，ボルチモアの市民社会に戻った人々をランダムに2つのグループに分けることから始められた．そして，一方には失業期間中に限り13週にわたって週60ドルの補償を受けられる資格があることを，また他方には調査プロジェクトに属していることは告げるものの，そのような補助が受けられないことをそれぞれ通達する．

調査は，被験者に対する定期的なインタビューと，ボルチモア市警における釈放後1年以上の犯罪記録のモニタリングを中心に行われた．その結果，少なくとも窃盗系の犯罪に対しては，犯罪発生率を8.4%も減少させる効果があったことが報告された．さらにこの数値は，さまざまな統計処理を行って，政策の効果によるものであることがより明確な形で示された．また運営上のコストについても，担当行政が費用対効果に関する分析を行い，コストをはるかに上回る効果が得られるという結果を得たのである（Rossi et al., 1999）．

キャンベルの政策評価は，政策の事後の効果に着目し，それを客観的に測定し証明しようとするものである．このような彼の考え方は，後に「科学的評価」（scientific evaluation）と呼ばれた（Shadish et al., 1991）．また効果に着目するという視点から「インパクト評価」とも呼ばれている．

1.4 評価の守備範囲の拡大——1970年代

1970年代に入ると，財政支出の拡大に比例して評価の実施件数も増大し，ランダム実験モデルを簡便にした方法がいくつか提唱されるようになった．政策評価，とくに政策の効果に着目するインパクト評価が測定する効果は，「純効果」（net impact）に近いほど望ましい．このため，ランダム実験モデルに基づく社会実験の調査者は，実験の結果得られる見かけ上の効果＝「総効果」（gross impact）から，外部要因や評価デザインによる影響値を差し引くなどして，客観性の保持に心を砕いた．しかしながら，この客観性は実用性とトレード・オフの関係にあり，事例が増えるに従ってある種のジレンマに陥るようになっていった．客観性を重んじると人的な要因，制度など，数字をとりまくさまざまな外部要因を取り除くことに力を傾けることになるが，現実社会での

数字を考える場合には，これら外部要因を考えることが重要になる．そこでそのような状況から，より実用性を優先させたいくつかの派生的モデルが登場するようになった．

1.4.1 準実験モデルと簡便なアプローチ—客観性は高いが実用性には劣る
ランダム・アサインメント以外のアサインメントを採用した評価モデルを「準実験モデル」(quasi-experimental model) という．これらには，たとえば，「回帰・分断モデル」(regression-discontinuity model)，あるいは，近似の比較のグループを手作業で選択する「マッチングモデル」，比較グループの代わりに一般指標を用いる「一般指標モデル」(generic controls) などがある．また，セオリー評価のように，プロジェクトの基本構造をなす「理論」(あるいはシナリオ) を分析し，事業計画策定のあり方をチェックするという方法も開発された（Weiss, 1998）．

1.4.2 プロセス評価—政策を計画どおりに実行することは，一見当たり前のように思われるが，しかし現実的にはたやすいことではない．運用レベルではさまざまな予期せぬできごとが発生し，実際のプログラムはいとも簡単に計画からずれてしまい，プログラム実施と成果の有無を因果論的に議論することが不可能になってしまう．プロセス評価はこのようなことを防ぐために行われるモニタリングの手法である．この評価は，①プログラムがどの程度当初のデザインどおり実施されているか，②プログラム実施によって計画された質と量のサービスがどの程度提供されているか，の2点を評価する体系的な評価活動と定義されている（Weiss, 1998）．また，さらに③プログラムの実施状況をみながら成果を示す指標を見直すこともその一部と考えられる．

1.4.3 費用—便益分析（cost-benefit analysis）—そのほか，この時代に普及したものに「費用—便益分析」[2] がある．これは「政策」によってもたらされた社会状況のあらゆる変化を貨幣価値に換算した値（社会便益）から，政策実施にかかったあらゆる費用（社会費用）の差を計算するものである．広い意味で政策のコスト・パフォーマンスを評価する「効率性分析」(cost-efficiency analysis) の下位カテゴリーのひとつで，他に便益のほうを貨幣価値換算せずに，単純に費用のみを比較したり，1単位あたりの費用を比較したりして最も安い案を選ぶ「費用—効果分析」(cost-effectiveness analysis) というものもある．インパクト評価で予期された改善効果の有無をまず判定し

た後，費用―便益分析で，投入資金である税金によってどれだけの社会的便益が生み出されたのかを評価し，当該プログラムの軌道修正（拡大，縮小，停止，修正など）のための意志決定を行っていくのが理想的な流れである．

費用―便益分析では，社会費用と社会便益を貨幣価値として数値化することが必要である．その際，直接的な費用，便益のほかにともすれば見逃されがちな以下の項目を算出，加味する必要がある．社会費用の計算では，「プログラム運営にかかる実費」のほか，政策の実施によって生産原価が上がることを余儀なくされるような「民間部門に課されるコスト」，投入される資本の減価償却分にあたる「資本利用コスト」，便益の代償としてしばしば引き起こされる「公共プログラムが引き起こすダメージ」，「その他」研究開発費や債券の金利分など．社会便益の計算では，プログラム実施によって得られた直接的な便益のほか，「生命」「節約時間」「節約コスト」「生産量増加分」「生産性向上分」「雇用増加分」「レクリエーション増加分」など．しかし，一般にこれらの見積もりは難しいとされている（Kee, 1994）．

キャンベルの科学的評価に代表されるように事業の効果に着目したインパクト評価から始まり，効果のあらわれる前段階に注目したセオリー評価やプロセス評価などの手法が次第に開発されていった．また効果測定後についても，事業の効率性を問う費用―便益評価の手法も開発された．このように，評価の守備範囲がプロジェクトの事前や事後にまで拡大されたのである．

1.5　代替的手法の模索――1980 年代

1980 年代に入ると，科学的評価への批判が始まった．肥大した財政支出は膨大な財政赤字を生み出し，レーガン政権下の「新保守革命」に至った．これは，社会に対する政府の過度な関与や介入を改め，民間の自己責任に任せた自由競争によって強いアメリカの復活を導くという思想である．財政支出は大幅に削減され，評価件数も減少した．その影響を受けて，評価手法はより簡単な方法論へ移行することになる（Patton, 1997）．

1.5.1　Cronbach の批判―こうした時代背景の中，これまで権威化されていた科学的評価を統計学の立場から痛烈に批判したのが，統計学者 I. J. Cronbach である．彼は「社会実験」が前提としている単純な社会観とその下で行われる合理的意志決定モデルを批判し，その非合理性の中で科学性を追求する

よりもむしろ,政策立案者にわかりやすい情報を提供すべきだと主張した(Cronbach, 1975). Cronbach の批判は政策評価の世界に大きな衝撃を与えたが,その後の彼は,科学的評価の代替となるような新しいモデルを提示するまでに至らなかった. しかし,社会実験に対する批判は Cronbach に留まるものではなく,その後の議論を通じて,新たな代替的手法が提出された.

1.5.2 代替的アプローチ

(1) 代替的アプローチ・1「定性的評価」——代替的手法の第1は,Stake が提唱し (Stake, 1981),その後 Patton に引き継がれた「定性的(質的)評価」(qualitative evaluation) である. 彼は,従来の評価理論が,現場における利害関係や交渉の複雑性を十分に取り込んでいなかったことを指摘し,その上で,統計に表される定量的データを重視する科学的評価に対して,数字よりもむしろケース・スタディのような定性的データを重視する手法を提唱した. 具体的には,評価者が当該地域に長期間滞在し,あらゆるステークホルダー(当事者)へのインタビューを通じて,必ずしも統計では捕捉しきれているとはいえない社会経済的弱者の声などをくみ上げることなどで,より多面的・複眼的な評価が可能になるとされた.

(2) 代替的アプローチ・2「政策研究への傾斜」——第2は,Weiss を中心とする,政策や計画立案に対する分析への傾斜である. 彼女は事前評価の必要性を主張した (Weiss, 1972). 政策立案段階でのロジック・モデルの作成,費用一便益分析,実現可能性の評価,権力関係についての組織分析を事前に行うことで,よりよい政策が選択できるというのである (Weiss, 1997). しかしこれは,評価の世界ではあまり主流になっていない.

以上のように,1980 年代は科学的評価への批判と同時に,比較的簡便な評価手法の流れが強まった時代と言えよう.

1.6 パフォーマンス・メジャーメント——1990 年代

科学的評価の代替手法として,近年,注目を集めているのが成果指標を設定し進捗度を中心にみてゆくパフォーマンス・メジャーメントである.

1.6.1 パフォーマンス・メジャーメントの歴史—パフォーマンス・メジャーメントの起源をさかのぼると,F. W. Tayler によって 1910 年代に提唱された「科学的管理」まで行き着く (龍, 1997). ①明確な目標設定,②指標の設定,

③「結果」を出した者に対する金銭的報酬，などを基本的な考え方とする科学的管理は，行政分野よりも主に民間の企業経営に積極的に取り入れられ，実践を通じて大きな成果をあげるとともに，経営学の飛躍的発展を促した（Glynn, 1996）．

このような民間分野の管理メソッドを行政分野に積極的に取り入れようとする運動がニュー・パブリック・マネジメント（NPM）である．1960年代から始まったこの動きは，1990年代にその時代背景に連動する形で新たな展開を見せる．ソビエト連邦崩壊を契機に進展した市場経済化は，アメリカ国内においても市場メカニズムの信奉をより強固なものにすると同時に，政府の非効率さを浮き彫りにした．そこで政府には効率性が，公共プログラムには成果が要求され始めた．この流れを顕著に表したのが，D. オズボーンの著書 *Reinventing Government* である．著者はこの本の中で，民間企業と同じ組織マネジメント・ツールや目標管理ツールが，政府にも導入可能だと主張した（Osborne & Gaebler, 1992）．その翌年，1993年にGPR（Government Performance Result Act）が成立．パフォーマンス・メジャーメントがアメリカの連邦レベルで導入されたのである．これと前後して，パフォーマンス・メジャーメントは諸外国や国際機関へ普及しはじめる．その後，パフォーマンス・メジャーメントは，組織マネジメントのコンセプトのひとつである「成果指向型管理」（result-oriented management）へ取り込まれる．従来の組織マネジメントでは，ロジック・モデルでいう投入，活動，結果の3つを管理し，その結果として得られる成果についてインパクト評価で確認することになっていた．それに対して，成果指向型管理では，成果のみでプロジェクト・マネジメントを評価する．投入，活動，結果は成果のための道具と考え，現場管理者の判断で適宜変えられるようにするのである．

パフォーマンス・メジャーメントにおいては，活動，結果そのプロセスはほとんど言及されていない．最後の「成果」を測定する評価指標のみが重要視されるのである．パフォーマンス・メジャーメント導入の際に最も問題となるのが，目標値の設定である．目標値の設定方法には，次の4つがある（龍・佐々木，2000）．

(1) 受益者のニーズによる設定——現在の水準を考慮することなく，受益者側のニーズに基づいて目標指標値を設定する．

(2) ベスト・プラクティスによる設定——一番よい成果を出している組織の成果水準を目標値に設定する．

　(3) 一般指標による設定——対象地域が属す大集団の平均値（全国平均や県平均など）を数値目標に設定する方法で最も一般的に利用できる．また，外部要因による影響をいくらか取り除くことができるというメリットも大きい．

　(4) 追加的成果による設定——プログラム実施以前の過去のトレンドから将来値を予想し，それにプログラム実施が及ぼす成果値を加えたものを目標値とする．意欲的ではないが実現可能性は高い．

　現在，政府において評価は組織全体のマネジメントの一部に統合されつつある．このため，効果の証明のために科学研究や実験アプローチからはじまった評価ではあるが，現在，パフォーマンス・メジャーメントに代表されるようなマネジメント・アプローチの評価も，その歴史の上では切り離して説明することはできなくなってきている．「科学実験」と「マネジメント」といういわば異なる2つの思想が「評価」という実務のなかで共存しているのである．

　以上，政府セクターの評価を中心に米国における評価の変遷を概観した．定義のみならず，その方法も多様であることがわかる．たしかに時代によって流行はあるが，どれが最適な方法であると断言できないのが現状である．評価の実施主体が目的や状況を把握した上で選択することが求められているのである．そこで，評価方法とその実例についてレビューしてゆくが，実施者による実践の視点の評価（実施者評価視点），実施者だけでなく受益者など複数利害関係者の視点を入れた評価（参加型評価），第三者評価，の3つの視点に分けて行う．

2　参加型評価

2.1　参加型評価の概念と実践について

　開発援助において，参加型評価は，受益者である市民等を取り込んで評価を行うことによって，将来にわたってより有効なプログラムや，プロジェクトについての教訓や知識が得られるとの考えに基づいて，援助機関主導，専門家主体の評価を代替する評価概念として提示され，主に参加型開発の文脈で議論されてきた（Jackson & Kassam, 1998）．

参加型評価では，開発援助における利害関係者が評価課題の選定，評価のデザイン，データの収集と分析を行い，自己査定することで，集合的な知識を創造し，共同活動のプロセスに役立てる．その結果，利害関係者は評価技術や能力を身につけることになる．また，意志決定を行うに際し，とくに弱い立場にいる開発援助の影響を直接的に受ける利害関係者，地域の受益者の声をより尊重する（Jackson, 1998）．

　開発援助においては，参加型評価は，一般に参加型開発と結びついて発展してきたが，最近の参加型評価の議論を踏まえれば，参加型開発のみならず一般の開発事業や社会事業等においても適用されるものと考えられている．Kirkhart（2000）は，評価結果のみを用いて利害関係者へ影響を与えることを重視した「実施者視点評価」と対比し，参加型評価を，評価結果のみならず評価過程を使いプロジェクトの利害関係者へ影響をもたらす評価概念としている．山谷（2000）は，参加型評価を，これまでの評価理論における評価の目的であるアカウンタビリティの確保，マネジメント支援，各専門分野における知識貢献とは違った，市民の自立を目指す新しいタイプの評価として捉えている．参加型評価では，プロジェクト・スタッフやプロジェクト参加者（プロジェクトの対象者となる受益者等）視点から評価を実施することになる．このように評価の過程を通し，プロジェクト・スタッフ，プロジェクト参加者（受益者）は各自のプロジェクトとの直接的な関わり，影響を自覚することになり，彼等の評価能力の向上と主体性（オーナーシップ）の強化が図られ，結果としてプロジェクトの改善に寄与することになる．そこには評価を実施することによって社会に変革をもたらそうとする新しい評価アプローチを見ることができる．

　このような考え方は，援助機関における評価にも影響を及ぼしている[3]．しかし，援助機関における本格的な実施事例は数少ないのが現実である．わが国の援助機関である国際協力事業団（JICA）の評価においても，職員および評価調査の担い手であるコンサルタントの多くが参加型評価を望ましいとするが，実際には参加型評価で評価が行われたものは数少ない[4]．また，多くの援助機関が参加型評価の実施を推奨しているにもかかわらず，適用はそれほど進んでおらず，一層の促進が求められている[5]．非政府機関（NGO）も参加型評価の導入を試みているが，住民が自主的に組織運営を行うための能力開発の訓練の機会に，限定的に実施されていることが多い．他方，国内では地方自治体等

による行政評価が制度化されてきており，今後は行政側の視点に立った評価だけでなく，市民の視点や意見を取り入れて行うことが求められており，参加型評価が重要視されるようになってきている．

2.2 参加型評価の概念整理

評価の枠組みを構成する要素は，評価目的と評価の影響資源に始まり，評価資金提供者，評価時期，評価者，評価参加者の範囲，評価基準，評価手法など広範囲にわたるが，参加型評価と実施者視点評価では各々の点で異なっている（表6.1）．参加型評価については，多くの論者が，参加型（participatory），協働型（collaborative），エンパワーメント（empowerment），有用性重視（utilization-focused）評価など多岐にわたる議論を展開している（山谷・西尾, 2000; Weiss, 1998）．

また，Sufflebeam (2001) は，社会問題やそれを社会に周知するアプローチのカテゴリーに client-centered studies, constructivist evaluation, deliberative democratic evaluation, utilization-focuses evaluation の4種類の評価を挙げている．参加型評価の言葉を使用していないが，これらの範疇は主要利害関係者を評価に巻き込むこと，利害関係者の視点・考え方を取り入れようとすることに焦点を当てており，参加型評価の範疇に近い分類と言える．

本節では，評価を実施者視点評価と参加型評価に大きく2つに分け，実施者視点評価と参加型評価の項目別に対比することによって実践的な観点より概念の整理を試みた．実施者視点評価は，基本的には，資金提供者へのアカウンタビリティ（説明責任）の確保，プロジェクト改善（ラーニング），各分野の知識貢献，プロジェクトの継続可否の判断に必要な知識と情報の確保が主な目的となる．参加型評価は，それとは異なり，評価への参加者の評価能力の向上，プロジェクト・スタッフやプロジェクト参加者（受益者）のオーナーシップと実施能力の向上，知識の共有化等が目的になる．これらの目的を見れば，実施者視点評価ではプロジェクト外に対する関心が，参加型評価ではプロジェクト内に対する関心が高くなっていることが理解できる．また，実施者視点が評価結果を重視するのに対し，参加型は評価プロセスを重視する．

ではなぜ，従来の実施者視点のほかに参加型評価が試みられるようになったのか．これは評価研究の歴史に由来する．1960年代に評価が導入されて以来

表 6.1　実施者視点評価と参加型評価の概念比較

	実施者視点評価	参加型評価
評価資金提供者	プロジェクト資金提供機関	自己資金 NGO，援助機関等
評価目的	資金提供者へのアカウンタビリティ（説明責任）の確保 プロジェクト改善（ラーニング） 各分野の知識貢献 プロジェクトとの継続可否の判断に必要な知識と情報の確保	評価参加者の評価能力の向上 プロジェクト・スタッフのオーナーシップと実施能力の向上 プロジェクト参加者（受益者）のオーナーシップと実施能力の向上 知識の共有化
評価の影響資源（影響を与えるリソース）	評価結果 ＋評価報告書 ＋評価報告会 ＋データベース 主な対象者 ＋国民（納税者） ＋プロジェクト資金提供機関 ＋プロジェクト実施機関 組織・機構等への間接的影響 ＋プロジェクトの選定・計画 ＋マニュアル・ガイドライン ＋予算・事業形態	評価の過程 ＋ワークショップ ＋ダイアローグ（対話） ＋インタビュー 主な対象者 ＋プロジェクト・スタッフ ＋プロジェクト参加者（受益者） 参加者への直接的影響 ＋プロジェクト・スタッフ ＋プロジェクト参加者（受益者）
評価の実施時期	事後 終了時 中間 事前	プロジェクトの実施期間中 ＋中間 ＋事前 ＋終了時 事後 ＋協力終了後プロジェクトが継続している場合
評価者の位置付け	評価者・評価チーム ＋評価専門家 ＋評価対象分野の専門家 中立性・独立性 外部評価 評価者の独自判断 評価期間の設定	評価グループ ＋プロジェクト・スタッフ ＋プロジェクト参加者（受益者） ＋ファシリテーター 自己評価 内部評価 コンセンサスの重視 継続的な評価が可能
評価参加者（評価の主な検討者）の範囲	資金提供者 プロジェクト協力機関 プロジェクト受入窓口機関 プロジェクト実施機関	プロジェクト・スタッフ プロジェクト参加者（受益者） プロジェクト実施機関
評価の設問・基準	設問 ＋プロジェクトの効果はあったか ＋プロジェクトはどのように実施されたか 基準 ＋客観性を重視 ＋効率性，目的達成度，効果，妥当性，自立発展性	設問 ＋プロジェクトの目的（ミッション）は何か ＋実施の優先度 ＋将来行動は 基準 ＋評価参加者による設定 ＋評価過程で決定
評価手法	資金提供機関がTORを設定 評価による評価手法の選択 設問に合った種々の手法（定量・定性） 分析の重視 説明性の重視	評価者が状況に応じTORを設定 簡易な手法 ワークショップ 対話 簡単なサーベイ コンセンサスを重視

「参加型評価基礎研究」基礎資料（2000）国際協力事業団国際協力総合研究所，p. 18をもとに，Jackson（1998），Kerkhert（2000）等を参照し作成.

その種類が急増していったが，1980年代，レーガン政権のころより，実際に評価結果が活用されていないこと，また，評価結果がその後の事業に影響を与えていないことが認識されるようになった (Patton, 1997).

このような事態に対して基本的に2つの方向で評価の役割が見直されることになった．ひとつは，セオリー評価であり，事業の運営プロセスや定性的な要因をより重視する評価方法が開発された．もうひとつは，1970年代より開発された参加型評価の促進であり，プロジェクトの利害関係者を評価に参加させ，評価の過程を通じてプロジェクトの利害関係者に対して直接影響を与えていくことが，結果的には，プロジェクトの改善に有効との考え方に基づいている（前述）．

参加型評価と実施者視点評価の相違は，目的や考え方だけでなく，評価作業のプロセスにも見出せる．評価実施時期については，参加型評価は，プロジェクトの実施期間内，つまりプロジェクトの利害関係者がプロジェクトに対しての関心を強く持っている期間内を評価の適時とするのに対し，実施者視点評価はプロジェクトの効果等が実績値として確定してくる事後に評価を実施することが基本となる．参加型評価では，利害関係者の評価への参加を基本としており，利害関係者の見方・考え方とプロジェクトに対する判断・意見が重視され，自己評価的要素が強くなる．

評価者の位置づけについては，依頼した評価者が評価チームを編成し評価するというのが実施者視点評価であるが，参加型評価では，プロジェクトに直接かかわっているプロジェクト・スタッフや，プロジェクト参加者が評価者として評価グループを編成し評価を実施することが基本になる．このため参加型評価では，外部評価者の役割は実施者視点評価とは大きく異なることになる．一般に評価参加者の評価能力が十分でない参加型評価では，外部評価者は，評価の実施方法の知識や手続きについて促進するファシリテーター（指導しながら議論や作業を調整する者）としての役割が求められることになる．それゆえに外部評価者が参加型評価を実施する場合には，従来の査定者としての役割ではなくファシリテーターとしての役割を担うという意識変革が重要になる．

しかし，外部評価者が利害関係者の意見をどのように扱うかは，評価者が利害関係者に対してどのような立場をとるかによって決定される．評価結果の判断を利害関係者に委譲し調整に徹するか，または，評価者が利害関係者の意見

を判断し評価結果に自身の意見を反映するかで，参加型評価の性質も変わってくるが，基本的には参加型評価は自己評価の要素が大きくなることは間違いない．

実施者視点評価では，中立性・独立性が重視されるため外部の評価対象分野の専門家や評価専門家による外部評価が重視され，評価者の独自判断により評価結果が提出される．一方参加型評価では，評価参加者のコンセンサスにより評価結果が確保され，評価結果が活動へと引き継がれることが優先される．

次に評価の設問についてみてみよう．評価の設問は参加型評価と実施者視点評価で異なる．実施者視点評価では評価の設問はプロジェクトの効果と実施過程に焦点が当てられる．前者がアウトカム評価，後者がプロセス評価であり，各々評価手法は異なるが，ともに基準の客観性が重視される．

これに対し，参加型評価では，プロジェクトの利害関係者，とくにプロジェクト・スタッフと受益者の見方・考え方が重視され，プロジェクトの目的（ミッション），実施の優先度，将来行動等に焦点が当てられる．参加型評価では評価をとおして将来にわたっての活動を決めることが優先され，評価結果には利害関係者の相対的な価値観を反映することになり，主観的な要素が強くなる．手法は，参加型では定性的な手法が適用され，対話やワークショップ，インタビュー等が重視される[6]．プロジェクトの価値を査定するためには，利害関係者，とくにプロジェクト・スタッフや受益者によって吟味されたニーズが，基本的な基準として重視されることになる．その意味では，評価は客観的な評価を目指すというより，多様化した価値観から成り立つ今日の社会性を反映することに努めることになる．参加型評価の実施では，主要な利害関係者の評価への参加を確保すること，広範囲にわたる対話の励行，評価に対する真摯な審議・討議が重視される[7]．このために参加型評価では，多様なデータ・情報間の整合性に注意することによって評価の偏りを回避することに努めることも必要になる．

2.3 参加型評価手法の適用例

前節では，参加型評価の概念を実施者視点評価と対比させ整理をしたが，本節では実際の評価においてその利点を活かし，参加型評価をどのように適用していくか，いくつかの事例に即して検討したい．

2.3.1 実施者視点評価と参加型評価の組み合わせ―評価参加者の評価能力の向上，プロジェクト・スタッフのオーナーシップ，能力向上，プロジェクト参加者（受益者）のオーナーシップ，能力向上，そしてプロジェクトの改善等を強化するために参加型評価を実施者視点評価と組み合わせて適用する例が増えている．この場合，評価の設問に合わせ，評価目的を検討し，実施者視点評価と参加型評価の利点を活かしつつ評価の枠組みを決めることになる．この場合にまず考えなければならないことは，評価者の位置づけである．実務的には参加型評価の各種手法を取り入れて評価を実施することになるが，評価者がプロジェクトの利害関係者をどのような立場で受け入れるのかが評価の枠組み，実施方法を規定することになる．

また，評価にあたって参加型を受け入れられるプロジェクト環境かどうかも大きな要素になる．参加型評価は，プロジェクト・スタッフやプロジェクト参加者の評価に対する関心があって初めて有効に機能する．もちろん評価者がプロジェクト・スタッフやプロジェクト参加者に働きかけ，参加型評価を実施し得る環境を作り出していくことが重要であるが，評価を実施する環境を見定めることが必要である．つまり，いかにプロジェクト・スタッフに対して評価への参加の意志を作り出せるか，評価の設問が参加型評価で応えうるかを見定めることが重要となる．参加型評価を受け入れられないような状況では徐々に参加型評価の要素を増やしていかざるを得ない．参加型評価を適用するには，評価者とプロジェクト・スタッフとの関係をいかに構築していくかが重要であり，評価者とプロジェクト・スタッフに参加型評価を実施する意志があったとしても，両者の意見が大きく異なる場合には，関係構築に予想以上のエネルギーと費用がかかることになりうる．

たとえば，Fetterman は，参加型評価の信奉者であるが，スタンフォード大学教員養成コースの評価にあたって，スタンフォード大学の学長に対する評価の説明責任を遂行する必要があることと，評価対象がエンパワーメント評価を行うには評価に対する理解や知識が整っていないことを理由に，実施者視点の評価を実施している．しかしながらこの評価調査を通して教員養成コースの教職員が評価に関心を持つようになり，今後の評価ではエンパワーメント評価が可能である環境になったと Fetterman は判断している（*Journal of Evaluation*, 2000）．

JICA のタイ国セラミック開発センターの事後評価[8]では，プロジェクト・スタッフ，受益者である製造業者に加え，直接恩恵を受けていない製造業者，原料業者，小売店，顧客など多様な利害関係者からの意見の聴取を行った．また，ひとつのカテゴリーに対して複数の階層からの意見を聴取し，広範な利害関係者からの情報収集に努めている．

　この事後評価自体，参加型評価のテスト・ケースとして実施されたもので，インタビュー調査による情報入手，オープン・エンドな質問の重視，ワークショップの開催等により利害関係者からの意見を聴取し，評価に反映することに努めている．ここでは，セラミック製造業者のセラミック開発センターに対する意見や判断を受益者の評価として受け入れることにしている．しかし，この調査では，評価者が査定者としての役割から抜けきれておらず，実施者視点評価の思考からの脱却の難しさがあったことが指摘されている（三好，2001）．

　これは被援助国，被援助機関，プロジェクト実施機関，住民や中小製造業者など受益者に対する援助機関の評価者の評価姿勢に起因するものである．参加型評価の実施には，力の上で優位に立つ援助機関が査定者の役割を放棄し，会議などの招集者，機会の提供者，ファシリテーター，触媒としての役割を遂行し，力の弱い受益者を確実に参加型評価へ組み込むことが必要である（Jackson & Kassam, 1998）．日本の NGO の「シャプラニール」は，バングラデシュやネパールで途上国の農村貧困地域でのコミュニティの人々のエンパワーメント（能力強化）活動を実施している．すなわち，現地住民が成長，成熟することによって，最終的には外部の支援なしに自立して運営してゆくことを期待して，参加型開発アプローチを採用して小グループ事業を実施している．シャプラニールは，1998 年にバングラデシュのノルシンディ県ベラボー郡でこのグループ活動の評価を参加型評価の要素を取り入れ実施している．この評価では，プロジェクト参加者の見方・考え方と判断を評価に組み込むために，村の住民に集まってもらい PRA 手法を用いてシャプラニールのサービスの効用や不足点について話し合ってもらうとともに，外部の NGO 専門家（日本人と現地人）による観察を併用した評価を組み合わせている．

　評価結果として，シャプラニールの活動が最も貧しい人を対象としていないこと，形成されたグループは自発的であるとはいいがたく，そのため自立も困難であることなどの本質的な課題を指摘し得たと報告書にまとめている．また，

PRA サーベイのような住民参加型調査は，住民の問題意識を喚起しながら問題を抽出しえることを指摘している．他方，参加型評価では，定量可能な指標を導きにくく，ベースライン調査のように基本的な指標を出すことが難しい点も指摘している．参加型評価は定性的な分析を重視するが，サーベイ等による定量的な調査分析等の実施者視点評価の特性を組み合わせていくことが，評価を実施する上でより有効なものにしうると考える．

2.3.2 参加型評価の評価体制への導入―参加型評価を現在進行中の事業に組み込むとともに，評価体制を構築する時点から参加型評価を導入することも可能だ．参加型評価は，プロジェクトの実施期間に行うことが適当であり，主要な利害関係者であるプロジェクト・スタッフと受益者等のプロジェクト参加者を評価に興味をもって参加させることができる．それゆえに，プロジェクトの実施体制における評価の一環として参加型評価を取り入れることはプロジェクトを発展させる観点からも有効である．プロジェクト実施の過程でプロジェクト・スタッフに評価を義務づけ，他方，アカウンタビリティを確保するために，実施者視点評価の利点を活用し，評価体制を構築することも必要である．

前出のシャプラニールは，1990 年より現地住民の小グループ活動の評価として毎年継続的に「グループ成熟度調査」を事業評価活動として実施している．グループ成熟度を調べるために 3 つの分野を対象に評価を実施した．運営能力分野では議事録や会計簿作成能力を，経済分野では，グループ全体で運営している基金への貯蓄額と貯蓄を活用して増やした基金額を，グループの社会参加度分野では，モスクや地域活動への寄付を指標として評価を行っている．現地 NGO が実施主体となり，住民と一緒に進捗状況や問題点について話し合いながら定期的に実施しており，評価自体を参加型とし実施体制に組み込み，参加型評価の持つ継続的な自己評価体制を造り上げている．調査結果は，グループの成熟度の上昇と自立とは必ずしも一致していないことを示すなど，シャプラニールの当初の予測と反した評価結果を得て，事業実施上の有益情報を得ることができたが，他方下記のような限界も報告されている．

(1) 評価結果と当事者の利害が直結する場合には情報操作の危険性をはらんでいる．グループ成熟度がそれを担当するソーシャルワーカーの成績やグループ貸し付けランクと直結していたため，グループ関与者が成熟度を高くみせようと情報を操作する傾向があった．

(2) 対象者や指標を設定したために参加の対象から漏れる人々が出た．グループ成熟度調査において会計簿や議事録能力を指標にすることは識字能力を前提としているが，結果として識字能力のない人々がグループ形成段階からはずされてしまっていた．参加型といいながら，参加できない人々との線引きを明確にしてしまうという矛盾があった．

(3) 利害の不一致が発生した．住民の満足が村や地域社会全体の利益，あるいは援助側の目的と一致するとは限らない．自立は，援助依存からの脱皮という，住民にとっては痛みを伴うものである．それゆえに，実のところ住民は自立を望んでいないのかもしれない．参加型評価においては，事業のゴールとは矛盾するような，住民の欲求に偏った結果が導き出される可能性が判明した．

このような事例は，参加型評価は，プロジェクト・スタッフやプロジェクト参加者の考え方や意見を取り入れることによりプロジェクトの実態を明らかにする一方，常に自己評価の要素が強いことによるバイアスの危険性があることを示している．参加型評価を適用し評価体制を構築する時には，実施者視点の評価を使いバイアスを排除するシステムを作っておくことが，効果をあげるために必要になる．

他方，日本国内では，行政評価への取り組みが急速に広がっている．評価を制度化する動向もあり，1999年度の中央省庁基本法では政策評価が全府省に義務づけられ，2001年度には行政評価法が制定された．行政評価は，「戦略化した計画のもとに政策，施策，事務事業を科学的な分析や経営管理手法を駆使して，有効性，効率性，経済性などの様々な視点で評価し，改善につなげてゆくための道具である．業績を重視するとともに市民のニーズを意志決定に反映した行政運営を基本とする『New Public Management（NPM＝新公共経営)』に由来している」とされており，行政評価は行政側の視点に立った自己評価だけでなく，市民の視点や意見を取り入れたり，市民が積極的に関与する「参加型評価」の意図も含んでいることがわかる．しかし，行政評価ブームの火付け役となった三重県の事務事業評価，静岡県の業務棚卸表等の行政評価は，自治体の視点で効率性や効果を求める自己評価であることが多い．

「住民参加」という言葉は積極的なニュアンスだけを含んでいるとは限らず，むしろネガティブな印象を与えることもある．住民と自治体の対立関係を意味することがあるからだ．たとえば，道路建設の場合，多数のドライバーが利益

を得る一方で，沿道の住民は騒音や交通渋滞による被害を被るかもしれない．三重県伊賀の県道赤目滝線の道路建設の担当部が述べているように，計画策定後に住民説明を行った場合，被害を被る側の住民の反対にあい，事業の遅延や中止を招く可能性がある[9]．そこで，伊賀では計画策定段階から住民参加の方法を取り入れ，説明から計画までのプロセスを網羅したワークショップを実施している．横浜市恩元線の道路づくりは，利害が対立する住民にも計画策定段階から住民が参加し，「道路整備しない案」も含め，複数案の審議を行った．

他方，住民参加の在り様は多様化してきており，たとえば，三重県NPO室が発行したNPO活動の評価指針とフォーマットは，NPO関係者など住民代表者によって作成されている．県側は場の提供に徹し，住民に意志決定は委ねられている．また，鎌倉市では，行財政改革の一環として，市職員による内部評価に加え，住民や周辺有識者から構成された委員会（かまくら行財政会議）による外部評価（通称「鎌倉市への通信簿」）が行われている．東京都三鷹市の「みたか市民プラン21会議」は，住民が計画策定案そのものを手掛けてしまう例であり，市と住民が「パートナー協定」を締結し，住民が1年かけて計画を作成，それをもとに市が素案化を諮るというもので，いわば事前評価を住民主導で行っているものである．これらは，参加型評価の要素を持っているが，今後このような傾向は増加すると考えられ，このような活動を参加型評価の概念から再整理するならば，行政評価の市民参加の位置づけがより明確になる．

2.4　今後の課題

本章では，参加型評価についてごく簡単ではあるが観てきた．評価を実施する際に参加型評価をどのように適用するかは，実施者視点評価と参加型評価の概念の違い，とくに，評価主体の評価目的と評価の影響を受けるリソースに着目し，評価の枠組みを設定することが重要となる．また，評価の枠組みは評価の設問によって決まるゆえに（Weiss, 1972），設問を吟味し，評価者の位置づけ，評価参加者の範囲，評価基準の設定，評価手法などを検討していくことが重要になる．また，広範囲の利害関係者へのインタビューの実施，評価者が求められている役割の確認と評価結果の取りまとめ方法や，報告書をもとにした意見交換等についてはあらかじめ話しあっておくことが肝要である．

最後にこれまでの考察から，参加型評価を促進していくために今後の検討課

題と方向性をあげておく．

　まず第1に，参加型評価を種々の評価活動に適用し，事例を積み重ねることが必要である．実施例を増やしていくことによって参加型評価の概念を実践的なものとしていくことが可能である．評価の実施において参加型評価を取り入れていくことにより，参加型評価の実践上の問題点が明確になってくる．参加型評価の概念が明らかでない現在では，とくに実践の蓄積が貴重な情報源となる．

　第2に，評価者の意識改革が重要になる．従来の評価では，評価者はプロジェクトの査定者として評価を行ってきた．このような考え方では，プロジェクト・スタッフやプロジェクト参加者である受益者などの評価への参加を促進することは難しい．参加型評価の実施には，力の上で優位に立つ援助機関と，力の弱い受益者の関係を調整する必要がある．評価者は，従来の査定者としての意識から，会議などの招集者，機会の提供者，ファシリテーター，触媒としての役割を担うように努めるよう意識改革が求められる．

　第3に，参加型評価が内在する主観性，バイアスへの対象方法を明確にしてゆくことである．参加型評価では，とくに評価体制に自己評価を組み込んだ場合には，評価結果と当事者の利害が直結する可能性があり情報操作の危険性をはらんでいる．また，特定の利害関係者の意見が評価に反映されてしまう危険性，特定の利害関係者を評価に参加させ，他の利害関係者を排除してしまう危険性も存在する．参加型とはいいながら，PCM手法では参加者を特定することから必然的に参加者を限定している．意図的でなくても，特定グループがグループ形成段階からはずされてしまう可能性も指摘されている．常にバイアスを是正するために，実施者視点評価と組み合わせるなど慎重かつ具体的な対応を検討していくことが重要である．

　型評価の観点から再度見直してみることは，これらの制度をより有効なものにするために重要であり，参加型評価の適用についての大きな課題となる．

　第4の課題としては，参加者対象者の範囲と選択の問題が挙げられよう．ある事業から直接利益を得る住民，被害を被る住民，間接的に影響を受ける住民が考えられる．これらの住民は異なる意見を持ちうるだろうし，容易に合意を形成しにくい．このような状況下で，どこまでを参加の範囲とすべきなのか．さらに，住民や受益者の意見はどこまで妥当であり，また正統性があるのだろ

うか.受益者の希望や満足は開発の視点からみれば必ずしも有効でない場合がある.

第5の課題は,評価実施主体の参加型評価に対する取り組み姿勢にかかわる.本章では,評価の設問,評価の目的を検討し,参加型評価を適用し評価の枠組みを設定していくことを提言した.では,評価目的を達成するためにどのような仕組みが最適なのか.評価目的間の均衡をどのように図っていくのか.また,評価者として多くの利害関係者が評価に参加することになり,利害関係者の利害の衝突も当然のこととして起こってくる (Weiss, 1998). このような場合,どのように利害関係者間で合意を構築していくのか.社会や価値観が多様化する中で,評価結果はますます相対的となり政治的要素を含むものとならざるを得ない.それゆえに,参加型評価の実施には評価手法のみならずこれらの基本的な問いに答えていかなければならない.評価実施主体はこれらのことを認識し,参加型評価をその評価体制に適用していく意志がますます重要となる.

3 組織評価

3.1 信頼性の担保としての組織評価

本章では,主として事業またはプログラムの評価を説明してきた.しかし,プログラムの実施主体である組織の信頼性や倫理性を保証するために第三者が行う評価がある.これまで紹介した事例やプログラムの評価,あるいは参加型評価は当事者自身が自己評価を行ったり,あるいは評価プロセスに参加することがあった.しかし,組織の信用保証の意味を含むような評価の場合,第三者による評価が一般的である.第2章で紹介したインターメディアリ事例の全国チャリティー情報センター(NCIB)は,寄付先としての民間非営利組織の信頼性について第三者として評価しその情報を寄付者に提供していた.NCIBのような団体評価を専門に行う機関でなくても,資源提供者と民間非営利組織の仲介・斡旋をするインターメディアリにとって,民間非営利組織の組織情報は信頼性を確保する事前情報として必要であろう.

第三者による組織評価は,先述したように組織の信頼性を保証あるいは確保するために行われる.企業評価には「格付け」という評価システムがあるが機関投資家にとって,対象企業が信用するに足りるものかを確認するための情報

を提供することを目的とする評価である．

　一方，民間非営利組織の間では，Code of Conduct あるいは行動倫理規定と呼ばれる評価基準が1980年代後半から注目されるようになった．この動向は米国 NGO 界に始まったとみられる．国際開発 NGO が救援活動や社会開発の重要アクターとして注目を浴び，各種国際機関や ODA 資金が提供されるようになる．多額の資金の流入は国際 NGO セクターの急成長を招いたが同時に不正も起きた．それがスキャンダルとして社会で取り上げられるようになる[10]．

　さまざまな疑問や批判を浴びるなか，国際開発 NGO 自らその信頼性を回復すべく，何らかのアクションをとる必要があった．米国160の国際開発 NGO の連合組織である「INTERACTION」は1992年，会員の倫理行動を保証するために「People's Voluntary Organization（PVO）基準」[11]を提示した．基準は各分野の代表 NGO，財界出身者から構成される委員会を中心に作成されたが，そのプロセスで各 NGO の意見を可能なかぎり反映すべく考慮された．基準は110項目から構成されるが，完成までに8年間の歳月を要している．INTERACTION は NGO の行動倫理基準を提示したが，その基準を満たしているか否かの審査や認証は行っていない．会員の中には独自に審査や評価を行おうと試みるものもあるが，一部の非公式な活動に留まっている．

　より公式性の高い評価として，法人格や免税資格取得のために行われる「認証」があげられる．多くの場合，認証を行うのは政府機関である．つまりこの場合，第三者とは政府機関である．しかし，民間非営利組織が免税認証を行う例も登場した．フィリピンでは1999年2月より NGO の寄付免税審査を NGO が設立した評価専門機関が行っている．正確に述べれば，審査および認証の推薦をこの専門機関が行い，正式認証を内国歳入庁が行うのである．免税審査を民間非営利組織が行った例は世界でも初めてであると言われている．PCNC（フィリピン NGO 認証協会 Philippine Council for NGO Certification）は評価基準を作成すると同時に，審査も行っている．そこでここでは理論的なレビューではなく，著者が1999年に調査した PCNC の事例に注目し，設立経緯，評価方法についてその実際的な側面から考察する．

3.2 市民社会による自己決定メカニズム——フィリピン NGO による NGO の免税認証

フィリピンには約5万の NGO や People's Organization と呼ばれる非営利組織が存在している．これらの用語に関する統一定義はないが，比較的規模が大きく，組織的な活動を行う非営利組織を NGO，規模が小さくボランティアや相互扶助グループとして活動している非営利組織を People's Organization と呼んでいる．その非営利セクターの成熟度は世界的にもトップレベルにあるといわれる．また，その社会的認知も高いが，フィリピン国憲法第2条第23項で「国家は NGO やコミュニティ組織など国家の福祉向上に資するこれらの組織を支援すること」と謳われており，法的にその正統性が認められているのである．

PCNC とは，寄付にかかわる所得控除／贈与税免税の対象となる団体（民間非営利，非株式団体）の認証を行う，民間非株式，非営利の認証機関である．通常，税の優遇措置に関する扱いは政府機関が行っている．日本にたとえれば，認定 NPO 法人や特定公益増進法人としての資格審査と認証を NGO が行っているのである．

3.2.1 設立経緯——多くの途上国がそうであるように，フィリピンでは徴税が主要問題になっていた．1995年，内国歳入庁は税収入増加のための検討を始め，税制度改革案を作成した．その提案のひとつが，NGO への寄付に対する免税措置を全面撤去するというものであった．

事の重大さを察知した NGO と企業財団は，内国歳入庁に対し，この税制改革案が NGO 界に大きな打撃をもたらすことを訴えた．内国歳入庁も，税制改革案が NGO 界にもたらす弊害は容易に認めた．しかし，同時に内国歳入庁側は税制優遇資格を付与したものの，内国歳入庁側では，その後の監督・管理をできないと主張した．そこで，NGO 代表者は，NGO への寄付に関する税制優遇付与および管理システムをつくり，政府と NGO で共同管理することを提案した．内国歳入庁はこの新システムには賛成したが，そこに積極的に関与し資金援助することは不可能であると主張し，NGO 側が，このシステムを構築，運営することで，政府は最終合意に達したのであった．そしてフィリピンの代表的な6つのネットワーク組織が設立メンバーとなり，認証機関を設立したのである．

3.2.2 PCNC 組織とその運営

(1) 法的に保証されたPCNCの身分：PCNCは，1997年に制定された税制改正法（Republic Act, 8424）に基づき，その法的身分および認証行為の正統性が保証されている．National Revenue Regulation No. 13-98を一覧すると，セクション1（定義）のDでは，認証機関は，非株式，非営利団体で，NGOネットワークから形成されていること，その認証システムは大蔵省によって任命されたものであることが記されている．また，内国歳入庁の代表は，認証機関の理事会の理事として，その認証プロセスをモニターし，法的根拠に基づいて意志決定を行っているかをチェックすることも記されている．さらに注目すべきことは，認証機関としてPCNCという名称およびその設立メンバーであるNGOネットワーク組織が明記されていることである．

 セクション2（認証団体による非株式，非営利団体／NGOの認証について）では，認証のための評価対象分野，認証の与え方（3年もしくは5年）が記述されている．これは，後に紹介するPCNCの評価項目と一致するもので，まさにPCNCが評価作業をすることを前提にして作られた条項である．

 (2) PCNCの利害関係者と組織構造：PCNCは，将来的にはPCNCによって認証されたNGOによる会員組織となることを前提としている．つまり，設立団体が独占するのではなく，NGO全体でPCNCを支えてゆくという意図がある．だが，すでに評価を実施した団体数は，2004年2月現在で481団体である．PCNCを支えるだけの会員確保は，かなり先のこととなる．現在は，PCNC設立メンバーおよび助成者[12]によって支えられている．図6.1に示したように，PCNCを囲む利害関係者は多様である．理事会，事務局，申請NGOのほか，公認会計士協会は中小規模のNGOのためのコンサルテーションや訓練を実施することを約束している．また，科学技術庁などの省庁を記しているのは，既に免税資格の認証を行っていた省庁のことでありPCNCの認証作業と重複が起こることが予想される．

 ここでは，主要構成員である，理事会と事務局について説明したい．

 ① 理事会——理事会は，設立メンバーである6つのネットワーク組織の代表者[13]，弁護士，内国歳入庁代表者から構成されている．理事会は，評価者の選定を行う．また，評価者が提出した評価報告書を精査し，認証に関する最終判断をくだし，内国歳入庁に対して認証発行を要請する．

 ② 事務局——事務局の役割は実に多様である．一言で述べれば，PCNC

6章 評価手法の展開——161

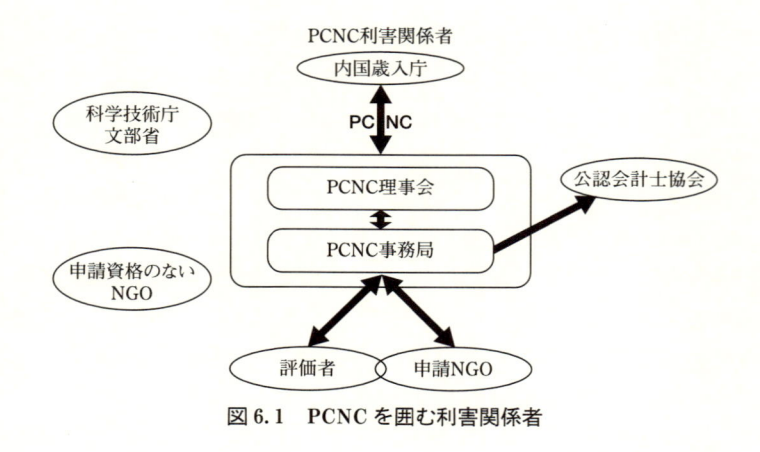

図6.1 PCNCを囲む利害関係者

が行う作業のすべてに関わり，PCNCの利害関係者との調整役を果たしている．現在，事務局長を含む5名のスタッフで，以下の作業を行っている．

「申請NGO向け作業」
・問い合わせ書類受け付けと申請書類の送付
・申請書類の第1次審査

「評価者向け作業」
・評価者候補の選定
・評価者訓練
・評価作業のための準備（予定表作成，申請団体への連絡，旅費，食事手配）
・評価作業：判断にかかわる議論のモニター，ファシリテーション
・評価者判断のチェック

「理事会運営・開催」
・評価結果の理事会提出
・理事会決定事項の通知（申請NGOに対して）

「PCNCへの社会的認知向上のためのキャンペーン」

「政府との交渉（理事が中心だが，事務局長が調整）」

(3) 進捗状況——設立から3年間で300団体の審査を実施することが目標であったが，ていねいに評価作業を行っていることもあり，1999年2月から2004年2月までに評価が行われたのは486件である．認証状況は，以下のとおり．

・5年間の寄付免税資格（129件）
・3年間の寄付免税資格（186件）
・1年間の寄付免税資格（69団体）

- 条件つき延期：6カ月以内にPCNCが提示した条件を遵守すると，3年もしくは5年の資格を承認（3件が評価チームから推薦されているが，1件が理事会で承認）(36団体)
- 否認 (57団体)
- 無効（更新ができなかった）(9団体)

3.2.3 評価（審査）—PCNCの審査作業の特徴は，それがピア評価という方法を用いていることである．すなわち，NGO同士で相互に評価しあうのである．したがって，申請NGOは，評価される立場と同時に評価する立場にもある．

3.2.4 評価者—評価者は，NGOのマネジメントクラス以上から選出される．2001年2月現在，評価候補者750名が全国のNGOからリストアップされている．評価者の条件は，以下のとおりだが，NGOのベテラン格の人々を想定していることがわかる．

- すでに認証を得た団体から推薦，指名のあった当該団体の職員（現在認証団体が少ないため，この要件は適用していない）．
- NGOのマネジメントに最低3年以上かかわっている．
- 評価対象の団体の運営や事業にかかわったことがない．
- 経理，総務，もしくはNGOが従事する各種事業分野や社会問題に関する知識をもっている．

評価者候補として選定された人々はPCNC主催の評価者訓練を受ける．その後，PCNCから任命され3名1組の評価チームが結成される．評価者は，申請NGOのもとに出向き，彼らの事務所と彼らが活動する現場に入って作業を実施する．

3.2.5 評価基準と方法—評価基準はPCNCの創設メンバーのNGOが自ら作成したものである．評価は，システムチェック（入口審査）であり，対象団体の成果や業績の程度，優劣については問わないことになっている．

(1) 評価分野：評価は，大きく6つの分野を対象とし，各分野に細分化された質問項目が用意されている．評価作業は，この質問項目に基づき行われるが，結果は記述式の「総合判断用紙」と定量式・質問項目別の「レイティング（5段階評価）用紙」の双方に記される（章末，付録1に掲載）．

(2) レイティング：「評価基準」で記した各質問項目に5段階評価でレイテ

ィングしてゆく．各分野 A から F について，それぞれ合計点を出し，その平均値をつける．分野ごとの平均値に重みをつけ合計し，これを平均する（加重平均）．これが総合得点となる．ウエイトづけの配分は以下のとおりである．

　A　展望，使命，ゴール　2
　B　ガヴァナンス　2
　C　総務　4
　D　プログラム運営　4
　E　経理　5
　F　ネットワーキング　1

なお，総合判断から得られた数値による認証の目安は以下のとおり．

　　4.1～5.0点　5年間の認証
　　3.1～4.0点　3年間の認証
　　3.0点以下　否認

（3）記述式評価と点数評価のすりあわせ：記述式評価は，総合判断用紙に記す．これは，A から F の分野ごとに記すもので，長所と改善点を叙述するようになっている．叙述内容と点数との間に矛盾がないかをチェックする必要がある．このチェック作業は，事務局，理事会によって再度点検される．

3.2.6　理事会による最終判断—評価チームの報告を受けて，理事会で認証判断を行う．理事会は月1回実施されるが，ここで検討する．理事たちは，評価チームが提出した報告書について実に細かく目を通している．そのため，評価結果に修正を加えることも多々あった．

PCNC が設置した評価基準はかなり高水準であるが，減点主義に陥らないように注意している姿勢は理事会の議論の様子からうかがえる．問題がある場合には，すぐに否認するのではなく，6カ月間の期間を与えて指摘事項を改善するよう提案している．

たとえばある団体に対して，経理面では，会計帳簿システムの充実，資金管理機能と帳簿機能の分離，総務面では，ワークフローを記した組織図の作成，職員育成プランなど指摘事項としてあげている．これは，内政干渉にもとれるのだが，PCNC はこのような指摘によって，申請団体の体制が改善され運営能力が向上されることを期待しているのである．

3.2.7　評価審査事例（Leaf 財団の場合）—PCNC はどのように評価作業を進めているのであろうか．1999年7月に実施された Leaf 財団の評価事例から

評価の実際をみる．なお，評価作業にはオブザーバーとして筆者が参加した．
　Leaf 財団は，ミンダナオ島のダバオからジープで6時間ほど行った森林地帯タボン区，ビスリク地域にある NGO で，同地域の貧困層を対象にした地域開発を実施する NGO である．地域の貧困層を対象に，農村業の分野で環境に優しい資源有効活用を行い，彼らの生活向上に貢献している．活動分野は農林業で以下の活動を実施している．
　(1) 評価者：評価者は以下 NGO の管理職クラスの女性3名である．
　Ms. Betty Cabazares（Kinaiyahan Foundation Inc.（環境地域開発系の NGO））評価チームリーダー，ネットワーキング，プログラム運営評価担当
　Ms. Belen Fecundo（South Cotabato Foundation Inc.（小起業育成を行う NGO））
経理，総務評価担当
　Ms. Dolly Corro（MINCODE（ミンダナオの CODE-NGO 支部））ビジョン，使命，ゴール，ガヴァナンス評価担当
　(2) 評価のための情報収集作業
　①不完全な作業環境下で始められた評価作業——評価作業は，必ずしも作業環境に恵まれた状況ではないなかで開始された．Leaf 財団の事務所が1カ月前の洪水で流されてしまい，相当量の書類が破損，喪失してしまったのだ．日本の常識であれば，書類が整うまで評価作業を延期するのではないだろうか．しかし，PCNC は，Leaf 財団が申請時（洪水の起こる前）に提出した書類は整っていたこと，税制優遇措置資格の必要性・緊急性が高いことを考慮し，評価作業決行を決めた．3名の評価者も PCNC 事務局も，この事情を考慮した上で作業を行った．
　②インタビュー——評価作業の第1日目（7月22日）は，書類に基づくインタビューに費やされた．午前8時から午後6時まで，濃密なインタビューが続けられた．質問内容と回答を要約すると以下のとおりである．
　「展望，使命，ゴール（VMG）」「ガバナンス」…評価者2名が展望，使命，ゴールの確認作業を実施した．彼らは，事務局長，理事（2名）それぞれにインタビューを行い，類似の質問をくり返しながら，理解を深めるとともに，それぞれの回答に不一致がないのか確認していた．
　2名の評価者は，使命についてできるだけ具体的に説明することを求めてい

た．しかし，これについては，持続可能で環境にやさしい資源と地域の開発という回答を得られたのみである．評価者はLeaf財団の使命についての認識が不鮮明だという印象をもった．

「ガバナンス」…理事会は定期的に行われているが，理事選出には問題があることがわかった．すなわち，一度選出されると，その任期については特別期限は定められていない．また，理事の選出基準もなかった．

「プログラム運営」…プログラム運営について，コンサルタントとフィールドオフィサーに個別にインタビューをした．受益者の選定基準は，「3ヘクタール以上の土地を有し，健康で，プロジェクトへのコミットメントがある」ことで，明確であった．モニタリングとレポートは，フィールドレベルにおいては1週間に1回行う．Leaf財団本部に月例報告書を提出，同時に月例ミーティングが開催され，各フィールドオフィサーが報告を行う．また，資金提供者であるUSAID，フィンランド開発庁関連の団体（FTC）が，四半期ごとに報告書を義務づけていることから，これらの報告書も別途作成している．

プロジェクトの期待される成果と成果の指標について評価者がたずねた．これに対し，「農民が経済的に自立すること」を期待する成果とあげている．しかし，その指標をたずねると，車をもつこと，自らが訓練者となって他の農民を教育するようになること，などをあげている．しかし，これといった指標はないようだ．

プロジェクトへの資金配分とチェック方法について質問した．資金提供者であるUSAIDが資金の使途と予算配分スケジュールについて厳しいルールを強いている．また，決められた期限内に予算を消化しなければ精算しなければならないこともあり，かなり厳密に予算配分を行っている．また，自ら雇った会計士による監査のほかに，設立の際の出資金を出したPICOP社の監査を受けていた．

経理・総務…書類の多くが洪水に流されてしまっていたため，評価者は各担当者別に詳細をインタビューしてまわって，評価事項を確認していた（確認事項については，評価レイティングの項で詳述）．評価者がここで注目していたのは，プロジェクト予算と全体予算の整合性である．評価者は，9件のプロジェクトが実施されているにもかかわらず，それが台帳からは確認することができないことを指摘した．この指摘に対し，Leaf財団は独自の会計システムに

則った費目別予算計上しているため，プロジェクトは費目によって分解されて台帳に記されていると回答した．

「ネットワーキング」…評価者は，理事，事務局長，フィールドオフィサーのそれぞれに，Leaf 財団と他団体とのネットワーキングについて尋ねた．複数企業，地方政府，フィリピン開発庁，外国ドナー（米国，フィンランド）とのネットワークつくりについては，全員が明確に答えた．しかし，他の NGO との関係はインフォーマルなものに留まっている．

「現地訪問」…2 日目の早朝，プロジェクトサイトを訪ね，その受益者である農村の人々と評価者が質疑応答を行った．

最初，プロジェクトの直接受益者である農民3名と，技術者2名に対し，評価者と PCNC 関係者が，村の会議室（産婆室，健康相談室，会議室が一緒になったコミュニティ・センター）で，質議応答を行った．その際，Leaf 財団のフィールドオフィサーは，ジュースとスナックを用意すると会議室から退出した．評価者と受益者との会話に干渉しないようにとの配慮のためである．

プロジェクトは，アバカ，ドリアン，コーヒーの木を交互に植えるというもので6年間を目処としている．そのための事前調査，技術訓練，技術提供（測量，ランドスケープ），肥料無料提供，実施のコンサルテーションを Leaf 財団が提供している．本プロジェクトの直接受益者となる農民は，1.5 ヘクタール以上の土地を有し，意欲があり，これまでの素行がよいことを基準に選ばれた．技術者は，これらの農民がプロジェクトを実施する際の細かい指導とコンサルテーションを行っている．技術者によれば，この土地は，混合植林には向いておらず，単一の木にしか合わなかった．そこで，肥料によって問題解決を試みようとしている．

評価者は，これらの受益者（農民）が Leaf 財団をどのようにみているのか，また Leaf 財団の使命を知っているか尋ねた．農民は次のように答えた．「自らの生活を自立できかつそれを継続可能にするためのこのプロジェクトがあること，それについて Leaf 財団の役割は大きく，この支援がなかったら今の自分の生活はなかっただろう．」

(3) 評価者会議

①作業プロセス——評価の最終結果を出すための会議が2日目の午後から開催された．会議目的は各々の評価結果をすりあわせ，合意形成をすることであ

る．評価者が各評価項目の採点結果について発表しその理由を説明する．不明な点があればその場で議論された．評価の総合判断（数値）と，記述による長所／改善点も合議制で決められていった．

②個別評価結果——各項目の評価結果と理由は章末を参照．

（3）総合判断：項目別の得点に基づき加重平均値を出したが，全体得点は3.9点になった．これは，微妙な得点である．4.1点以上は5年間の寄付免税団体資格が付与される．それ未満だと3年の認証期間になるからだ．

評価チームは約1時間にわたって議論を続けた．最初に提案されたのは，改善点を提示し，6カ月以内に改善が可能であれば5年間の寄付免税団体資格を付与しようというものである．すなわち，付帯条件をつけて，1ランク上の資格を付与しようというものであった．そのかわり，条件を遵守できないのであれば，1年後に再度申請をするというものである．これに対し，全か無かの条件提示というのは厳しすぎるのではないかとの反対意見が出された．最終的には，付帯条件をつけ6カ月以内にそれを遵守するようであれば5年間，そうでなければ3年間の免税団体資格を付与するということで合意された．以下は，主としてガバナンスに関する改善提案である．

提案1・PICOP社から資金面，ガバナンス面で独立したLeaf財団はその使命と，中期戦略を見直す必要がある．

提案2・理事会構成，運営方法であるのかを見直すこと．

評価チームは，自ら下した最終案と，この改善提案に基づきレイティング表を調整し，総合得点を4.13点とし，PCNC事務局に提出した．

3.3 PCNCの経験が示唆するもの

PCNCの経験を評価という観点からみると，次のことがいえよう．

第1に評価基準であるが，それが高いレベルに設定されている．これらの基準項目を完璧にクリアできる組織はほとんど存在しないのではないだろうか．寄付免税認証をNGO自身が行うという機会を与えられたことで，それに応えるべく理想のNGO像を基準に反映したのではないだろうか．

しかし，高い基準を設定したからといって，減点主義を採っているわけではない．認証実績をみると自明のことであるが，否認数は481団体中59団体である．否認を決定する前に改善機会を提供していることにも注目すべきである．

また，所与の基準が唯一絶対であるというわけではなく，状況に応じて評価者が新たに評価項目を加える自由裁量権を与えている．レイティングによる定量情報に加え，記述情報（長所と改善点）を申請団体にフィードバックすることによって，それらの NGO の成長に寄与することも狙っている．興味深いことに，否認あるいは「期限つき」の判断を下された NGO のほとんどが不満をもつことなく，むしろ助言に感謝しているという結果が出ている[14]．

　先にも述べたが，評価はシステムチェックに徹している．業績を評価対象にすれば，それを測定する時間，労力などのコストの問題に加え，判断や解釈が多義的に分かれ結論を出しにくいという問題に直面するからだ．PCNC はこの問題をあらかじめ回避すべく業績を評価対象に含めなかった[15]．だが，システムチェックが客観性を保持できるかといえば必ずしもそうとは言いきれないだろう．レイティングという定量手段も導入している．しかし，最終判断は個々の評価者の考えや所感に基づいて行われる．その意味で主観を回避することは不可能であろう．主観による判断の偏りを防ぐには，PCNC のように，事務局，理事会など複数のスクリーニングを通すことが必要であろう．

　第三者による組織評価は，組織の信頼性担保のために客観的な評価を行うところに特徴がある．しかし，その基準に唯一絶対のものは存在しない．また，基準を設定しても主観的判断を伴うことになる．その意味で基準そのものの見直しを行うことが必要であり，見直し作業には複数意見を取り入れることが求められるだろう．

　以上 PCNC の事例を通して評価の実態をみた．評価手法についてさまざまな理論が開発されているが，それを運営するのは価値観や主観をもった人間である．だからこそ，手法や技術の開発に加え，参加者の選択や民主的な運営方法が問われることになる．次章では評価作業の設計方法について概観する．

1) この場合，「実験」を適用する A を実施グループ (experimental group)，適用しない B を比較グループ (control group) と呼ぶ．
2) 費用—便益分析を扱ったテキストでとくに参照すべきものとして，次の 2 点があげられる．鳥山 (1991)，Kee (1994)，CH19．また誰でも参加できる研修コースとしては，(財) 国際開発センター「F/S 調査の実務」がある．
3) Canadian International Development Agency Performance Review Branch (2000)．CIDA Evaluation Guide 等の援助機関でガイドラインには参加型評価に

ついての積極的な記述が多くなっている.
4) JICA 国際協力総合研修所による参加型評価調査研究で実施したアンケート調査による. 理由としては，費用，事務量の増加，方法論の未確定などがあげられている.
5) DAC 東京ワークショップ.
6) 援助機関の参加型評価の手法として，UNDP はフィールド訪問，関係者会議，FAO は PRA，世界銀行は PRA，インタビュー，フォーカル・グループ討議，参加者観察，組織分析，USAID は簡易調査法，セミナー等を採用している（JICA 参加型評価調査研究）.
7) House, Ernest R. と Howe, Kenneth の Deliberative Democratic Evaluation Checklist (http://www.wmich.edu/evalctr/checklists/dd_checklist.htm) を参照.
8) プロジェクトへの JICA の協力は終了していたが，プロジェクトは継続して行われている点を考慮し参加型評価の適用を試みた.
9) http://www/pref.mie.jp/DOROSEI/gyousei/igamiti/haikei.htm
10) Maren (1997) は国際援助，国際開発 NGO が多額の資金を使いながら援助活動を満足に実施していない，あるいは不正に使われていることを暴露した本である. 『フォーリン・アフェアーズ』(Rief, 1997) でも本著が取り上げられている.
11) 米国では米国籍の国際開発 NGO を People's Voluntary Organization と呼ぶ. 米国開発庁は NGO 支援を行う部署を PVO 課と名付けている. ちなみに NGO は途上国に籍のある NGO のことをさしている.
12) 組織運営費用はフォード財団，評価者訓練や広報費用は米国開発庁，評価プロセスの記録費用は笹川平和財団から助成されている.
13) 6 つのネットワーク組織とは以下のとおり. Association of Foundation (135 財団からなる全国ネットワーク組織), Bishops-Businessmen's Conference for Human Development (キリスト教会とビジネスマンのための協会), CODE-NGO (14 の NGO ネットワークから構成される協会. 傘下には 3000 の NGO がメンバーとなっている), League of Corporate Foundations (45 の企業財団からなる協会組織), The National council of Social Development Foundations (フィリピンで最も古い NGO ネットワーク. 開発やベーシックサービス，子供や若年層を対象とした NGO から構成される), PBSP (180 企業からなる 1% クラブ (税引前の利益の 1% を社会貢献に拠出することを約束した企業のクラブ). 自主事業，助成事業の双方で，開発問題に従事).
14) PCNC は評価を受けた NGO にヒアリング調査を実施し，評価結果に対する感想を聞いている.
15) PCNC 理事である Dan Songco 氏とのインタビューより.

付録 1・評価基準

A 展望,使命,ゴール
a) 組織の目的が明確に記されている.
b) 活動の対象者,受益者が明確に識別されている.
c) 自ら定めたニーズを満たすように目的が設定されている(組織の存在意義とニーズが一致している).
d) 展望,使命,ゴールは理事会,スタッフ,受益者に理解されている.

B ガバナンス
a) 理事会メンバーは活発に組織の方針や方向性決定に参加している.
b) 方針は定期的に理事会および職員によって見直しがなされている.
c) 理事会と事務局長との関係は,ダイナミックなそれが維持されている.
d) 理事の資格要件は,組織のビジョンと合っている.
e) 理事会選出および選出期間は明確になされている.
f) リーダーシップがあり,かつ意志決定は参加型で行われている.
g) コンセンサスをつくるにあたって,オープンな意見交換の場が設けられている.
h) 理事会と事務局,職員との間に葛藤が生じた場合,問題解決のための明確な方針をもっている.

C 総務
a) 職員の役割,責任範囲が明確にされている.
b) 組織図(ライン,作業分担とその流れが記されている)がある.
c) 事業部と総務部のバランスがとれている.
d) 人事計画,人材育成について明確な方針がある.

D プログラム運営

D-1 プログラム/プロジェクトの開発
a) 事業計画は組織のコミットメントに基づいている.
b) 計画プロセスは以下を網羅している:ベースラインデータ,組織の中期計画と時間枠,対象となる受益者からの期待される結果,成果の指標,モニタリングシステム,予算配分.

D-2 実施
a) プログラムとプロジェクトは計画どおり進められている.
b) 成果は計画と指標に基づいたものである.
c) 受益者の利益が持続するようなメカニズムが工夫されている.
d) 受益者のエンパワーメントが実施されている.
e) 事業担当者は十分な知識と技術を身につけている.
f) 環境変化など必要に応じて事業変更するだけの能力,柔軟性がある(組織).
g) 経理および事業報告書がそろっている.
h) 資金は計画どおりに活用されている.

D-3 モニタリングと評価

a) 事業目的と指標に基づいて，モニタリングと評価がシステム化されている．
b) モニタリングと評価結果は活用されている（プロジェクト改善，プログラムや中期計画見直しに活用されている）．
c) 評価結果は事業のパートナーに知らされている．
d) 事業を通じて，人々の能力強化，エンパワーメントが達成されているのかを評価するシステムがある．
e) コストと便益の関係，バランスを評価している．

E　経理

E-1　アカウンタビリティと透明性
a) 経理簿，帳票が整っている．
b) 会計簿は内国歳入庁に登録されている．
c) 銀行口座をもっている．
d) レシートは内国歳入庁に登録された正式なレシート用紙に記述されている．
e) 小切手については，最低2名の署名がなされている．
f) 支出承認担当者は，帳簿や資金管理の担当者とは独立している．
g) 帳簿担当者は，資金管理と独立，分離されている．
h) 財務処理関連の書類は監査用に整えられている．
i) 公認会計士により毎年監査を受けている．
j) 財務とその運営に関する方針が書類に明記されている．
k) 資金調達活動について情報開示するメカニズムがある．

E-2　持続可能性
a) 3〜5年の資金計画がある．
b) 運用による内部資金がある．
c) 多様な資金源がある．

F　ネットワーキング
a) 外部組織とのリンケージがある．

付録2・Leaf 財団の評価

A．展望，使命，ゴール
a) 4点：組織の使命は明確に記述されているから．
b) 4点：プロジェクトの受益者の選定基準が明確でそのとおり選定されている．
c) 3点：ニーズに対する対応を3点にしたのは，プロジェクトの持続性と終了時期が不明であるから．
d) 3点：理事とスタッフは使命を理解しているが，受益者は自らのニーズにおいてのみ Leaf 財団を理解しているので3点．

総合得点　3.5点．
長所：使命に記してあるパイオニアとしての役割については，その使命を全うしている．

改善点：使命に「経済的」「環境に配慮ある」開発という点が，記してあるが，プロジェクトに反映されているのかどうか，両者のバランスがとれているのかどうかを見直すこと．

B. ガヴァナンス
- a) 4点：理事は積極的に運営に参加している．
- b) 3点：理事会は定期的に実施されているが，組織の方針については定期的な見直しは定期的にはなされていなかった．
- c) 4点：理事会と事務局長との間の情報交換は密に行われ，関係は良好．
- d) 4点：理事メンバー構成と選出は，組織の使命にほぼ一致している．
- e) 2.5点：理事選定のプロセスや基準，任期が不鮮明．
- f) 3点：意志決定方法はトップダウン方式．
- g) 3点：コンセンサスつくりは理事の間では行われているが，そこにスタッフレベルの意見が反映される機会が少ない．
- h) 2点：組織内でコンフリクトが生じた際の問題解決方法についてその方法論や方針について話し合ったことはない．

総合得点　3.18点．
長所：理事が積極的に運営に参加している．また，その意志決定が早い．
改善点：まず，PICOPの支部であった時と現在のLeaf財団との立場の違いを明らかにすること．また，利害関係者を見直し，それを反映するような理事会構成になっているか見直すこと．

C 総務
- a) 4点：スタッフの役割，責任についてはマニュアルに記されている．
- b) 3.5点：組織図はあるが，それが権限のラインを明示していない．
- c) 4.5点：事業部と総務部のバランスがとれており，連絡もとれている．
- d) 3.5点：人事計画は明記されているが，そのとおり実施されているのかは不明．
- e) 評価チームが新たに加えた質問項目：「事業部と総務部のスタッフ数のバランスはとれているか」4点：事業部17名，総務部5名でバランスは良好．

総合点：3.9点．
長所：事務局長とスタッフの連係は優れている．スタッフはプロジェクトにコミットメントがあり，自らの責任で仕事をすすめている．またスタッフ間の連携もできている．スタッフの福利厚生に配慮している．
改善点：ラインが明確になるように組織図を見直すこと．スタッフ育成のマニュアルはあるが，実施体制ができていない．

D プログラム運営

D-1 プログラム／プロジェクト開発
- a) 3.5点：プログラム開発は組織のコミットメントではなく，主にスタッフレベルの調査活動によってなされている．
- b) 4点：プランニングプロセスは，きちんとした手順を追っている．これは，資金提供者の要求に基づくものである．

c)「評価チームが新たに加えた質問項目」4点：プロジェクトは前に実施された教訓に基づき企画されている．

D-2　実施
a) 4点：資金提供者の要求が厳しいことも影響し，プロジェクトは計画どおりに進められている．
b) 4点：計画どおりに結果を出している．
c) 4点：受益者が自ら事業を運営し持続させることができるように，訓練を行っている．
d) 3点：受益者の人々のエンパワーメントになっているか否かの指標は開発されておらず，各フィールドスタッフの個人的な判断に任されている．
e) 4.5点：スタッフの技術／知識は十分であることは，その履歴とサイトビジットから明らかである．
f) 3.5点：PICOP社のオーナー交代の影響を受けており，明確な対策を出していない．
g) 4点：週間，月例，四半期ごとの報告書がきちんと作成されている（資金提供者の要求による）．
h) 4点：予算の使途は計画どおりに進められている（資金提供者のルールに基づく）．

D-3　モニタリングと評価
a) 4点：モニタリングはシステム化され，フィールドスタッフによって実施されている．
b) 4点：計画どおりに結果と成果を出している．資金提供者の要求（計画と結果の確認と明記）によるところが大きい．
c) 4点：評価結果報告は資金提供者の要求に基づききちんとなされている．
d) 2.5点：受益者のエンパワーメントについての明確な基準がない．
e) 3点：インパクト評価は行ったことがあるが，コスト・ベネフィット分析は意図的には行っていない．

総合得点：3.75点．
長所：プロジェクト開発がシステマティックに実施されている．職員の技術能力が高い．報告書がシステマティックに作成されている．
改善点：開発と環境とのバランスに注意をはらい，環境側面での事業開発にさらに力を注ぐこと（Leaf財団の使命に基づく）．プロジェクトのフェイズアウトのメカニズムを明確にすること．

E　経理

E-1　アカウンタビリティと透明性
a) 4点：帳簿，帳票は整っている．しかし洪水のために，一部必要書類を確認することができなかったため4点とした．
b) 5点：帳簿は内国歳入庁に登録してある．
c) 5点：銀行口座をもっている．

d) 5点：領収書は内国歳入庁に登録した正式のものを用紙に用いている．
　e) 4.5点：小切手の発行は，最低でも2名の署名のある証書に基づきなされている．
　f) 4点：支払いに関する意志決定者は，帳簿係と現金管理者とは別の人間が担っている．
　g) 評価なし：帳簿係と現金管理者は同一人物である．しかし，事情を聞いてみると，支払いが発生するのはごく限られた期間だけで，そのために別のスタッフを置くことは財政的に無理であるとのこと．
　h) 評価なし：財務に関連する書類は監査用にきちんとファイルされているという質問．Leaf財団は毎年公認会計士による監査を受けている．しかし，今回洪水のために書類が破損したため，必要書類を確認することができなかった．
　i) 5点：毎年，組織から独立した，公認会計士より監査を受けている．
　j) 5点：財務に関するガイドラインが文書のかたちで明記されている．
　k) 4点：財務状況は年次報告書に記されている．
E-2　持続性
　a) 5点：3〜5年の資金計画がある．
　b) 3点：組織は自己資金を捻出しているか，との質問．たしかにキャッシュ・フローはあるのだが，組織をささえるだけの資金ではない．
　c) 4.5点：組織は多様な資金源をもっている（USAID，フィンランド政府，フィリピン政府，企業など）．
　d) 評価チームによる新項目「組織はプロジェクトを運営するに十分な資金を有している」
　e) 3.5点：スタッフによればプロジェクト運営のための資金が不足している．
　総合得点　4.4点．
　長所：総じて経理システムは整っている．
　改善点：プロジェクト別の支出状況が確認できるように，工夫すること．PICOP社に資金面で過度に依存しないよう，資金計画をつくること．
F　ネットワーキング
　3.5点：資金提供者との関係づくりはできているが，類似の活動に従事するNGOとのネットワークが不足している．
　総合得点　3.5点．
　長所：フィリピン中央政府，地方政府とLeaf財団の間では信頼関係が築かれている．
　改善点：資金関係だけでなく，例えば環境など類似の活動に従事するNGOとのネットワークが不足している．
　総合得点　3.5点
　長所：フィリピン中央政府，地方政府とLeaf財団の間では信頼関係が築かれている．
　改善点：資金関係だけでなく，例えば環境など類似の活動に従事するNGOとのネットワークも拡大すること．

7章　評価の基本設計

1　実施者による視点からの評価

1.1　評価実施体勢の整備

前章までは評価方法や技術，さらにはそれらを活かした評価事例についてみた．本章ではこれらを使いこなすための，評価の設計方法，体制について説明する．評価方法には唯一絶対のそれは存在せず，評価目的，事業実施者の視点，組織内部・外部環境，利害関係者間の政治的関係などによって評価の方法，結果，評価結果の使途が異なる．

換言すれば，評価作業を実施する前の体制を確認し整えておかねば，評価作業が成立しないか，もしくは有用性の薄いものになってしまう．また，科学的，客観的方法論を採用したとしても，評価を取り囲む政治的環境によって評価結果の解釈が異なることもある．したがって，評価方法や手法の解説に留まらず実施体制についても言及する必要がある．

1.1.1　評価タスクを構成する要素——評価タスクを構成する要素は大きく4つある．それらは，評価の文脈，聴衆と評価設問，評価対象（事業，プログラム），資源である．

(1) 評価の文脈：どのような文脈で評価をしようとしているのか注意を払う必要がある．改善目的なのか，総括目的なのかによって評価のアプローチや結果が異なる．また，評価を受け入れている組織かそうでないかによって，評価作業の進め方も変わってくる．

(2) 聴衆と評価設問

①「聴衆」(audience)——事業を取り囲む利害関係者（ステークホルダー）は多様である．当該事業の評価をしようとするとき，評価の聴衆すなわち利害関係者も複数であることが多い．またそれぞれの聴衆は評価について異な

る興味をもっており，したがって評価における問いかけも異なることに注意しなければならない．

②「評価設問」(evaluation questions)——評価作業をめぐる聴衆の中で鍵を握る人物が誰であるのかを確認できたら，彼らが評価に何を期待しているのかを確認する．立場によって評価作業で明らかにしたい内容が異なるからである．これを「評価設問」といい，聴衆や利害関係者別に評価設問を整理する．これによって，評価目的を整理することができる．

表7.1は，アーバイン財団助成の「雇用促進プロジェクト」の評価設計にあたって，キーとなる利害関係者の「評価設問」を整理し，一覧にしたものである．

(3) 評価対象の確認：評価対象となる事業またはプログラムの構造を明らかにしておく必要がある．構造とは事業の最終到達目標（ゴール），目的，受益者，実施参加者，計画，予算，事業実施体制を指す．また，事業と取り囲む環境も把握する必要がある．

(4) 資源：評価を実施するにあたり利用可能な資源を確認する．調査のための予算や時間だけでなく，対象事業にかかわる担当者や受益者の協力，そのために費やせる時間も重要である．また，スタッフや事業実施者のコミットメントも重要である．

1.1.2 評価目的—ひとつの評価作業に対し，複数の期待が寄せられていることは少なくない．たとえば，対象事業の効果の証明と同時に改善点の指摘が期待されていることもある．前述の「ニューホープ・プロジェクト」事例は低所得者向け実験的事業の効果を証明することで政策提言につなげようとした評価事例である．しかし，この事業実施者は効果測定と同時に，彼らの事業運営方法に対する技術指導も求めたのである．

組織の地位や立場によって評価に対する期待が相反することもある．たとえば組織の管理部門が事業中止の根拠を求めて評価をしようとするのに対し，担当者は継続を願い改善案の提案を評価に期待することもある．したがって，評価の作業計画を作成するにあたり，まず評価目的を明らかにする必要がある．また，評価の目的に適した評価方法を選択する必要がある．Patton (1997) によると，評価目的は大きく「価値や利点の判断」「改善」「知識創造」の3種類に分けられる，表7.2「目的別にみた評価の進め方」のようになる．

表 7.1 「評価の聴衆と設問」票（アーバイン財団，雇用促進プロジェクト）

評価の対象（段階）	聴衆	評価の設問	評価の活用方法
アウトカム	財団職員	プロジェクト参加者のうち補助金なしの雇用機会を獲得した人の比率は？　それらの仕事の質は？	財団理事会へのアカウンタビリティ 将来の助成計画への参考資料
		プログラムの受益者は当初想定していた対象か？	同上
		プログラムの中でどのサービスがどの対象に対して効果があったか？	同上
	プロジェクト管理者とスタッフ	プロジェクト参加者のうち補助金なしの雇用機会を獲得した人の比率は？　それらの仕事の質は？	理事会，寄付者へのアカウンタビリティ プロジェクト計画や運営方法の改善
		プログラムの中でどのサービスがどの対象に対して効果があったか？	同上
	受益者	プロジェクト参加者のうち補助金なしの雇用機会を獲得した人の比率は？　それらの仕事の質は？	類似の雇用プロジェクトとの比較とプロジェクト参加の意志決定材料
		受益者のサービスの満足度は？	同上
実施／運営	財団職員	プロジェクトの活動は計画どおりに実施されたか？　効果や効率性を上げるためにはどのようにプロジェクトを調整したらよいか？	事業実施過程において修正するか否か決定（予算，予定，目的）．助成金が意図したことで，慈善目的に使われていることを確認する
		プロジェクトの戦略や計画はいまだに妥当なものであるのか？	事業実施過程において修正するか否か決定（予算，予定，目的）

　対象となる事業の価値や継続の「判断」には，総括評価，費用対効果分析，監査があり，事業ではなく組織の正当性や信頼性を判断する方法として認証やレイティング（格付け）がある．改善目的には，形成評価，ベンチマーク方式

表7.2 活用(目的)別にみた評価の進め方

活用(目的)	評価の進め方/手法
価値や利点の判断	・総括評価 ・説明責任 ・監査 ・費用対効果分析 ・認証,資格審査
改善	・形成評価 ・長所と短所を明確にする ・持続的に改善・修正してゆくための分析 ・学習する組織のための判断材料収集 ・マネジメント改善案の提示 ・ベンチマーク,モデル提示
知識創造	・当該事業の成果や効果を一般化する ・何が事業を動かす要因であるのか発見しそれを規範的に解釈する ・理論形成 ・パターン分類 ・学術研究 ・政策形成

Patton (1997).

などの評価手法が適している.「知識創造」とは,ある評価結果から得られた知見を理論化して汎用性を導いたり,成功事業のモデル化,あるいは複数のモデルから成功要因を抽出することを指す.

複数目的をひとつの評価作業に求めることは不可能ではないが,作業が煩雑になったり,作業目標を曖昧にするなどの弊害がある.したがって,評価目的は可能な限り絞ることが必要である.

1.1.3 評価の実施者——5章の用語解説で記したように,組織内部のスタッフで評価する場合を内部評価,外部の人物に評価を託す場合を外部評価と呼んでいる.

米国には,評価専門家(evaluator)という職種が存在する.全米評価学会には約3000人の会員が属しているが,その多くは評価を専門職とするもの,あるいは専門テーマとする研究者である.行政府組織,民間非営利組織の多くが評価を実施する際に,この評価専門家に委託することから,事業実施者と評価専門家の関係が問題視されるようになってきた.1999年11月に開催された

全米評価学会大会でも，事業実施者や評価対象者とのコミュニケーションをテーマにしたセッションが開催されている．

評価者と対象者や依頼主との関係を表現したもののひとつに，「独立型評価」がある．この場合，評価者が，依頼主や事業実施者からまったく独立の立場から事業やプログラムを評価し，依頼主や事業実施者は評価作業には干渉しない．「独立型」の関係を尊重するのは，評価調査にバイアスを入れず客観データを抽出しようとするからである．

もうひとつ，「参加型評価」あるいは「エンパワーメント評価」と呼ばれるものがある．評価作業プロセスに評価専門家，依頼主，事業実施者，事業受益者など利害関係者が参加し，共同で評価方法を設計し，評価結果について議論する．このプロセスに事業実施者や受益者が参加することで事業運営能力，あるいは評価作業能力を身につけてゆくという効果を狙っており，その意味でこの名称がつけられている．

「ニューホープ・プロジェクト」は評価専門家と事業実施者が共同しているため参加型評価事例としてあげられている．しかし，プロジェクトの受益者はさほど積極的に評価作業に参加しておらず，あくまでも調査対象者という立場におかれている．もともと，「参加型評価」は開発援助分野で工夫されたものである．開発援助分野では，事業の受益者参加に焦点をあて「参加型」と呼んでいる．同じ「参加型」という言葉を用いながらも，米国と途上国では参加者の範囲が異なっている．

1.1.4 評価の判断基準——評価には，判断材料としての客観データの提供行為とデータに基づき「良し悪し」を判断する行為との2つの側面があることを評価の定義で述べた．ここでは，後者の「良し悪し」を判断するための基準について述べる．

Rossi (1999) は，評価結果を判断する際の基準について，評価作業プランを設計する段階からあらかじめ確認するのが望ましいと述べている．基準によって，必要とされるデータが異なるからである．換言すれば，判断基準にあわせて評価作業の方法，収集すべきデータの見当をつけるのである．判断基準としては表7.3のようなものがあげられる．

以上，評価設問，評価目的，評価実施者，判断基準という評価作業の基本的構成要素について言及した．次の節ではその体制の設計方法について述べる．

表 7.3　評価判断の基準例

- 対象となる人々のニーズ
- プログラムで示されているゴールや目的
- プロフェッショナルな基準
- 他のプログラムとの比較
- 法律，規則
- 当該事業の過去の業績
- プログラムマネージャーが設定した目標
- 専門家の意見
- 対象となる人々の基礎データ
- 仮に当該事業が存在していないと想定した場合の状況
- コスト，相対的なコスト

Rossi, et al. (1999) p. 85.

1.2　評価作業の設計

本項では，評価の客観的データや情報提供の側面に注目し，評価調査やその方法について説明する．

1.2.1　評価の階層構造―事業には企画立案，実施，あるいは実施後の効果という複数の側面があるように，事業のどの側面をみるかによって評価のアプローチが異なる．たとえば，当該事業が真に必要とされていたのか，そのニーズがどのような状態で存在していたのかを確認する作業がニーズ・アセスメントである．事業計画の基礎をなす理論（セオリー）が妥当なものであるのか，あるいは計画の実行可能性をチェックするのがセオリー評価である（5章参照）．Lipsey (2000) は，評価には作業段階があり，各段階が階層構造をなしていることを図7.1に示した．

理想的には，ニーズ・アセスメントの段階から注目して効果や効率性を評価するのが望ましい．しかし最終段階である効率性や費用対効果のみに注目して測定を試みようとすることが多い．事業を必要とするニーズが存在していないのであれば効果や効率性をみようとしても無駄な作業となる．また，効果だけに注目すると，企画立案や計画の妥当性，運営方法の課題を見落としがちになる．現実には図示したすべての評価作業を行うことは難しいだろうが，実施しようとする評価作業の全体の中での位置付けを確認しておくことによって，行おうとしている評価作業の可能性と限界を理解することができるだろう．

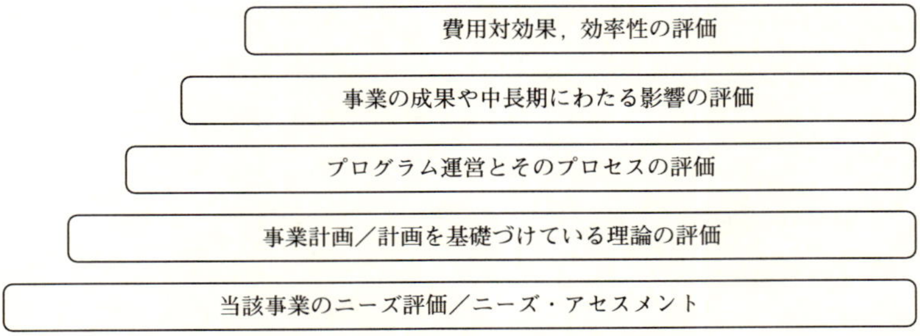

```
┌─────────────────────────────────────┐
│     費用対効果，効率性の評価         │
└─────────────────────────────────────┘
┌─────────────────────────────────────────┐
│  事業の成果や中長期にわたる影響の評価    │
└─────────────────────────────────────────┘
┌─────────────────────────────────────────┐
│   プログラム運営とそのプロセスの評価     │
└─────────────────────────────────────────┘
┌───────────────────────────────────────────┐
│ 事業計画／計画を基礎づけている理論の評価  │
└───────────────────────────────────────────┘
┌───────────────────────────────────────────┐
│  当該事業のニーズ評価／ニーズ・アセスメント │
└───────────────────────────────────────────┘
```

図7.1　プログラム評価の階層構造
Lipsey（2000）より作成．

1.2.2　ニーズ・アセスメント——ニーズ・アセスメントとは，事業が必要とされる課題やニーズ，あるいは事業が解決しようとしている課題を確認すること，つまり事業のサービス対象となる人々の所在，求められているサービスの内容を体系的に調査し明らかにすることである．このような調査が必要とされるのは，社会ニーズに適したサービスを提供していない事業，あるいはすでにニーズが充足されているのに漫然と続けられている事業が存在しているからである（Drucker, 1990）．

　ニーズ・アセスメントの方法は，人口統計などの公データからの推測，サンプル・サーベイ（標本調査），定性調査（インタビュー，フォーカス・グループ，観察）などがあげられる．事業で認識されている社会ニーズと，地域社会で認識されているニーズ（憂慮事項，価値観，優先順位）の一致／不一致を主な調査項目として調べてゆく．インタビューやサーベイを実施する際に，サービスの直接的な対象者と周囲の人間とは区別することが必要である．対象者には「どの程度，苦痛に感じているのか」，周囲の人間には「その問題をどの程度真剣に受けとめているのか」と，質問の仕方を変えてゆく．

　以下，セオリー評価，プロセス評価，インパクト／アウトカム評価，効率性評価の順で主な評価プロセスを解説する．

1.3　セオリー評価

1.3.1　プログラム・セオリー——すべての事業／プログラムにおいては，問題の発見に始まり，問題解決を最終目標として活動計画が設計されている．最

終的な問題解決に至るまでには，いくつかのプロセスを経てゆく．つまり，ある活動を実施したことによって結果が生じ，その結果が原因になって次の変化（結果）を引き起こす．この原因と結果を繰り返していくことによって，最終目標に到達する．

事業設計段階においては，「原因―結果」は仮説に基づいている．また，「原因―結果」が連鎖上につながり，最終目標に到達するプロセスも仮説に基づいているのである．そして，この仮説が論理的につくられていなければ，連鎖はできず目標に到達することができない．

このような，事業を構成する仮説を「セオリー」(theory) という．Chen (1990: 43) は「セオリー」をプログラム・セオリーと呼び，次のように定義している．

> 「プログラム・セオリーとは，最終到達目標（ゴール）に到達するために行わねばならないこと，予想される他の重要なインパクト／影響，最終目標と，これらのインパクトがどのように生じるのかを詳述するものをいう」．

プログラム・セオリーは，事業設計や実施・運営など事業の構成要素を説明するパートと，事業実施してから，想定された結果や影響が生じることを説明するパートに分かれる．Chen (1990) は，前者を規範的なセオリー (normative theory)，後者を因果的なセオリー (causative theory) と呼んだ．規範的なセオリーは最終目的（ゴール）やアウトカムをどのように追求するか，そのためにどのように事業を設計，運営したらよいのかについて説明する．因果的なセオリーは事業がうまく進んでゆく様子を，望ましいプロセスとその論理的つながり（連鎖）を詳述することによって説明する．

セオリー評価を，規範的なセオリー，因果的なセオリーという区分にしたがって説明すれば次のようになる．

(1) 目標達成のための事業設計と運営（規範的なセオリー）：最終到達目標（ゴール），個別目標 (objectives)，目標到達手段としての活動，活動計画，資源（人，予算，時間，コミットメント）．

(2) 事業がうまく進むためのプロセス（因果的なセオリー）：これは，「生産パート」「利用パート」「インパクト・セオリー」に区分される（龍・佐々木，2000）．

①「生産パート」——事業が実施されてからアウトプットを産むまでの生産プロセスを示したものである．資源の組み合わせ，タイミングや支持系統を明らかにしてゆく．

②「利用パート」——生産されたサービスが意図された対象者に利用されるまでの流れを示したものである．龍・佐々木（2000）は，公共サービスなど非企業のサービス活動においては，利用者パートがあまり意識されてこなかったと指摘している．ドラッカーがサービス利用者を理解するのに企業の「顧客概念」が必要であると指摘したことと一致している（Drucker, 1990）．

③「インパクト・セオリー」——事業のアウトプットから，アウトカムあるいはインパクトが生じるまでの因果関係を説明したものである．アウトプットが生産されたサービスや活動結果，あるいは刊行物などの物品であるとすれば，アウトカムは対象者の態度変容や生活状況の改善，インパクトは地域社会や政策の変化を指している．アウトプットからインパクトにいくにしたがって，とらえる変化や影響の範囲が広範になる．したがって，当該事業から直接的に生じたものと間接的なそれとに区分する必要がある．

1.3.2　ロジック・モデル

(1) ロジック・モデルの定義：プログラム・セオリーをチャート図や表にして説明したものを「ロジック・モデル」という．ロジック・モデルとは，事業に投じる資源，活動計画，事業実施の結果生じる変化を期待される成果の関係を系統立ててビジュアル化して示したものである．

(2) ロジック・モデル作成の理由：ロジック・モデル作成の第1の理由として，プログラム・セオリーのチェック，事業構造のチェックがあげられる．また，事業が開始されモニターやプロセス評価を実施する際のツールとして利用されることもある．

第2の理由として事業の理解と共有があげられる．プログラム・セオリーや事業構造については，事業企画立案者はよく理解しているが，資金提供者，実施担当者，幹部あるいは事業サービスの対象者など周囲の利害関係者が理解していないことが多い．そこで，彼らにプログラム・セオリーを理解してもらい，事業を共有してもらうためにロジック・モデルを活用するのである（W. K. Kellogg Foundation, 2000）．Kellogg財団では理事会に助成事業案件を提出する際には，事業計画書とともにロジック・モデルを提示することが求められる．ロ

ジック・モデルを用いることで理事たちの理解が早まり説得力が増すという．

(3) ロジック・モデルの骨格（フレームワーク）：ロジック・モデルの骨格を図示すると図 7.2 のようになる．ロジック・モデルはプログラム・セオリーに対応しており大きく，事業構造のパートと成果のパートにわかれる．前者が規範的セオリー，後者が因果的セオリーに対応する．

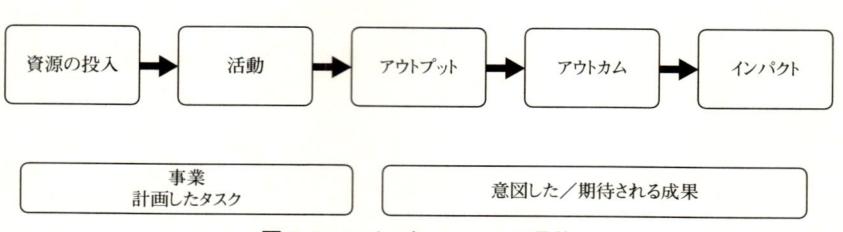

```
資源の投入 → 活動 → アウトプット → アウトカム → インパクト

      事業                    意図した／期待される成果
  計画したタスク
```

図 7.2　ロジック・モデルの骨格
W. K. Kellogg Foundation (2000), p. 1.

なお，ロジック・モデルのスタイルや記述様式はさまざまである．記述する人々の嗜好や考え方に基づき自由に工夫することが可能である．

(4) 視点の相違とロジック・モデル：プログラム・セオリーを「生産パート」「利用パート」「インパクト・セオリー」の 3 つに区分した．なぜ，このような区分が必要なのだろうか．その理由を事業の動態的側面，すなわち事業サービスが実事業実施者から対象者へ提供されるプロセスに注目してその理由を探ってみる．図 7.3 は，サービス介在プロセスを中心に実施者と対象者の関係を示したものである．

サービスをはさんで下段部分は，実施者視点を表したものである．実施者はサービスを生産し対象者に届けるための事業計画（資源投入，事業計画，運営方法）に照準をあててプログラム・セオリーを作成する（生産パート）．

サービスの受け手である対象者はどうだろうか．サービスをはさんで上段部分は対象者視点を表したものである．対象者はサービスを受け取るか否か，それに満足したか否かという点を中心にサービスをみている．同一のサービスであっても，サービス提供者（実施者）と受け手（対象者）では，異なった視点でそれをとらえている．つまり，同じサービスでも立場が違えば異なってみえるのである．したがって，サービス提供のプロセスも視点に応じて区別してみる必要がある．図 7.4 と図 7.5 は，精神障害者の地域でのアフター・ケア・プ

提供されたサービス有効性の理論

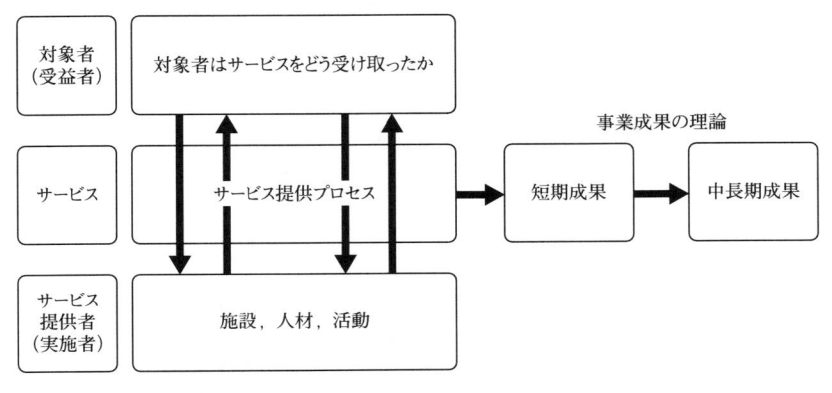

```
対象者              対象者はサービスをどう受け取ったか
(受益者)
                                              事業成果の理論
サービス            サービス提供プロセス    →    短期成果  →  中長期成果

サービス
提供者              施設，人材，活動
(実施者)
```

サービス提供事業戦略の理論

図 7.3　事業サービス提供プロセス視点のセオリー
Lipsey（2000）より作成．

ロジェクトでのサービス提供を例に，プロセスを提供者と対象者（患者）別にチャートに表したものである．

（5）ロジック・モデルを活用した事業計画診断：ロジック・モデルを活用することによって，事業企画や計画の良否，あるいは実行可能性を診断することが可能である．判断内容と基準を以下に列挙した．

①事業計画の練度
- 他の優れた事業のロジック・モデルと比較することによって自らの企画の練度の甘さを発見できる．
- ロジック・モデルのチャートを描こうしたのに，チャート図がまとまらないときは，論理の展開に矛盾や無理がある可能性が高い．

②事業の利害関係者の合意形成

事業を成功に導くためには，さまざまな利害関係者の協力やコミットメントが必要になる．企画立案者が想定した目標，期待される成果，あるいはそこに到達するまでのプロセスについて，利害関係者の理解や合意を得る必要がある．ロジック・モデルを利害関係者にみせて，その反応（合意，批判，拒否）をみれば，事業計画をどのようにとらえているのか／理解しているのかある程度わかる．もし批判や拒否が多いのであれば，事業計画を修正・変更したほうが得

7章　評価の基本設計——187

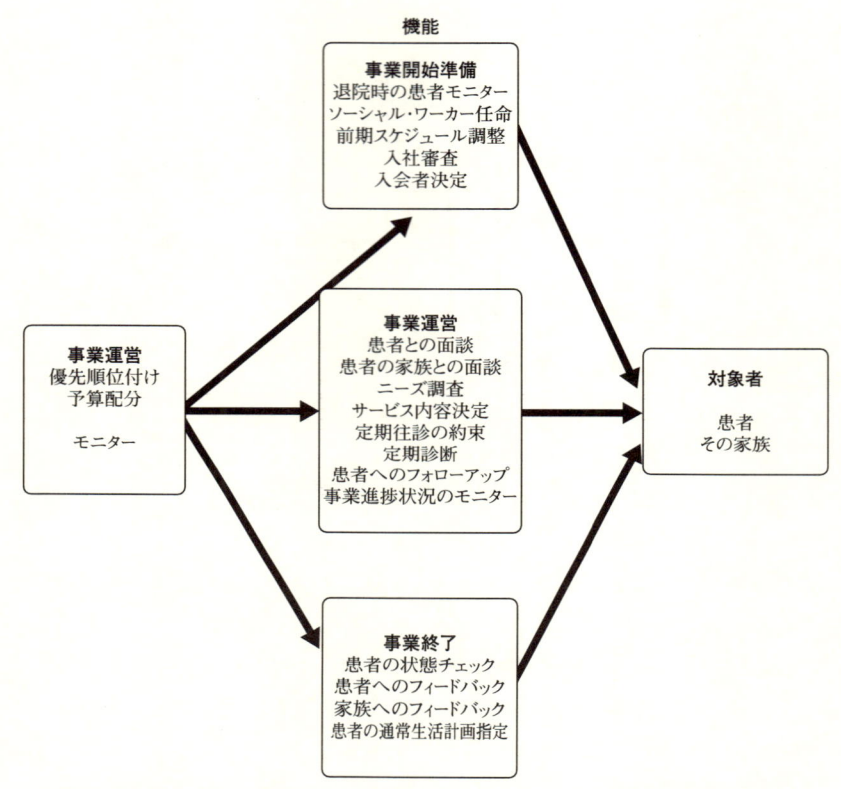

図 7.4 精神障害者のアフター・ケア・プロジェクト：実施者視点のサービス提供プロセス Lipsey（2000）より作成．

策である．

1.4 プロセス評価

プロセス評価は事業運営の方法や体制，アウトプット（結果）に着目し，以下の点を点検するものである．

・事業運営方法と提供されているサービスは事業目的と一致しているか．
・サービスの内容は意図したもので，それが意図した対象者に提供されているか．
・ニーズがあるのにもかかわらず，サービスが提供されていない人が存在し

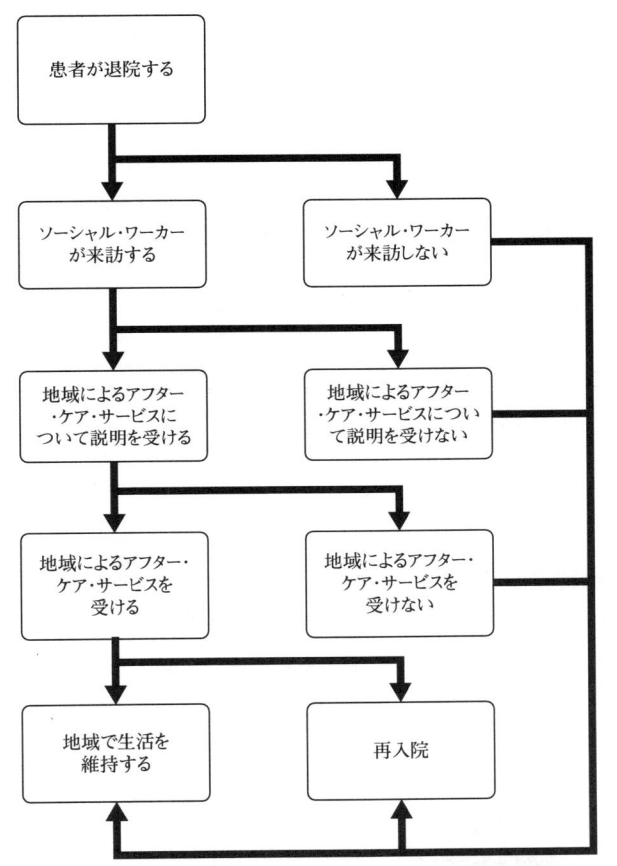

図7.5 精神障害者のアフター・ケア・プロジェクト：対象者視点のサービス提供プロセス Lipsey（2000）より作成．

ないか．
・サービスを最初から最後まで受けた対象者の数
・事業の実施体制（総務，人事，マネジメント）

1.4.1 評価視点の区分—プロセス評価においても評価の視点を事業実施者，対象者に区分して評価を遂行してゆく必要がある．Patton（1997）は母親訓練事業を例にサービス提供者と対象者の視点が異なることを一覧に示している．

7章　評価の基本設計——189

Pattonはこの表において成果を「アウトカム」という言葉で表現している．図7.2のロジックモデルに即してみれば，対象者については態度や生活状況の変化を指し，アウトカムという表現が適しているが，実施者側に注目すると，それはアウトプットというほうが適当であろう．

表7.4　母親訓練プログラム：実施者視点と対象者視点の成果区分

実施者視点の成果	対象者視点の成果
妊婦に出産／ヘルスケアの総合サービスを提供する ⟷	妊婦は無事出産し乳児と自分の健康状態を維持する
子供向け予防治療サービスの質を改善する ⟷	子供は安全な環境で育ち，無視されたり虐待を受けていない
家族および子供向けサービスを開発する ⟷	両親は子供のために十分なケアを与える
働く両親に対して子育てと仕事の両立を可能にするための相談サービスを提供する ⟷	働く両親／母親は子育ても十分に行える

Patton (1997), p. 157.

1.4.2　データ収集方法——データ収集に入る前に，収集すべきデータが何であるのかを確認する必要がある．まず，「評価設問」を参照し，キーとなる設問を決定する．次にロジック・モデルの投入，活動，結果（アウトプット）に注目する．この行為によって，事業のどの側面に注目して評価するのか，何を尋ねるのかが明らかになる．

データ収集は社会調査法と同様である．King, Morris, & Fitz-Gibbon (1987) は，データ収集の方法は3種類あると述べている．

（1）既存のデータ，記録：一般には，事業の企画立案，実施にあたり記録が残されている．事業実施者自身が作成したレポートのほか，助成先（財団や政府）に提出した報告書などである．また，事業の計画段階でニーズ調査やプレ・テストを行った場合にも記録が残されている．これらの記録の多くは客観データとして活用できる．その一方，これらの記録は評価目的のためにファイルされてはいないため，新たにデータを検索したり整理しなおさねばならない．また担当者がおざなりに記入していたり，至極一般的な記述のため，データとしては不完全なことが多い．

（2）観察：観察者を置いて事業実施の様子を一定時間観察する．その際，簡単な質問（評価）票を用意して観察に臨むこともある．第三者による観察のため客観性を担保でき，また利害関係者とは異なる視点を提供することができる．

その一方，手間と時間のかかる作業となる．また，第三者の観察行為によって事業環境に影響（対象者が緊張してしまうなど）を及ぼす可能性がある．

（3）事業の利害関係者からの報告：事業にかかわる利害関係者の意見や所感からデータを収集する方法で，アンケート調査や質問票などの記述方式，面接方式がある．質問票の場合には紙面に限界があることなどから得られる情報に限界がある．その点，面接方式はより柔軟に情報を獲得できるが，時間を要するために，記述式に比較して多くの数が処理できないという難点がある．

1.5 インパクト／アウトカム評価

1.5.1 インパクト／アウトカム評価で確認する事項——ここではインパクト／アウトカム評価では以下の事項を明らかにしてゆく．

・当初設定した目的あるいは目標を達成しているか．
・対象者に効果をもたらしたか．
・対象者に対してマイナスの影響や被害をもたらしていないか．
・対象者の中で効果のあらわれた者とあらわれない者がいないか．
・問題や課題は解決し状況はよくなったか．

1.5.2 効果の定義——インパクト評価で明らかにされる事項として「効果」があげられている．つまり事業がもたらした効果測定をすることがインパクト評価の主目的である．しかし，「効果」を特定することは容易ではない．事業サービスを提供したグループとしなかったグループを比較し，状態変化の差が「効果」と説明される．しかし，現実の社会においてはこのような単純な解釈では難しい．なぜなら当該事業の他の要因が影響して変化を引き起こしている可能性があるからである．厳密な意味で，事業の効果を測定するのであれば，事業以外の要因による影響を差し引かねばならない．

Rossi ら（1999）は「純効果」（net effect）という言葉を用いて，当該事業効果の抽出方法を次頁上の式で表している．

しかし，Rossi が提示した式には，外部要因による影響が含まれていない．龍・佐々木（2000）は外部要因をも含め次頁下の計算式を提示している．

1.5.3 調査手法／実験手法——効果測定のためにさまざまな調査手法あるいは実験手法が開発されてきた．調査方法は大きく2種類に分類することができるだろう．ひとつは，比較実験グループをつくる実験的なアプローチ，もうひ

純効果 ＝ 対象グループの総成果 － 比較グループの総成果 ± 評価デザインによる影響と統計的誤差

Rossi（1999), p. 281.

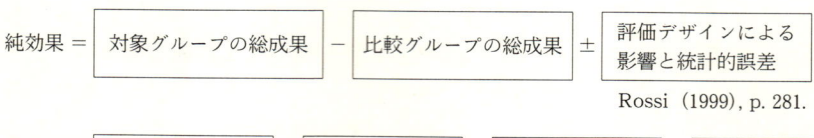

純効果 ＝ 対象グループ成果指標値 － 比較グループの成果指標値 ＋ 外部要因による影響値 － 評価デザインによる影響値

龍・佐々木（2000), p. 50 より作成.

とつは比較グループをつくらないアプローチである．

評価の歴史でもみたように，前者の実験的アプローチが米国における評価方法の最初のそれであり，科学的評価と呼ばれた．現在でもスタンダードな方法のひとつにあげられる．

実験的アプローチにも複数の方法が開発されてきた．ランダム実験モデル (randomized experiments)，回帰・分断モデル (regression-discoutinuity)，マッチング・モデル (matched controls)，統計的等化モデル (statistically equated controls)，一般指標モデル (generic controls) があげられる．ランダム実験モデルにおいては事業サービスを与えるグループ (treatment group) とサービスを与えないグループ (control group) を意図的に作るのに対して，残りのモデルは意図的に2種類の比較グループをつくらない．そこで，これらは準実験モデルと呼ばれている．ここでは，最も高い頻度で使われている，ランダム実験モデル，回帰・分断モデル，一般指標モデルについて簡単に説明する．

(1) ランダム実験モデル：図7.6は，ランダム実験モデルを社会事業の効果測定に適用する際の手順を記したものである．

まず，対象人口から，ランダムに選択しサンプルとなる人々を抽出する．ここでいうランダムとは確率論的な意味で，こうして抽出された群は同一の機会やサービスが与えられた結果，同一の反応をする確率が高いことを意味している．このサンプルとして選ばれた人々を，さらにランダムに2つのグループに分ける（ランダム・アサインメント）．2つのグループは構成要素，規模などその特徴は同一で，かつ可能な限り同一条件下におく．そして一方のグループには事業サービスを意図的に提供せず（コントロールグループ），もう一方のグループにはサービスを提供する（トリートメントグループ）．一定期間が過

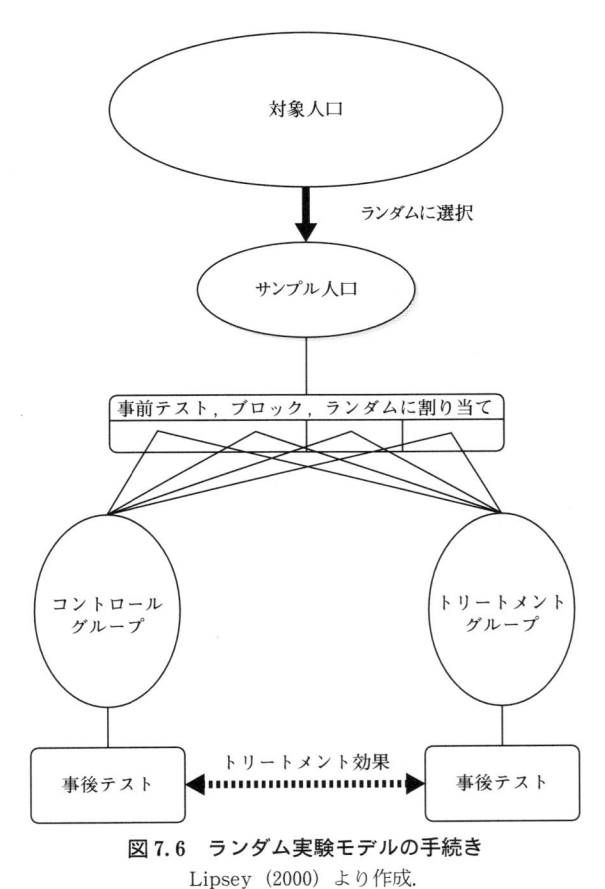

図 7.6　ランダム実験モデルの手続き
Lipsey（2000）より作成．

ぎたところで，コントロールグループとトリートメントグループにテスト（または調査）を行い，2つのグループの差異を測定する．この差異が事業の効果ということになる．

しかしながら，2つのグループを全く同一条件下においておくことはできない．また，確率的な意味でバイアスが入る危険がある．そこで，さらに念入りなランダム実験法を行うことがある．

まず，サンプルとして選ばれた人々に対して事前テストを施し，事前テストの結果に基づき，サンプルを2つのグループに振り分ける．これにより，2つ

のグループの構成要素をより明確にできる．そして，サービス提供の一定期間後に（もう一方のグループには提供しない）事後テストを行い，2つのグループの差異を測定する．

　以上がランダム実験法の概要である．この方法は科学的かつ客観的であるといわれている．しかし，地域社会開発や福祉分野において，サービスを受ける人々と受けられない人々を意図的につくることから，非人道的あるいは非倫理的であるという批判もある（6章）．そのため，人為的にコントロールグループを作らず，条件の似た地域（サービス無）と比較したり，サービス希望者の待機者リストを，コントロールグループとして活用するなど，他の方法も工夫されている．

　(2) 回帰・分断モデル：回帰・分断モデルは準実験モデルの中では最も信用できる方法であるといわれている．回帰・分断モデルでは，比較グループを作るのにランダム・アサインメントを使わない．作業手順は以下のとおりである．
　①対象者グループの状態について回帰線を引く．
　②この回帰線をもとに，ある基準値で2つのグループに分ける．
　③基準よりも低い値を示す対象者グループのみに事業サービスを提供する．
　④一定期間後に，2つのグループの回帰線を引いてみる．
　⑤回帰線が分断していれば，分断の開きがプログラム効果である．

　図7.7はCampbell & Cook (1979) による表彰による学力増進効果を示した，回帰・分断モデルである．1学期の成績がポイント3.5以上の生徒が校長表彰される．2学期の生徒たちの成績をみると，表彰されなかった生徒の成績と，表彰された生徒の成績は別の回帰線を描いていることがわかる．つまり，分断が起きているのである．この分断の開き，スコア（3.555と3.185）の差，0.37を表彰の効果とみることができる．

　(3) 一般指標モデル／指標モデル：比較グループの代わりに，一般的あるいは標準的な値を指標として用いる方法である．一般指標の例として，全国平均値などがあげられる．しかし，一般指標ではなく自ら指標を作成することもある．つまり，想定した成果の状態を目標値（指標）で表現するのである．

　指標を設定するには複数の作業工程が必要となる．まず，ロジック・モデルの後半部分に注目し，アウトプットからアウトカム，インパクトに至るまでのプロセスを細分化する．このアウトカムを詳述したロジック・モデルをみて，

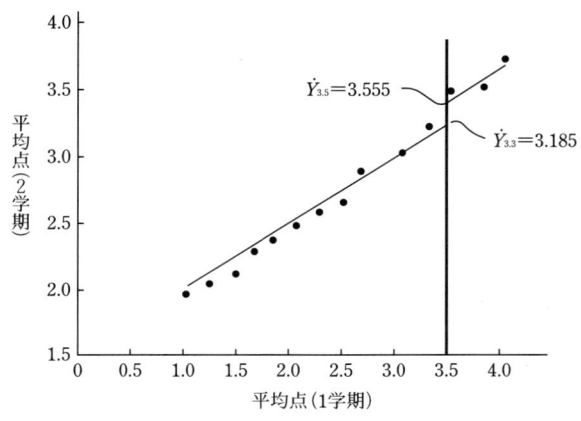

図 7.7 表彰による学業能力効果の回帰分析モデル
Campbell & Cook（1979），p. 126.

主たる対象が誰で，それがどのような状態にあれば効果があるとみるかを定義する．事業実施前から実施後の状態の変化（効果）を指標で表す．指標は定量（例：増加・減少率），定性（例：状態の説明）のいずれでも表現できる．

1.6 効率性の測定
1.6.1 効率性の測定とは
（1）複数の名称：事業の効率性の測定は，通常，費用一効率性分析（cost efficiency analysis）と呼ばれる．しかし，この表現が日本語に馴染まないとしてコスト・パフォーマンス分析と呼ばれることもある（龍・佐々木，2000）．効率性の測定とは事業の純効果（ネット・アウトカムまたはネット・インパクト）と事業に投じた費用とを比較し，その効率性を測定・分析することを指す．したがって，本章では Rossi（1999）の表現した，効率性の測定（measuring efficiency）を適当な表現として用いた．

効率性の測定は，通常 2 種類の方法を指している．ひとつは，効果を金銭に換算して費用と比較する，費用一便益分析（cost-benefit analysis）である．もうひとつは，効果を金銭に換算せず費用と比較する費用一効果分析（cost-effectiveness analysis）である．

(2) 分析視点：効率性は，非営利組織（民間・公的）セクターに限ったことではなく，営利セクターでも重視され，さまざまな配慮や工夫がなされている．企業セクターで使われている，ROI（投資回収率）という概念はまさに，効率性測定のエッセンスを表現しているといってよいだろう．そこでまず，営利企業と非営利組織の効率性測定の相違点を以下にあげておきたい．そうすることで，非営利組織の効率性の意味がより鮮明に浮き彫りにされると考えるからである．

営利企業と非営利組織の効率性の測定の相異点
・費用との比較の対象として，企業は利益をみるが，非営利組織はネット効果をみる．
・企業はタンジブルなコスト・利益をみるが，非営利組織のそれはインタンジブルな効果が多い．
・非営利組織のほうがより副次効果に配慮する．
・非営利組織のほうがより平等な配分に配慮しながら資源配分を決定するのに対し，企業の場合には，需要と供給が均衡するところで市場価格を決定する．
・ROI（Return On Investment）の期間が企業のほうが短い．

企業と非営利組織の効率性分析の相違点をみると，企業には「利益」「需要・供給の均衡」という基準が存在しており，意志決定をより明確なかたちで行えるといってよいだろう．非営利組織の効率性測定では，当該事業を実施しないとすれば，ほかにどのような選択肢があるのかを明らかにし，次にほかの選択肢も含めて最適解は何であるのかを決定することが目的である．そして，判断基準はパレート最適であり，誰かの福祉が向上するとき，少なくとも他の者がそれによって福祉の劣化が起こらないことである．

また，ヒックス・カルダー基準（Hickes-Kaldor criteria）がある．これは，当該事業によって利益を得る人がいた場合に，被害を被った人に対して弁償しうるという考え方に基づく．これは厚生経済学の考え方からきたものである．すなわち，政策により実質所得が増えた人がいる一方で，その政策により損失を被る人がいても，全体の所得増加分から補償することができるという考え方を非営利組織の効率性測定に適用させたものである．なお効率性について測定する際は，現実に弁償していなくても，その可能性が想定されればよいとしている．

1.6.2　コスト／便益／効果の分類

(1) 便益（benefit）と効果（effectiveness）：事業に投入したコスト（費

用），そこから得られた便益や効果を算出するためには便益の内容を区分することが求められる．費用―便益分析に加え，費用―効果分析という考え方が生まれたのは，すべての効果を金銭に換算することに無理があるからである．たとえば国防，人命救助，疾病予防プログラムなどがあげられる．とくに，人命にかかわる効果を金銭換算することについて倫理的な抵抗感や批判は大きい．その他，費用―効果分析の利点として，得られた効果を記述できることで，同一／同種類の効果に要する費用を比較することができる．

(2) 直接／費用，便益，効果：直接便益／直接効果とは，事業の目標，目的に直結した結果やアウトカムのことである．たとえば，事業によって節約された費用，増加した生産性，節約された時間，助けられた人命数などがあげられる．直接費用は，事業目的を遂行するために投入した直接的なコストで測定可能なものを指す．人件費，施設費，資料費，総務費などがあげられる．

(3) 間接／費用，便益，効果：間接便益／間接効果とは，当該事業実施の結果得られた副産物，副次効果，あるいは当該事業を実施したことによる投資的効果（その事業を実施したことで景気が上向きになったなど）のことである．本来事業の主目的ではないのだが，事業を実施するために必要とされ，開発された手法や技術，当該事業によって作られた就職機会，節約された費用などがあげられる．

間接費用は，事業実施に関連するコストのことで，組織運営のための一般経費，環境へのマイナスの影響（生態系への影響，環境破壊），事業に直接関与していない第三者への影響などがあげられる．また，例えば刑法犯の更生プログラムの場合，囚人が刑務所に入っている期間，得られたであろう収入は間接コストとして計算に含められる．

(4) タンジブル／費用，便益：タンジブルな費用，便益とは，顕在化しかつ金銭換算可能な費用や便益をさす．その意味で，費用―便益分析はタンジブルな費用と便益を扱っているといえよう．

(5) インタンジブル／費用，効果：インタンジブルな費用，あるいは効果とは経験的に金銭換算できないものをさしている．たとえば，事業担当者の苦労や葛藤，あるいは熱意などがインタンジブルな費用である．また，生態系，人命，家族の価値観（変容）などがインタンジブルな効果としてあげられる．その意味で，費用―効果分析はインタンジブルな効果を扱った分析である．

1.6.3 純便益,純効果算出のための配慮—便益や効果を算出する際には,時間の推移,状況の変化を配慮して価値の増減を含めて計算しなければならない.

(1) ディスカウント率:インフレ率や学習効果の影響で,得られる便益や効果の価値は時間の経過とともに減少してゆく.便益を金銭換算する際には,そこでディスカウント率を設定し,それを加味して計算する.この率を決定するのは分析者である.しかし,ディスカウント率の設定の仕方によって,便益額が変化する.

(2) トランスファー (transfer):当該事業で,ある便益/効果が得られても,他の事業や対象者の負担や費用になっている場合には「トランスファー」(transfer) としてゼロ換算する.たとえば,エイズ予防教育の結果,風俗業の売り上げが減ったとしてもその分は他でのリクリエーション業に転向して利益を得るのなら,トランスファーとしてゼロ換算する.事業の地理的範囲が広くなると,このトランスファーの問題はより大きくなる.興味深いことに,費用や便益として列挙しても,トランスファーの対象となりゼロ換算されてしまうものは少なくない.

(3) 費用対効果手法の適用例:費用—便益評価の代表的事例には,1982年に米国の雇用・職業訓練局が依頼し,コンサルタント会社,マスマティカ・ポリシー・リサーチによって実施された職業訓練プログラム (job corp program) に関する評価がある (Kee, 1994).

便益としては,プログラムの直接的な効果である,雇用の増加による生産の増加分 (3276ドル) に加え,間接効果として,犯罪行為の減少による警察費用の減少効果,及び破壊損失される財の減少分 (1人当たり2919ドル),ドラッグ・アルコール依存率の減少による治療費の節約効果 (31ドル) などが盛り込まれ,全体で7399ドルと算出された.また費用の面では,直接的なプログラム運営費 (2796ドル) のほか,中央オフィスの管理費などが算出され,全部で5070ドルと計算された.これにより,プログラムの生み出す純社会利益は1人当たり年間2329ドルと算出され,結論として,目的である雇用の増大と収入確保,雇用機会の拡大,社会保障プログラムへの依存減少,犯罪の減少は達成されたとした.

1.6.4 費用—便益分析,費用—効果分析の代案—効果の多くが金銭換算が

困難であるため，費用—効果分析が開発されたが，代案となる方法が工夫，開発されているので列挙しておく．

(1) 費用・ユーティリティ分析：コストを事業性やその価値とを比較すること．たとえば，教育事業効果の確率について主観的な判断をしなければならないときに向いている．コストベネフィット，効果分析が詳細な定量データを求めるのに対し，こちらのほうは定性，定量など幅広いデータを使うことを許容する．しかし，効果分析と比べると主観性の度合が強くなる．

(2) 意思決定における複数基準グリッド：途上国の政策決定などに有効．たとえば，市民社会に育成を目標にした場合，それに関わる政策決定が何でありどのように影響しているかを分析する．最終決定はあくまでも政治的なものとなる．

(3) 環境リスク分析：当該事業によってリスクがどの程度軽減されたのか（コスト効果分析の一種）．

(4) オプション価格化：当該事業の結果や成果が将来の市場価値をみるために価格を設定する．潜在価値の評価と呼ぶこともできる．

2 作業手順と評価グリッド

以上にみてきた体制を整えた上で，評価を実施するにあたり，重要なのは，評価によって何を知りたいのか，すなわち評価設問を明らかにすることである．評価報告書が出来上がってから，「これは知りたかったことではない」と批判されることがある．それは，評価者と依頼主の間で，評価設問について合意がなされないまま，双方が憶測と安直な信頼で作業を進めてしまったことに起因することが多い．

また，評価手法は先に述べたように多様であり，評価目的と対象にあわせて適当な手法を選択することは容易なことではない．その意味で，評価作業を設計する段階で，評価に関係する人々の間でできるだけ合意をとる努力が必要である．そのためには，以下のような作業を行っておくとよいだろう．

2.1 第1ステップ「評価対象の確認」

まず，評価の対象を確認する．評価のイメージは多様で，漠然としているた

め，評価依頼主自身にも評価対象が明確でない場合がある．たとえば事業の効果や目標達成度なのか，マネジメント方法なのか，あるいは組織のガバナンスなのか，などを確認する．総合評価という言葉に象徴されるように，すべての側面を網羅した評価，あるいは複数の側面を同時に評価することを望む依頼主は多い．しかし，それぞれの評価は異なるアプローチが求められる場合が多く，作業効率を考慮しても，できるだけ対象を絞る必要がある．

2.2 第2ステップ「評価設問の確認」
設問表を用いて各々の関係者にインタビューを行う．

2.3 第3ステップ「ロジックモデルの作成」
評価対象は，どのような状態をめざしているのか，その理想的な姿をロジック・モデルで描く．すなわち，事業であれば，投入からアウトプット，さらにはそれが効果を表してアウトカム，インパクトをもたらすであろう道筋をチャート図に描く．このことにより，依頼主側のメンバー，そして評価者の間で，使命や目標を再確認することができる．このロジック・モデルは，評価のための調査を実施する段階では，現状との比較対象を提供し，仮にロジック・モデルに描かれた状態になっていない場合には，問題点の発見のヒントがそこに隠されていることが多い．また，その理由や原因を究明することで，改善点を見出すことにつながる．

2.4 第4ステップ「評価グリッドの作成」
評価グリッドとは，評価設問を基軸に，調査項目，それに対応する指標，さらにはデータ源を記すためのフォーマットである．この一覧表があることで，調査作業を効率的に行うことができる．

2.5 例にみる評価体制
表7.5，表7.6，図7.8は，大コロンボ圏での水害被害工事（「大コロンボ圏水辺環境整備事業」国際協力銀行）を行うにともない実施された住民移転に関する評価報告書（穂坂光彦教授，小椋知子院生；穂坂，2001）をもとに作成した評価設問表，ロジック・モデル，評価グリッドである．

スリランカの大コロンボ圏の水害防止のために川床，放水路などの整備事業を行ったが，それにともなう大規模住民移転（約4300戸）について，評価を行ったものである．移転対象住民は，シャンティと呼ばれる貧困層で，川沿いに不法に土地を占拠している．彼らが水辺に住んでゴミを排出することが，水路をふさぎ水害の原因にもなっている．同時に，これらの人々は洪水の被害者にもなっており，これらの人々を安全な場所に移転させることは，工事のためのみならず，彼らの生活環境を整備する上でも必要であった．ここでは，住民移転サービスが計画どおりに提供され，その結果，移転住民の生活が移転以前より改善されたのかを確認することが主目的であるが，それが以下3つの設問に反映されているが以下のように設問はシンプルで平易な言葉で表現されているのが望ましい．

表7.5　大コロンボ圏水辺環境整備事業，住民移転評価：設問表

> 評価設問（evaluation question）
> 本評価によって知りたい最も fundamental な疑問点
> 設問1：移転住民の生活は向上したのか？
> 　　　　（outcome, impact）
> 設問2：移転住民に適切にサービスが提供されたのか？
> 　　　　（output, outcome）
> 設問3：移転のプロセスは適切であったのか？
> 　　　　（operation）

穂坂（2001）．

　図7.8は，住民移転が計画，適切に実行され，その結果，住民の生活が向上するという理想的な道筋を描いたロジック・モデルである．シャンティの人々，4000戸以上の住民の移転計画が策定，予算措置がなされ（インプット），それに基づき住民説明，恵沢金の供与，移転先居住設備の供与などが行われる（アウトプット），住民が定住を始め，JICAやNGOの支援により生活環境を整えてゆけば，生活基盤インフラが徐々に整い，住民参加による地域づくりが行われてゆく（アウトカム）．さらに，住民が定職をもち安定した収入を得ることにより，生活水準が向上し，子供への教育が行われる．また，洪水被害を受けないことで，疫病などの被害を免れ健康状態も向上することが期待される（インパクト）．

　表7.6は，評価グリッドであり，各評価設問に基づき，それに対応する調査項目が作られている．調査項目に基づき，現地調査を実行する際には調査項目

```
投入 → 活動 → アウトプット → アウトカム → インパクト
```

シャンティ住民移転

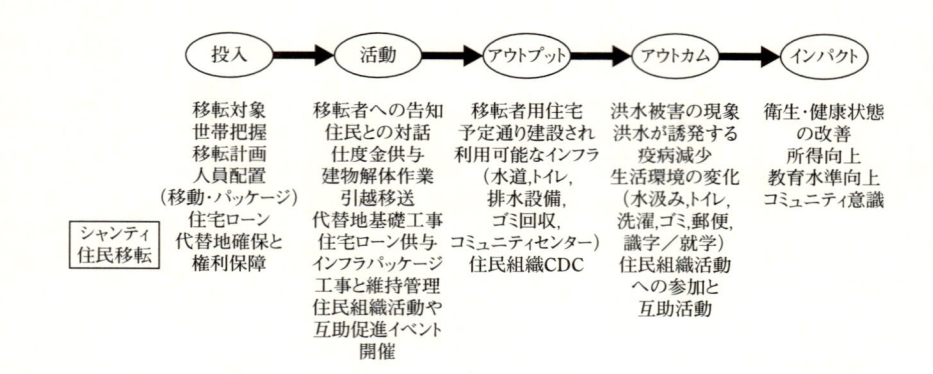

投入:
移転対象
世帯把握
移転計画
人員配置
(移動・パッケージ)
住宅ローン
代替地確保と
権利保障

活動:
移転者への告知
住民との対話
仕度金供与
建物解体作業
引越移送
代替地基礎工事
住宅ローン供与
インフラパッケージ
工事と維持管理
住民組織活動や
互助促進イベント
開催

アウトプット:
移転者用住宅
予定通り建設され
利用可能なインフラ
(水道,トイレ,
排水設備,
ゴミ回収,
コミュニティセンター)
住民組織CDC

アウトカム:
洪水被害の軽減
洪水が誘発する
疫病減少
生活環境の変化
(水汲み,トイレ,
洗濯,ゴミ,郵便,
識字／就学)
住民組織活動
への参加と
互助活動

インパクト:
衛生・健康状態
の改善
所得向上
教育水準向上
コミュニティ意識

図 7.8　大コロンボ圏水辺環境整備事業　住民移転に関するロジック・モデル

に最もマッチした指標を見出すことがキー要因になる．また，適当な指標を見出すのは容易なことではなく，事業内容，現地事情，さらには事業分野の専門知識を用いて探してゆくことになる．したがって，必要に応じて当該分野の専門家や現地事情に詳しい NGO や地元関係者の助言を求めてゆく必要がある．データ源の欄には，指標データをどこからとればよいのか，あるいはとることができそうか，その所在を記す．調査計画を作成する際に，情報源についてある程度見当をつけることによって，重複や現地での検索時間を短縮し効率的な作業をすることが期待される．

　以上，評価の設計について概観した．これらの評価は事業やプログラム計画当初の目的に基づき，その達成度を確認することを基本としている．しかし，長期間の事業の場合，計画立案時が 5 年も 10 年も前に遡ることになる．現状が変化し当時の状況と大きく異なる場合，当時設定した目的に沿った評価を行ったとしてもその結果がさほど役立たないことがある．

　次章では，時々刻々と変化する社会状況を見据えて，将来に向けた戦略を提示することを目的とした評価アプローチについて述べる．

表 7.6 大コロンボ圏水辺環境整備事業評価グリッド

評価設問	調査項目	指標	データ所在、収集方法
設問1：転住住民の生活は向上したのか	・衛生状態、健康状態 ・雇用状態、所得状態 ・就学状況 ・生活スタイル ・住民組織活動状況と住民参加	・疾病率、通院件数 ・雇用率、就職斡旋件数、所得 ・就学率、その他教育機会数 ・児童、成人の学力 ・女性の水汲み、洗濯時間、料理の利便―節約時間とその充当方法 ・CDCの活動内容、住民参加率、マイクロクレジットへの参加	・行政データ、病院データ ・行政データ、ヒアリング、アンケート ・行政データ、ヒアリング、アンケート ・住民リーダーへのフォーカス・グループ、政治家へのインタビュー、キー・インフォーマント
設問2：移転住民に適切にサービスが提供されたのか	・洪水被害の状況（減少？） ・洪水による疾病状況 ・土地権利 ・家屋再建の状態 ・インフラ（水道設備、排水施設、下水、トイレ、電気、街灯、道路・公共交通機関、ゴミ収集、公民館・幼稚園・図書室、運動場、郵便サービス）本事業外のインフラも含む	・洪水件数（年確率降雨量と洪水発生の比較） ・下痢、肝炎、フィラリアの減少率あるいは代替 ・権利証書あるいは代替 ・家屋（長屋、2階、1戸建、隣家との間に塀があるか）（戸数） ・インフラの普及率 ・提供時間率 ・利用した交通機関、行動範囲の広がり ・上記インフラ活用頻度と移動率 ・住民満足度	・行政データ ・病院データ ・JBICへ提出された終了時事業報告書 ・インタビュー ・アンケート ・フォーカス・グループ
設問3：移転プロセスは適切であったのか	・告知は適切になされたか ・移転に必要な補助は予定どおり供与されていたのか ・移転直後の住環境	・告知の内容、時期、ルート ・強制立退の有無（法的見地） ・土地権利の保障内容（住民調査カード、権利証） ・恵沢金の支給率 ・移送車の提供 ・移転直後の環境（住宅、インフラ）	・実施機関、市役所職員、NGO、海外青年協力隊からのヒアリング ・行政データ ・住民へのアンケート ・住民からのヒアリング

8章　イノベーションのための評価
ドラッカーの自己評価手法

1　「非営利組織のための自己評価手法」

　P. F. ドラッカーが開発した「非営利組織のための自己評価手法」は，時々刻々と変化する社会状況を把握しながら，現状における自らの成果を確認し，将来のための戦略を提示することを目的とした評価アプローチである．また，組織の内部だけに留まらず，「顧客」や「地域社会」と組織との繋がりについても配慮するように示唆している．そこで，ドラッカーの「自己評価手法」の構造を分析しながら，目標，アプローチ，業績がいかに連動しているのか，そして組織と社会の関係をどう捉えているのか考察する．

2　外部依存性を反映した評価手法──『ドラッカーの5つの質問』

　外部環境情報に依拠して，組織を自己規定することは，不確実性に組織を直面させることになる．自己を規定するには，自己をある時点の社会・経済などの状況に即して自らの成果や社会的地位を定義する．しかし環境は動的で常時変化するので，規定された内容は不確実性にさらされることになる．
　ところが，外部環境を認識し，それを積極的に民間非営利組織の規定事項に取り入れようと試みているのが，ドラッカーの『非営利組織の自己評価手法』（ドラッカー，1995）である．ドラッカーは，非営利組織がボトムラインすなわち成果の判定基準をもたず，また活動のモチベーションが善意であるだけに，成果や業績を軽視する誘惑にかられる傾向があると述べている．また，この善意が災いして，受益者や周囲の関係者のことを忘れて「ひとりよがり」の活動に埋没してしまう危険性があることを指摘している．
　そこで，自らの使命とゴールを確認した上で，組織の外にある受益者（顧

客）や社会環境とを比較し，そのギャップを認識しながら，自らの組織のあり方を再定義する「自己評価手法」を提唱している．自己評価の手法は，シンプルな以下の5つの質問に集約されている．

①われわれの使命は何か．
②われわれの顧客は誰か．
③顧客は何に価値をおいているか．
④われわれはどんな成果をあげたか．
⑤われわれの計画は何か．

さらに，それぞれの質問は，3つから5つのワークシートに細分された質問を伴っている．たとえば第1の質問は，以下の4つの質問に細分される．

(a) われわれ（の組織）は何を達成しようとしているのか？
(b) われわれが求めている個々の成果とはどのようなものか？
(c) われわれの比較優位はどこにあるのか？　逆に弱点は何か？
(d) われわれの使命は見直さなくていのか？

質問①は組織の使命に関するものだが，使命を3〜5年おきに書き換えることを勧めているのは特記すべきことである．質問は組織の使命と目的が社会ニーズという外部環境に適応しているか否かを問い，適応していないのであれば，使命を修正することを求めている．外部環境変化に適応するために自らの存在意義を変える必要性があることを指摘している．

②と③の質問は，組織の外部環境にある構成員を顧客という言葉に換言して，複数存在する構成員の分類をし，属性，変化を掌握し，これらの構成員をどう満足させればよいのか，そして彼らが組織をどのように評価しているのかについて，確認することを求めている．

④の成果に関する質問では，組織の成果はつねに外部環境にあり，「成果がないか，もしくは既にニーズがないのであれば，それはあなたの組織がないほうが世の中がうまくゆく」という厳しい口調で，外部環境と組織の不整合は組織の存在意義そのものに関わることを指摘している．

最後の⑤の質問は，組織の使命と業績と外部環境との照合結果を，次の事業プランに反映させることを示唆している．外部環境と組織の間のギャップや不適合を見出し，それを調整するように組織を変えてゆくことを求めているのである．そして，また質問①にもどって，自己評価を繰り返してゆくのである．

3 イノベーションのための評価

「自己評価手法」は，使命から，使命達成方法，業績について自己開示するためのプロセスを提示しているが，それは常に組織外部の支援者やサービスを受ける人々の価値や満足，さらに社会ニーズなど外部環境との照合を通して行われる．そして外部環境に適応するために，組織の基本構造と性格を変更して調整することを奨励しているのである．これを，外部環境への適応システムという視点からみれば，以下のように説明することが可能である．

外部環境とは，社会という一般環境，ニーズを有する人々から構成される環境，組織が直接サービスを提供する人々の環境，組織の活動を支援するタスク環境など多様であり，組織と接する境界に存在し，直接あるいは間接的に組織に影響を及ぼす．外部環境は組織の基本構造，組織の構成員である個人の行動に影響や変化を与えるが，それらを統制するための組織過程すなわち，リーダーシップやガバナンスが機能する．そして，外部環境からの影響は基本構造，個人，組織過程に変化をもたらし，さらに，これらの相互作用を引き起こす．これが，最終的には業績など組織のアウトプットとなるが，アウトプットは組織自身と外部環境へフィードバックされる．これは，野中（1978）がその共著『組織現象の理論と測定』で解説するコンティンジェンシーモデルの考え方と類似している．野中（1978：13）は「環境は組織の境界に存在し，組織全体に直接的あるいは間接的に影響をおよぼす要素である」と述べている．ドラッカーは顧客や社会のニーズや変化を組織に取り入れる仕組みを提案しているが，先の野中の考え方と共通しているといってよいだろう．

『非営利組織の自己評価手法』はこれら一連の，外部環境からの影響→組織構造，人員，組織過程の革新→結果→外部環境へのフィードバックという循環の中に非営利組織をおくように，促しているのだ．図8.1は，ドラッカーの「自己評価の5つの質問」と循環図を照合したものである．

ここで注目すべきなのは，外部環境と非営利組織の内部環境は，同じレベルではないということである．外部環境の情報との照合によって，改善や修正が行われた組織から出されるアウトプットは以前のアウトプットとは異なる．

ドラッカーの「自己評価」を例にあげれば，顧客の人口構成や属性の変化を

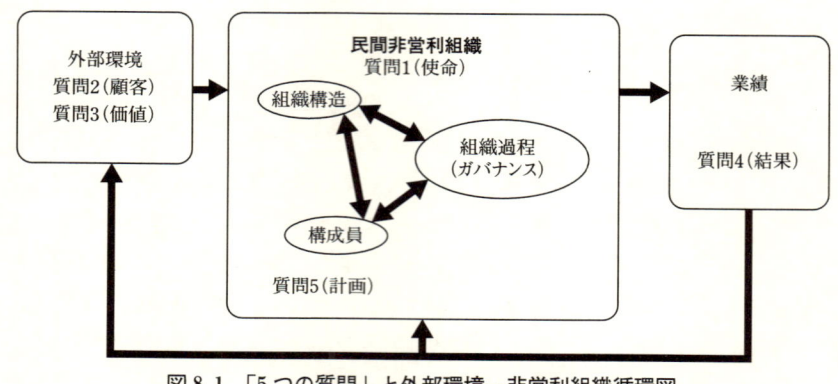

図 8.1 「5つの質問」と外部環境―非営利組織循環図

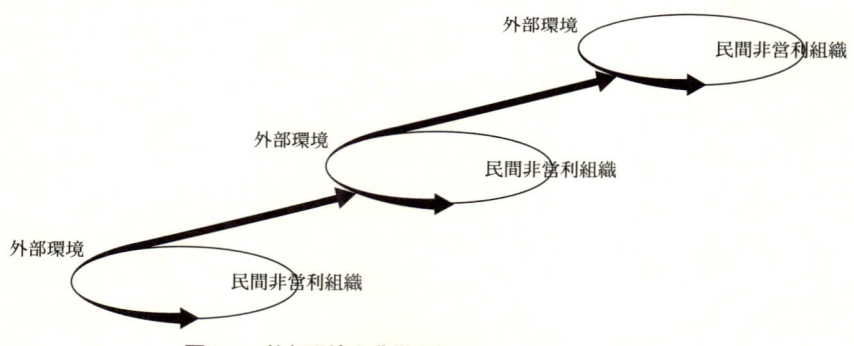

図 8.2 外部環境と非営利組織のスパイラル的循環

把握したら，活動の対象を増やすか削減するかという質問が設定されている．顧客が変われば，そのニーズも変化し，非営利組織の活動方法にも変化をもたらす．その当然の帰結として，事業結果すなわちアウトプットの内容も変わってくるのである．

　アウトプットが異なるのであれば，それがフィードバックされた外部環境も以前とは同じレベルではない．すなわち，組織と外部環境はそのレベルの向上において相互作用しあい，循環構造を描いている．しかもこの循環構造は同じレベルに位置しないので，スパイラルを描いているということができる（図 8.2）．

　ドラッカーの自己評価手法は，外部環境の変化を意図的に取り入れ，それを

次の計画に反映するようにデザインされている．変化を察知するために，成果と顧客，顧客の価値の間のギャップを見出そうとしているが，このギャップこそが，イノベーションのためのチャンスなのである．しかし，やみくもにチャンスに手を出しているのでは拡散する危険がある．そこで，使命という基軸に基づいて，チャンスを取捨選択するようにしているのである．

　これまで紹介した各種評価手法は，プログラム計画時に設定した目標の達成度を測定することを基本としている．ここで起こりがちなのは，目標を達成できなかったことを憂うことである．とくにアカウンタビリティを重視する者にとって顕著である．しかし，ドラッカーの評価手法は，計画時，つまり過去に設定した目標の達成度を測ることをさほど重要視していない．むしろ，過去に設定した目標は，現在，未来のニーズとは一致しないのが当然であり，この不一致にこそ，イノベーションのチャンスがあると考えている．このチャンスをものにするために，「あなたの計画は何か」という質問を最後に用意したのである．

　評価に対して，報告書で記された教訓，提言が，次の計画や戦略づくりに役に立たないという不満がよく聞かれる．分析の不足がそのような不満を招いているのかもしれない．しかし，プロジェクト計画時の計画は数年前，あるいはそれより以前にさかのぼってたてられており，当時の状況と，現在のそれとは異なっているはずである．過去にたてた目標の達成度を測定するだけでは将来への問題提起には不充分ではないか．ドラッカーの評価手法は，そのような評価に対して一石を投じている．

IV インターメディアリの設計
社会装置としての方向性と機能

9章　インターメディアリに求められる評価

　前章までに非営利組織の評価について述べてきたが，インターメディアリにはどのような評価アプローチ，方法が求められるのだろうか．本章においては，第2章で紹介したインターメディアリ事例のなかでも，もっとも熱心に評価を行っていたクリーブランド財団，全国チャリティ情報センター（NCIB）に注目し，評価事例分析を行う．最後にインターメディアリに期待される評価アプローチや方法について，不特定多数の資源提供者を対象にするタイプと，特定の資源提供者を対象にするタイプに区分し，提案する．

1　インターメディアリ事例にみられる評価機能

　インターメディアリは「効果的なギビング」をそのキーワードに，資源提供者と民間非営利組織のミスマッチの解消のためにさまざまな活動を実施している．その行為を，資源提供者と民間非営利組織間の資源提供をめぐるトランザクション（取引）コストの軽減という理論で説明した．
　トランザクション・コスト理論のフレームワークでインターメディアリの機能を分析してみると，コスト軽減機能のほかに，一見あえてコストをかけている機能があることがわかった．それが，広報などの情報発信機能と評価機能であった．しかしながら，民間非営利組織の評価は「ものさし」不在ゆえに困難であり，評価方法についてさまざまな試行が行われていることがわかった．本章では，第3章でとりあげたインターメディアリ事例の評価機能に注目する．まず，各事例の評価やそれに類する活動を概観する．

1.1　各インターメディアリの評価活動
　事例1　退職者と高齢者のためのボランティア・プログラム（RSVP）——

RSVPは，ボランティア人材を欲する民間非営利組織と，ボランティアを希望するシニアの人々の間の仲介・斡旋を行っている．RSVPは他のインターメディアリとは異なり，民間非営利組織の評価ではなく，資源提供者であるシニア・ボランティアの人々の評価に工夫を凝らしていた．とくに，シニア・ボランティアの能力を事前に評価（アセス）することが，民間非営利組織とのマッチングの鍵因であるとして「転用可能な技術の19の指標」を開発した．

また表彰制度などを設け，事後にボランティアの人々の業績をねぎらうシステムも導入されている．RSVPの評価は，民間非営利組織が必要とする資源について事前のアセスメントを中心に行っているといえるだろう．

事例2　クリーブランド財団——評価という言葉ではなく，「戦略的プランニング」という言葉を用いて総合的な評価を試みている．この名称が示すとおり，評価は組織の目標，計画立案，実施運営，事後の処理に至るまでのマネジメント・サイクルの中に位置づけられている．そして，評価結果が次の目標や計画立案に反映されるように工夫されているのである．

戦略的プランは統一されたフォーマットに基づき，全プログラム（芸術，地域等）のスタッフが作成する．同財団の評価の考え方は，「戦略的プランニング」が基本につくられているといってよいだろう．事前，中間，事後のいずれの評価もこの枠組みの中で実施されている．

また，事業レベルの評価とプログラムレベルの評価があり，事業レベルの評価情報がプログラムのレベルの評価の情報源となっている．事業レベルの評価は助成先のモニタリング，事後の目的達成度などの評価である．評価は同財団のスタッフと被助成先である民間非営利組織が共同で行うこともあるし，規模の大きなものについては専門家を雇う場合もある．

個々の事業評価結果をひとつにまとめクラスター評価を実施しているが，これはプログラム全体の社会への影響度を測るためである．そしてこの基準は，戦略的プランニングで設定した同財団のインパクト・レベルの目標でもある．

事例3　財団センター——目立った事業評価，プログラム評価については公表していない．また，筆者がインタビューを行った際同センターは評価については重要な活動としては言及していなかった．しかし，財団センターの設立契機に注目すると，助成先を探す財団と助成金を探す民間非営利組織のミスマッチ解消にあった．財団側の情報をまとめて提供すれば民間非営利組織は自らの

活動にあった財団を選択することができ，したがって，はなはだしいミスマッチは解消されると考えたのである．しかし，助成財団と民間非営利組織の活動分野が一致しているだけではマッチングにはならない．合理的な事業計画とそれを明確に記した申請書が必要である．そこで財団センターは民間非営利組織向けに「申請書の書き方セミナー」を実施している．評価の視点からすれば，民間非営利組織の計画立案能力すなわち事前評価能力向上支援を行っている．

事例4 ニューヨーク・ケア——評価情報は公開せず．

事例5 企業ボランティア協議会——評価を明示のかたちでは行っていなかった．しかし，企業の社員のボランティアを斡旋する業務の一環として，企業から委託を受けて，ボランティアを経験した社員の意識調査を行っている．調査結果の使途については明らかにされていないが，社会貢献活動の一環としての社員ボランティア支援活動について，企業がその方針と計画を決定する際の材料になっていると予想される．その意味で，資源提供側についての事後評価とみることもできよう．

事例6 チャリティーズ・エイド財団（CAF）——CAFは，寄付希望者の手続き代行機関として設立された．現在は大型の資金調達および配分機関に発表している．CAFは特定の寄付者と民間非営利組織の仲介・斡旋はしないことを方針としている．大掛かりな民間非営利組織のデータベースを作成し，それを寄付希望者に紹介することに徹している．その意味では，民間非営利組織の組織アセスメントを事前に行っているといえよう．公表はしていないが，寄付先ブラックリストを有しており，寄付者への助言の材料としている．つまり，最低限の「団体の信頼性」のチェックについてはデータベースを作成する際に行っている．現在でも，手続き代行は行っているが，寄付先の民間非営利組織の選択は寄付者に委ねられている．そのためか，寄付対象となった事業の中間，事後評価は実施されていない[1]．CAFの代表者，Michael Brophy氏が「CAFには情報に弱い面がある」と述べているが（1999年，著者インタビューによる），寄付後の評価情報とフィードバックの不足を意識してのことと思われる．

事例7 低所得者のための住宅供給社（CSH）——企業や財団から資金を調達し，貧困地域の住宅開発を目的に，CDC（Community Development Corporation）と呼ばれる地域開発分野で活動する民間非営利組織に助成を行ってい

表 9.1 インターメディアリ事例別評価概要（1999 年当時）

組　織　名	評価内容（評価対象，時期：事前／中間／事後）
1. 退職者と高齢者のためのボランティア・プログラム（RSVP）	民間非営利組織よりもボランティア（資源提供者）の技術や能力チェックの評価に重点をおいている．これが民間非営利組織とのマッチングの鍵要因になる．
2. クリーブランド財団（TCF）	「戦略的プランニング」という方法で評価を事業マネジメント・サイクルの中に位置づけている．事前評価として，社会環境アセスメント，ニーズ・アセスメントを実施．中間では対象事業のモニタリングを実施．事後評価は事業評価の他，クラスター評価を実施している．前者は個々の対象事業結果，後者は財団プログラムの効果をみようとしている．
3. 財団センター	とくに評価は実施していない．しかし，事前評価支援として被助成者に対し申請書の書き方セミナーを実施している．
4. ニューヨーク・ケア	情報公開を行っていない．
5. 企業ボランティア協議会	社員がボランティア活動を実施した後の社員意識調査を実施．資源提供後の資源提供者への影響を測定しようと試みている．
6. チャリティーズ・エイド財団（CAF）	資源提供先である民間非営利組織の団体情報をデータベース化している．一種の団体評価を寄付事前段階で実施している．しかし，寄付対象事業の事前，中間，事後評価は行っていない．
7. 低所得者のための住宅供給社（CSH）	貧困地域住宅開発分野の民間非営利組織に対し，事前（申請書，企画立案），中間（モニタリング），実施後評価を実施している．評価を民間非営利組織の学習，能力向上の場としてとらえて，評価時には相談，訓練を組み合わせるなど，形成評価の色彩が濃い．
8. ニューヨーク・コミュニティ信託	評価に関する情報入手不可．
9. 全国チャリティー情報センター（NCIB）	民間非営利組織に関する団体評価を実施．9つの基準に沿って資料をもとに団体を分析．分析結果を3段階の定量情報にして一般公開している．基準見直しは80年間で2回実施した．

る．また，助成金配分の際には，助成先に対して企画立案や運営方法などのコンサルテーションを行っている．CDCは資源配分に関して，事前，中間，事後評価を行っている．

　CDCから申請を受けると，申請書を精査した後，現場で申請者と面接を実施し，必要であれば計画の修正を助言する．つまり資源提供先である事業計画と実施者（CDC）の事前評価にも十分な時間をかけている．モニタリング（中間評価）においても現場を頻繁に訪れ，必要であれば助成先に対して技術支援や訓練も行っている．

　事後評価について特記すべき点は，評価基準の中に，建築された住宅の件数だけではなく，受益者の内面的な変化など質的な側面を含めている点である．このような評価の場合，受益者との面接，あるいは一定時間後の追跡調査を必要とし，事業のアウトプットだけではなくアウトカムを評価対象にしてゆく必要がある．

　事例8　ニューヨーク・コミュニティ信託——評価情報入手を試みたが，それに相当する情報入手はできなかった．

　事例9　全国チャリティ情報センター（NCIB）——NCIBは，民間非営利組織の信頼性などの評価情報を寄付者に提供することを主たる活動としている．ここで行う評価とは，寄付された事業のモニターや事後評価を行うことではない．寄付先の対象として信頼に足りるものであるかどうかについて，組織のシステムをチェックすることによって評価しようというものである．

　NCIBはその委員会のもとで作成されたガバナンスや経理など「9つの基準」に基づき，民間非営利組織から提供される年次報告書や質問表を調査・分析し，最後に3段階方式で9つの基準項目について採点結果を出す．いわば，民間非営利組織の団体格付け評価のような性格を有する評価である．これは1918年の設立以来，評価基準は2度改訂されているが，時代の変化や要請とともに基準も柔軟に対応すべきであるという考え方があるからである．

　その一方，NCIBは民間非営利組織の業績，すなわち事業やプログラムの成果や効果を評価していない．業績を評価しない点について，NCIBが発行する新聞の読者などから疑問が投じられることもあるし，またNCIB内部でも議論になっている．寄付先である民間非営利組織の業績測定は，寄付者の投じた資金の社会的効果の議論にもつながるため，今後の課題であろう．

1.2 インターメディアリ評価事例分析

9件のインターメディアリの評価機能あるいは評価活動を概観したが，なかでもクリーブランド財団，全国チャリティー情報センターは評価を重視した活動を行っている．そこでここでは両者の評価活動について，実施者視点の評価方法にそって分析し，それぞれの評価活動の構造を理解する．

1.2.1 分析フレームワーク

分析フレームワークは第7章でレビューした「実施者視点の評価方法」を基礎にして，事例であげられた評価活動を以下の項目に従って分析する．

(1) 評価設問
(2) 評価目的
(3) 評価対象
　①評価階層
　②プロジェクト／プログラム／団体
　③タイミング（事前／中間／事後）
　④実施者（内部／外部）
(4) 評価基準
(5) 評価方法あるいは評価手法
(6) 評価情報の公開や使途

1.3 クリーブランド財団の評価

クリーブランド財団は「戦略的プランニング」という言葉を用いて評価を行っている．あえて評価という名称を使わないことには理由がある．まず，「戦略的プランニング」の評価としての構造を先のフレームワークを通して分析する．

1.3.1 フレームワークからみたクリーブランド財団の評価

(1) 評価設問：クリーブランド財団の評価は大きく2つに分けてみることができる．ひとつは寄付者と寄付先に関するもの，もうひとつはクリーブランド財団の使命と寄付先の使命との照合である．評価設問は以下のとおりである．第1番目の役割が個々の事業レベルの評価であるのに対し，第2，第3番目は分野別，あるいは個々の事業を束ねたプログラム別の評価である．

「寄付者の寄付金は正しく使われ，寄付先である民間非営利組織は事業目的を達成しているか」

「クリーブランド財団はその使命に基づき，各助成分野において目標を達成しているか」

「クリーブランド財団は当該事業から何を学習し，それを次期計画に活かせるか」

(2) 評価目的：評価目的も寄付者に対するそれと，財団自身のそれとに分かれるようである．評価目的としては最初に寄付者に対するアカウンタビリティの証明があげられる．寄付者と寄付先の民間非営利組織を直接的に仲介・斡旋している同財団は，寄付者の寄付金が正しく使われていることをきちんと証明しなければならない．次に同財団の助成財団としての学習効果があげられる．「戦略的プランニング」と呼んでいるように，評価結果が次の計画やマネジメント方法に活かされることを強く意識している．

(3) 評価対象

①評価階層——クリーブランド財団の評価すなわち「戦略的プランニング」は，評価を財団のマネジメント・サイクルの中に位置づけている．評価から次期計画立案を意識的に連動させ，さらに計画が始まるとモニタリングを行い，事業終了後に事後評価，あるいは一定期間をおいて分野別にみたインパクト評価を行っている．つまり，ニーズ・アセスメント，プログラム・セオリーをチェックするセオリー評価，中間評価，インパクト評価の4階層にわたる評価を行っている．

②評価範囲——同財団が2つの評価目的，評価設問を有していることは前述した．寄付者と寄付先の民間非営利組織の評価は事業レベルの評価である．財団の目標達成度をみるにあたってはプログラム評価を行っている．すなわち芸術，社会福祉など分野別での同財団のプログラムのインパクトをみようとしている．

③タイミング（事前／中間／事後）——評価をマネジメント・サイクルの中に位置づけているため，事前，中間，事後のすべてのタイミングで評価が実施され，それがサイクルを描いて繰り返されるようになっている．

④実施者——事業評価は財団のプログラム・オフィサーを中心に行われているが（内部評価），助成先である民間非営利組織の学習効果も意図し，彼らの

参加を得て行う「参加型評価」も行っている．

プログラム評価は内部評価もあるが，外部の評価専門家やコンサルタントに委託することもある．

(4) 評価基準

「組織内で制度化されたか」——助成した事業が，被助成者もしくは他の類似団体によって継続して続けられているか．組織の中に仕組みができることを制度化（institutionalization）と呼んでいるが，これには持続発展性の意味も含まれている．

「生活の改善，人々の生活態度の変容」——貧困地域の人々のための職業訓練プログラムにみられるように，対象者／受益者がサービスを受けただけでなく，その後一定期間後にそれらの人々の内面や態度の変化をみようとしている．

(5) 評価方法あるいは評価手法——プランニングあるいはマネジメントの一環として，プログラムの見直しが5年に1度実施される．

またニーズ・アセスメントに加え，外部環境分析，歴史的推移，類似団体の動向など，いわゆる競争戦略に必要なデータの収集・分析を実施している．

調査方法は，公統計データ収集，質問票，インタビュー調査などである．プログラム評価においてその効果を測定するために，ランダム実験法あるいは回帰・分断モデルのような準実験法を採用しているかどうかは不明．公開データ，ヒアリングデータからはこの種の報告はみられなかった．

(6) 評価情報の公開や使途——同財団は情報公開を活動の大きな柱としている．助成プログラム情報，寄付者情報，寄付者と寄付先（民間非営利組織）とのコミュニケーションという3つのカテゴリー別に情報がオンライン化され，寄付者，民間非営利組織，財団職員や幹部，理事がそれぞれ情報にアクセスできる．

そのうち，評価に関連する情報は被助成者向け情報の中に見出すことができる．この情報は，「基本データ」（タイプ，名前，受益者，金額），「進行状況」（期間，スタッフ，終了時期，支払い），「アクション」（モニタリング，フォローアップなど），「助成契約」，「自由記入」を網羅している．このうち，アクションに関わる情報が，中間評価，事後（実施後）評価に関わる情報である．同財団のプログラム・オフィサーのモニター，あるいは民間非営利組織が提出した報告書の要約などがこれらの情報源となる．通常，財団内部で保留される情

社会福祉プログラムの主な利害関係者　　　　　□中間団体

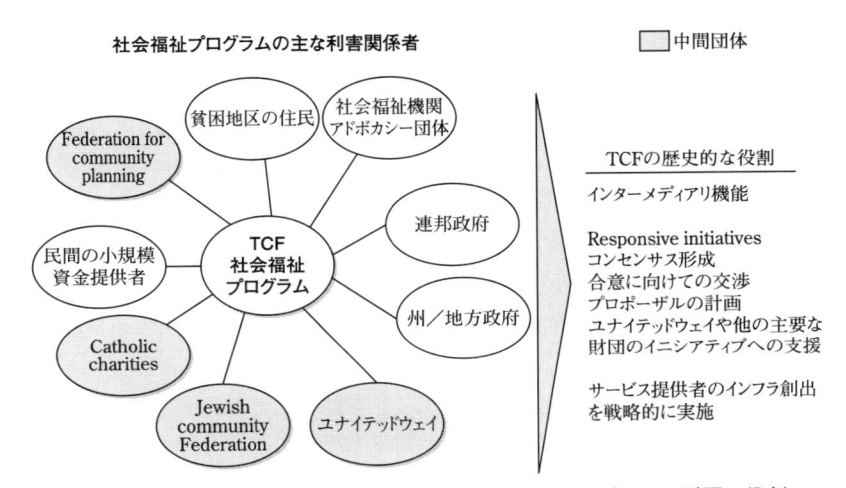

図内要素：
- Federation for community planning
- 貧困地区の住民
- 社会福祉機関アドボカシー団体
- 民間の小規模資金提供者
- TCF 社会福祉プログラム（中心）
- 連邦政府
- 州/地方政府
- Catholic charities
- Jewish community Federation
- ユナイテッドウェイ

TCFの歴史的な役割
インターメディアリ機能

Responsive initiatives
コンセンサス形成
合意に向けての交渉
プロポーザルの計画
ユナイテッドウェイや他の主要な
財団のイニシアティブへの支援

サービス提供者のインフラ創出
を戦略的に実施

図 9.1　プログラムに関わる主要な利害関係者とクリーブランド財団の役割
クリーブランド財団（1992）社会福祉プログラム，戦略計画，p. 155.

報であるが，それを助成対象となっている民間非営利組織と同時期に共有していることになる．

　財団のプログラム評価，すなわち5年に1度実施される「戦略的プランニング」の結果も公開されている．要約は年次報告書に，詳細は部署ごとの公開資料として保存されている．評価情報についても可能なかぎり外部と共有してゆく姿勢がみられる．

　1.3.2　評価アプローチとしての「戦略的プランニング」―「戦略的プランニング」は既存の評価アプローチと何が異なるのか．その点を明らかにするために，戦略的プランニングの活用事例とその構成を概観した後，既存の評価アプローチと比較してみる．活用事例の対象は「地域開発プログラム」である．同プログラムはクリーブランドの貧困地域を対象にした住宅建設，職業訓練，意識改革を目的とした訓練，生活サービス提供などである．

　(1) 利害関係者の構成分析：図9.1は，プログラムに関わる主要な利害関係者を図示したものである．中心にプログラムを据え，ニーズをもつ人々（対象者），行政府機関，ユナイテッド・ウエイなどの大小の寄付者，民間非営利組織などのサービス提供団体などが記されている．これらの利害関係者の間でク

リーブランド財団が果たしてきた役割として，調整役，交渉役，サポート役をあげている．

(2) 歴史的変遷：図9.2は，1964年前後から89年までの，貧困地域問題をめぐる状況の変化を記したものである．政府の政策，主な助成組織の活動，経済状況などが貧困対策にどう影響しているのかを概観している．そして，クリーブランド財団が各年代別に具体的にどのようなプログラムを展開してきたかを記している．当初は政府対象のプログラムであったのが，80年代頃からコミュニティ支援に移行している．またコミュニティ組織，すなわち民間非営利組織の能力強化活動も行われている．

(3) 環境分析：図9.3は，貧困対策のための社会サービスをめぐる環境分析を図示したものである．中心にサービス対象者を据え，サービス提供者としての民間非営利組織，行政府機関，それらのサービス提供制度の状況を説明している．その周辺に，政策，経済状況，社会状況，アドボカシーなどを図示しこれらがサービス提供活動に影響していることを表わしている．つまりサービス提供を成立させる構成要素と影響要素に分けて図解しているのである．

(4) 学習点：図9.4は，歴史的変遷，環境分析，過去の活動実績から得られた学習点を記したものである．学習点としてあげた5点は，図9.1〜9.3の分析図に記したものをまとめたものである．また，この学習点は「〜すべき」という表現で将来方向を示唆している．

(5) 課題と解決策（戦略の方向性）：図9.5は，貧困問題における社会サービスプログラムの課題を左側で説明し，右側に課題の解決方法の選択肢を示している．また，ここであげられた課題は，さまざまな社会サービスの課題のなかでも，クリーブランド財団の戦略と関わる点に絞って示されている．つまり，これらの解決方法の選択肢は，財団プログラムの次期戦略の方向性を示唆するように設計されている．

(6) 戦略フレームワーク：図9.6は，戦略フレームワークと呼ばれるもので，戦略全体を一目で概観できるように図示したものである．「外部環境における問題点とその妥当性」とはプログラムを取り囲む環境と問題所在を示し，「最終目標」は問題解決のための最終到達目標，「目標群」は最終到達目標を達成するための下位目標群，「戦略の方向性」は下位目標を達成するための方法，「アプローチ」は方法を具体的な活動計画に示したものである．

	1964年以前	1965-81年	1982-87年	1987-89年
外部環境	—Welfare Federationの機能 ・計画 ・予算 —その他の強力な民間の組合 —分散した機関の基盤 —ニーズの変化が見られない	—Welfare Federationの解散（1972） —ユナイテッド・ウェイ ・ファンドレイズ ・配当 —Federation for Community Planning (FCP) —他の資金調達相手は計画と資金調達の役割を増す	—経済不況 —連邦政府支援の大幅削減 　資金調達の優先順位の度重なる変化 —慢性的なニーズの出現 　新たなニーズの出現 ・絶え間のない貧困 ・恵まれない青年 ・薬物乱用 ・家庭内暴力	・連邦政府支援の削減，優先順位の変化 ・ユナイテッド・ウェイによる資金調達がより困難に ・新たなニーズの出現が増加 ・経営能力の低下
TCFの役割	—応答的	—応答的 —戦略的	—応答的 —戦略的	—応答的 —戦略的
TCFの戦略／イニシアティブ	—Welfare Federationと親密な関係を築く	—引き続きWelfare Federationと（後にユナイテッドウェイとFCPと）密接な関係を続ける —Women's serviceのための調整のための仕組みを支援 ・Women space —マルチサービス機関設立支援 ・Neighborhood Centers Association ・Youth Services Coordination Council	—ベーシックニーズに対応する調整手段への支援 ・Emergency Funders Group —新たな以下の問題への資金提供 ・薬物乱用 ・情緒障害児 ・虐待された女性への住宅供給 —緊急時に必要ニーズに対する仲介的対応への支援 ・Food bank ・10代の妊娠	—恵まれない青年へのコミュニティサポートシステムの強化 ・Day care planning project ・Neighborhood-based programs for children —代替的サービス提供地域の開拓 ・In-home intensive ealment services ・School based kealment programs —次のものを通してTCFのマネージメントについて，組織的なトレーニングの推進 ・地図 ・ゲシュタルトプログラム

図9.2　貧困状況の時代変化とクリーブランド財団プログラムの変遷
クリーブランド財団（1992）社会福祉プログラム，戦略計画，p. 156.

社会福祉サービスへの影響要素

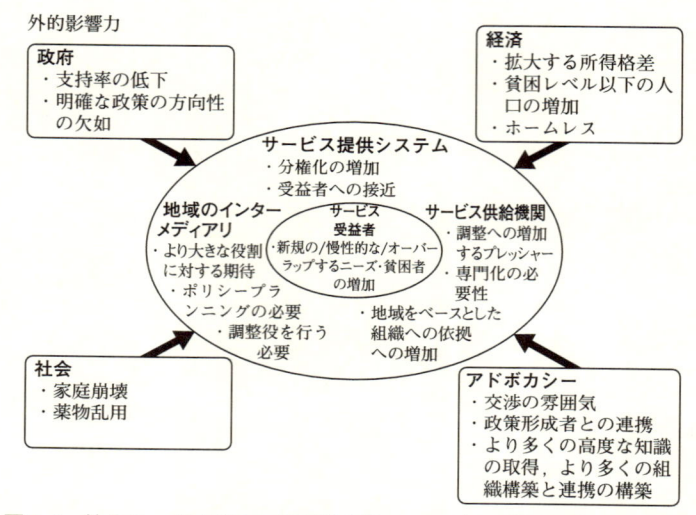

外的影響力

政府
・支持率の低下
・明確な政策の方向性の欠如

経済
・拡大する所得格差
・貧困レベル以下の人口の増加
・ホームレス

サービス提供システム
・分権化の増加
・受益者への接近

地域のインターメディアリ
・より大きな役割に対する期待
・ポリシープランニングの必要
・調整役を行う必要

サービス受益者
・新規の/慢性的な/オーバーラップするニーズ・貧困者の増加

サービス供給機関
・調整への増加するプレッシャー
・専門化の必要性
・地域をベースとした組織への依拠への増加

社会
・家庭崩壊
・薬物乱用

アドボカシー
・交渉の雰囲気
・政策形成者との連携
・より多くの高度な知識の取得，より多くの組織構築と連携の構築

図 9.3 社会サービスをめぐる環境分析：サービスの構成要素と影響要素
クリーブランド財団（1992）社会福祉プログラム，戦略計画，p. 165.

社会福祉サービスにおける学習点
1. 社会福祉サービスは受益者ニーズに敏感に反応すべきである．しかし，選択的に戦略的にもなり得る．
2. 社会福祉サービスの優先順位づけは，公共政策と公的資金が主要な要因である．
　一連邦政府の制約がある中で，サービス提供を向上させるキーとなるレバレッジポイントは州と地域にある．
　・州：政策の枠組み全般（基準，資格）
　・カウンティー：サービス提供のガイドラインと評価基準
　一州と地方政府に対して影響を与えることは詳細な調査と政策分析能力が必要
3. 地域の問題解決に成功するプログラムの主要な要因はインターメディアリー間の協力である．
　・最適な対処方法に対するコンセンサスが明確であれば，緊急時においてインターメディアリ団体の協力は成功する
　・他のほとんどの場合，協力は難しい
4. サービス提供の影響力を向上させることは可能である．
　・新しいサービス提供モデル
　・パイロットテストプロジェクト
　・組織マネージメントの向上
5. 戦略的な事実に影響を与えるためには，TCF内部のプログラム横断アプローチが必要不可欠である．
　・青少年の貧困
　・慢性的な貧困

図 9.4 クリーブランド財団としての学習点
クリーブランド財団（1992）社会福祉プログラム，戦略計画，p. 167.

社会福祉サービス：主要な課題

課題	選択肢の範囲
1. 応答的な助成と戦略的助成の適切なバランスとは？	A. 全て応答的助成 B. 基本的に応答的，しかし選択的に戦略的 C. 特定の戦略的イニシアティブを長期間支援するために財源利用
2. 詳細な調査と公共政策分析能力の必要性に対して，TCFの立場はいかにあるべきか？	A. 既存の公共政策分析機関の強化 B. 現在，他の組織がもつ分析能力を活かす C. 他の組織において政策分析能力を形成することを手助け
3. TCFはどのようにグラスルーツ団体を支援すべきか？ ―古くからの団体とグラスルーツ団体への支援の適切なバランス ―適切な支援形態	**支援のバランス** A. 極度に選択的であり続ける B. グラスルーツ団体を捜し出すことにより積極的になる **支援の形態** A. 現在のガイドライン内での支援 B. 運営費の支援 C. 資金調達への支援
4. 政策分析による予防と改善の適切なバランスは何か？	A. 改善のみに力を入れる B. レバレッジ・ポイントに基づき助成活動を調整する C. 予防と政策分析に対して相対的に助成を増加する

図 9.5　課題と解決策（戦略の方向性）
クリーブランド財団（1992）社会福祉プログラム，戦略計画，p. 169.

1.3.3　評価手法から観た「戦略的プランニング」―前項では「戦略的プランニング」の作業手順と内容を解説したが，本項では第7章でレビューしてきた評価アプローチと比較する．戦略的プランニングは，(1) プログラムに関わる主要な利害関係者，(2) 歴史的変遷，(3) 環境分析，(4) 学習点，(5) 課題と解決策，(6) 戦略フレームワーク（戦略全体図）の順番で進められていた．

この手順を7章で示したようないわゆるオーソドックスな評価アプローチと，それ以外のアプローチの2種に分けてみることを試みたい．すなわち，(5)は問題所在と解決策を探る事前評価（またはニーズ・アセスメント），(6)は事業計画の企画立案と構造チェックをするための事前評価である．(4)は以前に実施したプログラム評価から得られた知見ととることもできる．これは，オーソドックスな事前および事後評価のアプローチであろう．

それに比較し，(1)〜(3)は対象となるニーズや事業の外に視点を向けたものである．一見，ニーズアセスメントにもみえるが，利害関係者の分析，時代や

社会福祉サービス:戦略フレームワーク

外的根拠
- 援助を必要とする人々の増加と新しいニーズの急激な出現
- 新しい問題と古い問題の両方を扱う社会福祉機関の数と種類の著しい分断化
- 特に公共部門からの財政支援の減少による競争の激化と貧困者へのサービス浸透の減少

総合目標
- 慢性的な社会福祉サービスの問題の創造的な解決と新しいニーズに対する方策を計画するためにコミュニティの能力を向上する

ビルディング・ブロック
- 一般の人々に対し基本的なサービスを提供するための強固な組織基盤
- 目標とされたサービス提供を行う多くのグラスルーツ団体
- サービス提供の活動を支援し調整するすぐれたインターメディアリ団体
- 公的な資源と地域資源の配分に影響を与え、変化のモニタリングを行う政策、調査能力

戦略の方向性
- 恵まれない若者の生活の質を向上させるための資源に再び焦点をあてる
- 失業者や慢性的な貧困者の代わりに仲介を行う選択肢の形成
- サービス提供インフラの効率と効果の向上
- 重複を取り除くため、協力を助け、機関へのコンサルテーションを支援する
- 費用効率の高いサービス供給のための創造的な方策を支援する

方策
- 公的セクターと資源配分の分析
- 新しいサービスの方法の特定
  ・薬物乱用
  ・早期教育
- 家族カウンセリングプログラム全体の発展
  ・非行/不登校
- 恵まれない若い女性の問題を解決するプログラムの形成
  ・10代の妊娠
- 慢性的な貧困解消に寄与する地区の特徴を特定する
- ホームレス問題を解決する計画を作成する
- 緊急時のサービス提供への支援を行う
  ・食糧
  ・シェルター
- 失業女性や貧困女性を支援する特定の方法を確認する

図 9.6 貧困における社会福祉サービスプログラムの戦略フレームワーク

クリーブランド財団 (1992) 社会福祉プログラム、戦略計画、p. 172.

社会環境の分析，それらにおける同財団の位置付けを概観しようとしている．オーソドックスな評価が，プログラムや受益者に焦点を絞っているのに対し，(1)～(3)の分析プログラムは外の環境，あるいは外との関係に注目している．また，外部分析結果を事前評価（計画策定，計画のチェック）に十分に反映しようとしている．このような考え方を総括したのが(6)の戦略フレームワークである．

戦略フレームワークはプログラム・セオリーと同種のものとみてよいだろう．すなわち，投入→活動→アウトプット→アウトカム→インパクトに到達するまでの道筋を示したものである．「アプローチ」が活動を示し，「戦略の方向性」が到達すべきアウトプット，building block が期待されるアウトカム，「最終目標」がインパクトに対応している．

異なる点は「外部環境との整合性」がある点で，これは(1)～(3)の作業で得られた分析結果を反映し，社会環境とニーズを説明した項目である．また，プログラム・セオリーが投入からインパクトに向かっているのに対し，戦略的プランは「最終目標」を中心課題に据えて，そこに全構成要素のベクトルが結集されるように示している．

また，目標を達成することを起点にアプローチを定めている点は，プログラム・セオリーとは反対の思考順序になっている．これは，「戦略プラン」はプロジェクト実施前に行うのに対し，「セオリー評価」は実施後に計画をチェックするために行うという，タイミングの違いを反映してのことと思われる．

以上，クリーブランド財団の評価活動をみたが，次のようにまとめることができるだろう．まず，評価目的は同財団の2つの役割を反映しているということである．つまり，個々の寄付者と寄付先である民間非営利組織の仲介・斡旋者役としての立場，社会的使命をもつ助成財団としての立場の双方を反映した評価目的をもっている．

前者の目的は寄付金が正しくかつ効果的に使われたのかをみることであり，個々の事業レベルに焦点があてられている．後者の目的は使命あるいは中長期目標を達成したことを確認することであり，事業と分野ごとに束ねたプログラムレベルに焦点があてられている．また，寄付先である民間非営利組織に対しては，事前，中間，事後評価がなされているが，その情報は常にオンラインで民間非営利組織にフィードバックされている．また，事後評価に民間非営利組

織が参加することもある．このような情報や機会提供は，寄付先である民間非営利組織を単なる評価対象としてみているだけでなく，能力強化の対象とみなしていることを意図している．つまり評価を能力強化のツールとして捉えている．

次に，評価と日常業務の関係である．同財団が「戦略的プランニング」と呼んだように，評価をマネジメント・サイクルの中に位置づけ，日常業務と連動するように財団全体の業務を設計している点も特徴である．一般に，評価は日常業務と切り離され，特別な行事として扱われていることが多い．そのために必要なデータを整理しなおしたり，あるいは不足情報の補塡など業務とは別に負荷がかかることが多い．しかし，同財団のように日常業務に取り入れられていれば，そのような問題を予防できるだろう．

最後に評価情報の共有や発信について言及したい．評価情報の共有は次の3つの目的を果たしている．

(1) 寄付者へのアカウンタビリティ，助成財団としてのアカウンタビリティの証明
(2) 寄付の効果を証明することによる一般市民の寄付への意識喚起
(3) 民間非営利セクターへの意識喚起

そして，評価情報の発信／共有先の性格やニーズに応じて編集や発信の仕方を変えていることがわかる．1995年当時は，評価情報をはじめとしたさまざまな情報整備とそのオンライン化が進められていたが，インターネット時代においてはますますITを活用した評価情報の共有が進むだろう．

1.4　全国チャリティ情報センター（NCIB）の評価

1.4.1　フレームワークによるNCIB評価の分析——NCIBの評価は事業やプログラム評価ではなく，組織評価である．したがって，事業／プログラムを中心に開発されてきた評価アプローチとは異なる点があることは念頭におき，評価フレームワークに沿ってNCIBの評価を見ると，次のように説明できる．

(1) 評価設問——「寄付を求める民間非営利組織が信用できるのか」，「信用できるための必要条件（基準）を満たしているのか」．
(2) 評価目的——第1の目的は，「賢い寄付」（ワイズ・ギビング）（より効果的な寄付）を促進するために，寄付者に情報を提供すること．第2の目的は，明示のかたちではな

いが，寄付を受ける側である民間非営利組織の社会的信用度を醸成してゆくこと．そのために「望ましい民間非営利組織像」を提示すること．

(3) 評価対象
①評価対象：組織評価であるのでプログラムのどの階層を評価しているのかは問わない．
②タイミング（事前評価）：寄付後の事業活動に対するモニタリング（中間）や業績測定（事後）は行っていない．
③実施者：第三者評価（NICBが第三者の役割を果たしている）．

(4) 評価基準：「理事会のガバナンス」「目的」「プログラム」「情報」「資金支援」「資金の使途」「年次報告」「アカウンタビリティ（会計責任）」「予算」の9項目に設置された基準．その内容は民間非営利組織に対して，その社会性や意義を問うものであり，民間非営利セクターに対して理想像を求める「設問」と捉えることができる．また，基準は1919年設立以来2回改訂されているが，民間非営利組織に対する考え方の変化，あるいはセクターの成長や社会の受容度の変容をも反映したようにみえる．そこで，基準については別項（1.4.2）でさらに考察する．

(5) 評価方法：質問表と提出書類の分析をする．その結果を3段階の定量情報にして提示する．

(6) 評価情報の共有と使途：評価情報は先の3段階の定量情報という単純化されたものをニューズレターにして公開している．評価された民間非営利組織から評価結果や方法について照会があった場合には回答している．NCIBの歴史資料によれば，芳しくない評価判定を下された民間非営利組織からの苦情はほとんどなかったという．つまり，評価された側がその結果を受容している．

1.4.2 評価基準の変遷に関する考察 フレームワークによる分析からは，評価基準に特徴があることがわかる．NCIB評価基準は評価活動の根源をなすものであり，同時にNCIBが求める「望ましい民間非営利組織像」を表したものでもある．その意味で評価基準はNCIBの思想を反映したものともいえよう．そこで1918年から1991年現在までの評価基準の変遷をみることによって，民間非営利セクターの変容や社会の受容の変化をみる．

(1) 年代別にみた評価基準①（1991年版　評価基準）
Ⅰ．理事会のガバナンス：理事会は組織の方針設定，具体的な方向性の提示，

現行組織と事業のガバナンスに対して責任があり，定期的に組織の方針，プログラム，運営を見直すべきである．理事会は以下の要件を満たしているべきである．

　　i．独立しており，理事は無償のボランティアである．
　　ii．最低5名は選挙によって選ばれた理事である．
　　iii．出席と委任についての方針がある．
　　iv．理事長，役員の任期規定がある．
　　v．最低年2回の理事会が物理的な空間において開催され，規定数の出席率を確保している．
　　vi．理事は基本的に無給で，理事会出席のための必要経費のみが支払われる．
　　vii．理事会には有給管理職は1名以上いてはいけない．また，チーフ・オフィサーは理事会の会長や監査員をつとめないのが通常である．
　　viii．財団内のコンフリクトを回避する方法について方針がある．
　　ix．組織内においてコンフリクトがない．
　　x．理事，職員，組織構成員の間で多元性や多様性が促されている．

II．目的：組織の目的は理事会で承認されたものであり公式な文書のかたちで詳細が記されている．

III．プログラム：組織の活動と目的には一貫性がある．

IV．情報：広報は組織の存在意義，目的，プログラム，資金調達について正確に記した内容である．

V．資金支援と関連行為：理事会は資金調達に関連する正式な行為について説明責任をもつ．

　　i．資金調達の行為はボランティア精神に基づく寄付を奨励するものであり，何ら高圧的な行為をしてはいけない．
　　ii．主要な収入および収益事業に関する情報は要請に応じて公開しなければならない．
　　iii．法的に認められている商業行為についての情報は常に公開可能なように準備していなければならない．また，商業行為にかかわる広報活動においてはこれらの情報が入手可能であることを示さねばならない．

VI．資金の使途：資金はプログラムの継続性を考慮した計画および将来計画を考慮した上で使われねばならない．組織は以下の点について配慮する．

ⅰ．年収の60％以上をプログラムに投じなければならない．
　ⅱ．資金調達に投じる費用や調達分と比較して，常に妥当な比率でなければならない．
　ⅲ．翌年に持ち越される総財産は，当該年度または翌年度の予算のいずれか高額なほうの2倍を超えてはいけない．
　ⅳ．無限定資金バランスにおいて経常的あるいは増大する資金不足がないこと．
Ⅶ．年次報告：年次報告書は常に要請に応じて入手可能でなければならず，以下の項目を含んでいること．
　ⅰ．組織の主要活動の説明（活動分野別に整理されていること，その活動と同年次の財務報告〔監査済みのもの〕）．
　ⅱ．理事メンバー
　ⅲ．監査証明文（最低限，①主要カテゴリーにおける全収入，②同一プログラム，総務，資金調達別の支出情報，③最終決算報告に関する概要が示されていること．）
もし，年次報告書にこれらの情報が含まれていない場合には，要請に応じてこれらの情報を提供できる準備がある．
Ⅷ．アカウンタビリティ：組織は以下の財務諸表を提示すべきである．
　ⅰ．GAAP（一般会計基準）に則って整理されていること．それらは公認会計士の承認を受け，理事会でチェックされていること．
　ⅱ．資金フローに関する情報開示があること（資金転送先の組織名，資金繰りに影響するような行事，主要な収支）．
　ⅲ．一般財務諸表に加え，職務上の支出についても明示されていること．
　ⅳ．地方支部をもつ全国組織の場合は，全支部の決算報告をまとめたものを提示すること．
Ⅸ．予算：年間予算は監査済の決算報告書と論理的に一貫性のあるものであり，かつ，理事会で承認されていること．
(2) 年代別にみた評価基準②（1950年に設定された基準）
Ⅰ．理事会：理事会は積極的に機能しており，かつ対価をもらっていないこと．定期的に理事会が開催され組織の運営を効果的に管理していること．
Ⅱ．目的：正当性のある目的をもち，それが他の団体の仕事と重複していな

いこと．

Ⅲ．プログラム：プログラム運営においては適当な効率性，資金，材料および人材があること．

Ⅳ．協力：同分野におけるエスタブリッシュされた組織のコンサルテーションを受け，それらの協力を得ていること．

Ⅴ．倫理性：資金調達をするにあたっては，倫理性を配慮した手段をとること．

Ⅵ．資金調達

ⅰ．資金調達において仲介料を支払っていない．

ⅱ．寄付の交換としてチケットや物品を贈っていない．

ⅲ．電話による無作為勧誘を行っていない．

Ⅶ．監査：毎年，公認会計士の監査を受けており，収支バランスがとれていることが証明されていること．設立されたばかりの組織については，公認会計士の監査を受けるシステムが制度化されていることを証明すること．

Ⅷ．予算：年間予算が詳述されており，かつ当該年度のプログラム計画とそれが連動していること．

(3) 年代別にみた評価基準③（1919年に設定された基準）

Ⅰ．理事会：積極的で責任ある理事会があり，定期的に理事会が開かれており，かつそれが組織運営を十分に管理していること．

Ⅱ．目的：必要とされる／必然性のある目的をもち，それが他の効率的に運営されている組織の仕事と重複していないこと．

Ⅲ．効率性：業務は効率的に運営され，それに必要な資金，材料，人材があること．

Ⅳ．資金調達（1）仲介料：資金調達において仲介料・斡旋料をとっていないこと．

Ⅴ．資金調達（2）見返り：寄付の見返りとして商品やチケットを贈っていないこと．

Ⅵ．資金調達（3）費用：資金調達のための催事費用が，調達した資金額の30％を超えていないこと．

Ⅶ．資金調達（4）倫理：資金調達をする際には倫理性に配慮して行うこと．

Ⅷ．協力：プログラムや予算編成については，地域の社会福祉組織のコンサ

ルテーションと協力を得ること．

　IX．監査：公認会計士の承認を得た年次決算報告書が用意されていること（収支は費目別に整理されていること）．設立されたばかりの組織でこの種の報告書が整わない場合は，同様のシステムが制度化されていることを証明する公認会計士の証書を提示すること．

　X．予算書：年次予算書は費目別に整理されていること．

　(4) 年代別基準の特徴と一覧：3つの年代の設立基準が変化を続けていることがわかる．その変遷ぶりを表9.2にまとめてみよう．

表9.2　年代別にみた評価基準

		1919年	1950年	1991年
理事会／規定		積極的／定期的会議／責任	積極的／定期的会議	より詳細
共通項目	目的	他団体との重複回避	他団体との重複回避	理事会承認が条件
	プログラム	効率性	効率性	目的との一貫性
	資金調達	コミッション，見返り禁止，倫理性，費用限度額	電話勧誘の禁止，フェアネス	倫理性，ボランティア精神，情報開示
	監査	公認会計士の承認	公認会計士の承認	公認会計士の承認
	予算	決算報告，プログラムとの一貫性（1919年が最も詳細）		
独自項目		倫理性の強調　協力	倫理性　協力(地域団体の協力)	情報公開　アカウンタビリティ（会計責任）　資金の使途

　表9.2から次のことがいえよう．1919年は，資金調達の方法について詳細に指定している．また組織運営の効率や地域団体のアドバイスを受けることなどを条件としている．1950年は，1919年と同様，プログラムの効率性をあげているが，同時に「倫理性」を独立した1項目としてあげている．40年代に戦争救済チャリティ団体が急増しているが，団体の急増とともに不正行為や不適格な団体も増えたことに起因すると思われる．

　1919年，50年に共通し，91年には存在していない項目として「協力」がある．この詳述をみると，地域や分野において専門性があり，社会的な信頼を得ている団体のアドバイスや協力を得ることとしている．この種の団体が行政エ

ージェントであるかは記されていない.しかし,「効率性」「協力」という項目があることを考え合わせると,当時の民間非営利セクターがまだ成熟しておらず,信頼に足るような力のある組織が少なかったのではないかと予想される.

また,興味深いのは両年のプログラムにおいて「他団体との(活動内容の)重複を避けること」が条件としてあげられている.現在であれば,同じ分野で類似事業を実施することに対して違和感をもつ人は少ないだろう.どの団体が何をするのかは任意であり,それが多元性の維持にもつながるのではないか[2]).

1991年の基準に注目すると,一方で厳しく詳細になり,他方で民間非営利組織に自由裁量のスペースを大きくしていることがわかる.より詳細になったのは理事会を中心としたガバナンス,会計面を中心としたアカウンタビリティであり,さらに情報公開を義務づけている.その一方で「協力」やプログラム選定に関する規定はなくなり,個々の民間非営利組織の考え方を重視する傾向がみられる.

単純化して述べれば,1991年の基準は,民間非営利組織を独立した責任ある組織とみなそうとしているのに対し,1919年,1950年の基準は,民間非営利組織を何らかの指導を受けるべき存在として位置づけられている.基準の変遷や,米国における民間非営利セクターの成熟と社会認知の変遷を反映しているようにみえる.

(5) 基準に対する批判,課題:NCIBが基準の改訂を行っていることにも象徴されているように,完璧あるいは唯一の基準など存在しないだろう.したがって基準は議論の対象となり,見直しが検討される.

米国には,民間非営利組織の評価情報を提供する機関はNCIB以外にも複数存在していた.たとえば「より良い企業のためのセンター」(BBB)がある[3]).BBBは評価基準に関する議論の様子を公開している.アジェンダとしては,①理事会の目的,②ガバナンス,③財務諸表と年次報告書,④資金の使途,⑤資金調達,⑥キャンペーン型マーケティング[4]),⑦資金調達技術/手法,⑧寄付者のプライバシー,⑨インターネット,⑩(寄付や活動の)効果,⑪基準のレベル,⑫国際活動に従事する民間非営利組織の扱い,⑬基準合格章やマークの発行,⑭その他,である.

これらの基準を大別すると,①〜⑨が基準解釈に関する議論,⑩が寄付先の組織の成果や効果,⑪,⑫が分野,規模など多様化する民間非営利組織と基準

の対応，⑬が認証マークに関するものである．特に，成果評価に関する議論はBBBに限らずNCIBあるいは6章で紹介したPCNCにおいても，それを評価作業に含めるか否かについて議論されている．その結果，いずれも評価作業に成果や効果を評価する作業を含めていない．その理由をBBBの議論にみてみよう．BBBは成果評価について次のような疑問を投じている．

(a) 寄付あるいは寄付対象となった活動成果を評価するようなコストと運営能力があるか．
(b) 成果評価をすべきでないというならば，その論理的理由はなにか．
(c) 寄付後の成果や効果を確認しなければ，真にドナーからの信用を得られないのではないか．
(d) 民間非営利組織に内部評価システム導入を条件づけるべきか．また，その評価結果を公開することを条件づけるべきか．

(b)の質問である「成果評価を実施しない理由」については，PCNC事務局長のFelly Solidad女史の説明が参考になる．PCNC設立準備の際，事業成果を評価対象に含めるか否かについて何度も議論された．「公益に資する」ことを免税の条件とするならば，成果評価をすべきだという意見も出された．しかし，何をもって成果があったとするか，成果の大きさをどう判断するのかなど，成果の判断が多義的に分かれ，最終判断に容易に到達できないだろうと予想したのである．そこで，比較的判断が明確につけられるシステムチェックにした．

この種の団体評価に成果の評価を含めることは，作業負担の大きさだけでなく，「ものさしの不在」という課題に正面から取り組まねばならなくなる．そこで，ある種の知恵として成果評価を避けてきたのではないだろうか．

民間非営利組織の団体評価はある基準のもとに行われている．しかしその基準は唯一絶対のものではなく，時代の変化を反映し変化している．それらを見直し柔軟に対応してゆくことが求められているのだ．優れた基準を提示することも大切であるが，基準をつくる過程において，利害関係者や有識者の意見を取り入れ合意形成してゆくことも重要であろう．

また成果評価との区別は，団体評価を専門とする機関においては，運営上の負担を考慮した賢明な選択なのかもしれない．しかし，寄付先としての民間非営利組織の情報を提供するインターメディアリとしての説明責任はないだろうか．たしかに，寄付者と民間非営利組織の仲介斡旋を個別・直接的に行ってい

ない.しかし,集められた寄付総額やその推移,あるいは寄付先である民間非営利組織のセクターとしてのパフォーマンスなどマクロ情報を把握し提供してゆくことが必要だろう.

2 インターメディアリに期待される評価とは

インターメディアリは「効果的なギビング」の実現のためにさまざまな機能を開発しているが,なかでも,評価が重要な機能であることが事例分析からわかった.そして評価の意義として,寄付者へのアカウンタビリティ,資源配分に関与するインターメディアリ自身のアカウンタビリティの証明,そして民間非営利組織の能力向上があげられた.しかし,明確な評価の「ものさし」あるいはボトムラインをもたない民間非営利組織の評価に疑問を抱き,そのアプローチや方法をレビューすることにした.

このような本質的な課題を抱えながらも,民間非営利組織は行政府機関が先行的に開発してきた評価手法のいくつかを目的や状況に応じて使い分けたり,独自の視点を組み入れることで使いこなそうとしていることがわかった.しかし総体として,評価の方法論や使途については緒に就いたばかりの感は否定できないし,どの方法にも不足があり決定的な解答はない.このような状況をふまえた上で,事例で紹介されたインターメディアリの評価の試みを,先にレビューした評価方法論に基づき分析した.

2.1 インターメディアリの区分:不特定多数型と特定型

インターメディアリに期待される評価について考察するが,まずアカウンタビリティの対象,すなわち誰に対して責任を負い報告するのかを考える必要がある.報告の対象が,特定の資源提供者なのか,あるいは不特定多数の資源提供者かでは評価のアプローチが異なるからである.そこで,特定の資源提供者と特定の民間非営利組織間の仲介をする「特定型」と,不特定多数の資源提供者を対象に主として情報を通じて仲介する「不特定多数型」にインターメディアリを区分し,それぞれについて期待される評価について考察する.

2.2 特定型インターメディアリの評価

特定型インターメディアリの場合，アカウンタビリティの対象として資源提供者とインターメディアリ自身，そして学習効果の対象として民間非営利組織が考えられる．そこで，この3つの対象別に，インターメディアリに期待される評価について論ずる．

2.2.1 資源提供者に対するアカウンタビリティと評価——資源提供者がある事業あるいは民間非営利組織に資源を提供した場合，そこで第一に問われることは「資源が約束どおりに使われたのか」である．資源を投じたことによる効果も問われるが，個々の寄付やボランティアでアウトカムやインパクトを問うことは妥当とはいえないだろう．なぜならば，個々に投じた資源の量に比較し期待されるアウトカム，インパクトが大きいからである．したがって，個々の資源提供者に対しては「資源が約束どおりに使われたのか」という問いに基づき，アウトプットを明確に示すことが第一の報告義務であろう．評価は事業評価が中心になるが，次のように事前段階から終了時まで継続的に実施されるのが望ましい．

事前段階では，事前評価すなわちニーズ・アセスメント，事業計画やセオリー評価に加え，組織評価情報を収集することが必要である．行動倫理基準や認証のように綿密な組織評価をするにはコストがかかりすぎるが，事業実施体制，能力，実績など事業遂行に必要な最低限の条件について評価する必要はあろう．これらの事前評価情報をふまえて資源提供者に適当な事業や民間非営利組織を紹介・斡旋するのである．

中間評価では，事業の進捗状況，予算の消化状況などを把握する．この情報は資源提供者だけでなく，民間非営利組織に対してもフィードバックされることが望ましい．民間非営利組織に対してはマネジメントのための情報や助言を提供することになるからである．また，中間評価情報を資源提供者，民間非営利組織，インターメディアリが共有することで，事業への問題意識やオーナーシップの共有にも貢献している．

事後段階では，終了時評価が適当であろう．つまり事業計画に基づき期待されるアウトプットが生産されたのかを確認するのである．具体例をあげれば，計画されたイベントに想定された人々が参加し，その後も予定どおりであるのか，計画どおりに出版物や資料が作成されたのかをチェックすることである．

先述のとおり，アウトカムやインパクト測定には一定以上の期間を置くことが必要であり，また個々の資源量が少ない場合には，資源とインパクトの因果関係を特定することが困難である．

インターメディアリの目的のひとつに，資源提供者の継続的な関係づくりと新規開拓があるが，資源提供者へのフィードバックのタイミングが遅いことは資源提供者の興味や関心を喪失することにもつながる．事業終了直後に，きちんとアウトプットについて報告をすることは資源提供者の継続・維持という視点からも重要である．

2.2.2 インターメディアリ自身のアカウンタビリティと評価—インターメディアリも民間非営利組織としての使命をもっている．クリーブランド財団のように仲介者としての役割と，助成財団としての役割を共存させようと葛藤を続けている事例もみられる．またRSVPのように資源提供者側により重点を置き，高齢者の社会参画機会と生き甲斐の創造を使命としているインターメディアリもある．いずれにせよ，インターメディアリは一個の組織としての使命とそれに基づく目標，活動計画を有している．

これらのインターメディアリの使命をまとめ抽象度を上げて説明すれば，「資源配分に関与することによって社会や生活を改善すること」と述べることができる．つまり，インターメディアリ自身のアカウンタビリティを追求することは，「社会や生活が改善されたのか」という問いかけに答えることである．この問いかけは，アウトカムやインパクトなど中長期の成果を問うものであり，プログラムレベルの評価が必要になる．プログラム評価とは，インターメディアリが使命に基づき指定した資源配分の分野で，例えば，貧困地域の開発，文化・芸術，高齢者問題などをさす．プログラムは複数の事業の束から構成され，個々の事業はプログラム全体の目標達成に貢献することが期待されている．

そして，ここで求められるのはプログラムのアウトプットではなく，中長期の成果すなわちアウトカムやインパクトに焦点をあてて評価をすることである．一般に，成果の範囲，すなわち物理的範囲や期間が拡がるほど評価は困難になり，曖昧になるといわれている．しかしながら，資源配分に介入したインターメディアリ自身のアカウンタビリティの社会的意義を問うためには個々の事業評価では不十分で，プログラムレベルの効果を観てゆく必要がある．

2.2.3 民間非営利組織の学習機会としての評価—評価はアカウンタビリテ

ィの証明だけでなく，改善点や課題を認識する機会としても活用できる．インターメディアリは，資源配分先である民間非営利組織をアカウンタビリティの対象というよりも，むしろ支援，指導の対象としてみている傾向があった．そして，評価を民間非営利組織の支援ツールと用いている事例もみられた．

　評価を学習機会として用いるためには，対象となる事業を通して具体的に問題点を指摘する必要がある．また，事前段階から評価を行うことが必要である．なぜならば，計画の段階で不足があれば，実施，結果まで影響を及ぼすからである．その意味で，事業評価の中でも事前段階に重点を置き，民間非営利組織と十分に協議していくのが望ましいだろう．事前の段階でインターメディアリと民間非営利組織が十分に議論を重ねていれば，事業目標や計画について理解が一致し，中間評価や事後評価の共有もよりしやすくなるだろう．事業終了後の評価をインターメディアリの担当者が一方的に行い，その結果を民間非営利組織にフィードバックすることも可能である．しかし，学習効果を上げるには，終了後評価作業に民間非営利組織が参加するのも一案であろう．

　他者の評価を学ぶ機会をつくることもできる．同一のプログラム下にある民間非営利組織を集め，それぞれの評価結果を持ち寄り経験交流の場をつくるのだ．同一プログラムの傘下に属しているのでプログラム目標を共有しており，類似の事業を実施していることから，共通点が多く相互に学びあう点は少なくないだろう．インターメディアリにとっては，評価を用いて民間非営利組織のネットワーキングの機会を得ることにもなる．

2.2.4　評価手法と体制—事業評価，プログラム評価のいずれにもセオリー評価が適しているだろう．セオリー評価は事業のプロセスやさまざまな利害関係者をスコープに入れた評価手法である．また，資源投入から成果に到達するまでのシナリオ設定をすることから，資源提供者，民間非営利組織，インターメディアリがひとつの目標を共有しやすくなる．

　一般に，ランダム実験モデルや準実験モデルは評価者が評価対象となる人々を被験者のように扱う傾向があり，事業効果ばかりを注視し，そのプロセスを軽視しがちであるとして，民間非営利組織から嫌われる傾向がある（W. K. Kellogg Foundation, 1998）．しかしながら，プログラム評価でインパクト・レベルの成果を確認するためには，セオリー評価だけでは不足である．セオリー評価は期待される成果に到達するまでの理想的なプロセスを描き，計画の妥当性を

チェックするものであって，現実に起きたことを検証するツールではないからである．プログラムの種類や規模にもよるが，プログラム実施後にその効果を問うのであれば，回帰・分断モデルのような準実験モデルを登用し，プログラム介入前と後の差異をみるなど，客観視点を取り入れた効果測定も必要ではないだろうか．

評価体制の充実は，評価を成功させる要でもある．評価作業にとってデータ収集は主要作業であるが，評価作業を事前段階から想定していない場合，データが不足していたり評価のためにデータを再編集するなどの負荷がかかる．また，民間非営利組織の学習効果を念頭におくのであれば，事前段階から評価を実施してゆくことが望ましい．その意味で，事前，中間，事後（終了時，一定期間後）の評価をマネジメント・サイクルに組み入れるのが望ましいだろう．

また，民間非営利組織の組織評価は資源提供者への推薦リストの情報源となる．事業終了後に終了後評価情報をもって，このリストに当該団体の業績情報を加えることができる．

2.3 不特定多数型インターメディアリの評価

全国チャリティ情報センター（NCIB），チャリティーズ・エイド財団（CAF）は個々の資源提供者と民間非営利組織間の斡旋・仲介を行わず，民間非営利組織評価情報を不特定多数の資源提供者に提供している．この種の不特定多数型のインターメディアリの利害関係者は，特定型のそれに比較し特定されにくい．またNCIBは，評価基準を提示することについて，民間非営利組織の望ましい姿を民間非営利セクターと社会へ訴えるアドボカシー活動と位置づけている．

インターメディアリに限らず，行動倫理基準に基づいた組織評価，認証を実施している団体の多くは，理想とする組織像に基づいた組織評価基準を提示することに熱心であるが，事後評価にはあまり注意を払っていない．しかし，望ましい民間非営利組織像を広く社会に提示するのであれば，民間非営利セクターがその望ましい姿に向かってどう変化（向上）したのかを示す必要がないだろうか．

そこで不特定多数型インターメディアリについては次の評価を提案したい．事前段階では，組織評価を行う．そこでは，評価基準が重要であり，信頼され

るにふさわしい組織像に基づき基準を作成する必要がある．しかし，評価基準には唯一絶対のものはない．民間非営利セクターの成熟度，社会の非営利セクターへの関心の度合い，社会状況に応じて基準を再編してゆく必要があろう．基準レベルを「最低限」にするか，あるいは「高邁な理想像」に照準を合わせるかは，評価目的や使途によっても変わるだろう．

　事後評価も必要と考える．しかし，ここでいう事後評価とは事業やプログラム評価のことではない．対象は民間非営利セクターの動向である．評価基準提示の目的が，「望ましい／信頼に足る民間非営利組織像」の提示であるとすれば，民間非営利セクターが「望ましい姿」に向かって変化しているのか，あるいは異なる方を向いているのかを示してゆく必要がある．換言すれば，民間非営利セクターの動向を定期的に把握し，それを資源提供者や社会に提示してゆくのである．また，この動向情報を評価基準再編に活用できることはいうまでもない．

　以上，インターメディアリに期待される評価について考察した．ここではインターメディアリが評価を設計し，業務体制に取り入れてゆくためのフレームワークを提示することに専念した．民間非営利組織の評価は緒についたばかりであり，多くの課題を抱えていることは第III部で述べたとおりである．インターメディアリも例外ではない．評価が重要であることを認識しながらも，評価方法や体制は試行錯誤の段階にあるところが多い．次章では評価機能を含め，インターメディアリのめざすべき方向について述べる．

1) CAFとの面接，資料から得られた情報から判断している．
2) 多元性の維持はレスター・サラモンが民間非営利組織の存在意義の一条件としてあげている（サラモン，1994）．
3) NCIBは2005年現在，BBBに吸収合併されている．
4) キャンペーン型マーケティングとは，商品販売と慈善寄付を組み合わせた方法で，企業と民間非営利組織が共同で実施したり，企業が単独で社会貢献活動あるいは販売促進として実施している．

10章　インターメディアリに求められるもの

　本章では本書のこれまでの議論をふまえ，資源提供者と民間非営利組織の仲介役としてのインターメディアリの基本的な機能について説明する．

1　分析結果

　民間非営利セクターにとって，資源問題は本質的課題である．本書では，資源問題の中でも資源提供者と非営利組織のミスマッチ問題に注目し，ミスマッチ問題の現象および原因の解釈を，トランザクション・コスト（取引コスト）理論を援用することによって試みた．この理論的解釈に基づき，ミスマッチ問題解決策の仮説を立て，インターメディアリ事例と仮説との照合を行った．
　以上の一連の調査・分析作業の結果から，インターメディアリの基本的機能を確認する．そして，それら機能とトランザクション・コストの関係を整理する．

1.1　インターメディアリの基本的機能

インターメディアリの機能を図10.1に示した．これらの機能を整理するにあたって，インターメディアリのサービスの対象者を区分すること，対象者の態度の変化に応じてサービスの内容を変えている点に注意したが，整理すると次のようになる．
　(1) 対象者別機能：インターメディアリは，資源提供者と非営利組織に介在し，両者の負担を軽減しながら調整を行い，両者が有効に目的を達するよう支援する．したがって，インターメディアリが働きかける対象者は，資源提供者と非営利組織に大別される．2つの対象者のニーズと期待とは異なるので，インターメディアリは，対象者別に異なる機能を使い分けなければならない．

(2) 態度変容に応じた機能：対象者は資源提供者と非営利組織とに大別される．そして，それぞれの対象者の環境，意識などの諸条件によって対象者の態度は変容する．インターメディアリは，対象者の状態や態度変容に応じてサービスの内容を変えなければならない．

(3) 協働機会の創出：インターメディアリは，資源提供者と非営利組織間の仲介・調整を行うことを基本とする．しかし，事例からはインターメディアリの活動は単に仲介・斡旋をするというより，より積極的な働きかけを行っている．すなわち，資源提供の可能性のある人々に，民間非営利組織の活動の重要性を広く呼びかけたり，民間非営利組織に対して事業案を新たに提案している．これらの活動は顕在化された民間非営利組織と資源提供者の要望に応えるだけでなく，新たにそれらの協働機会を創出しようとする活動である．

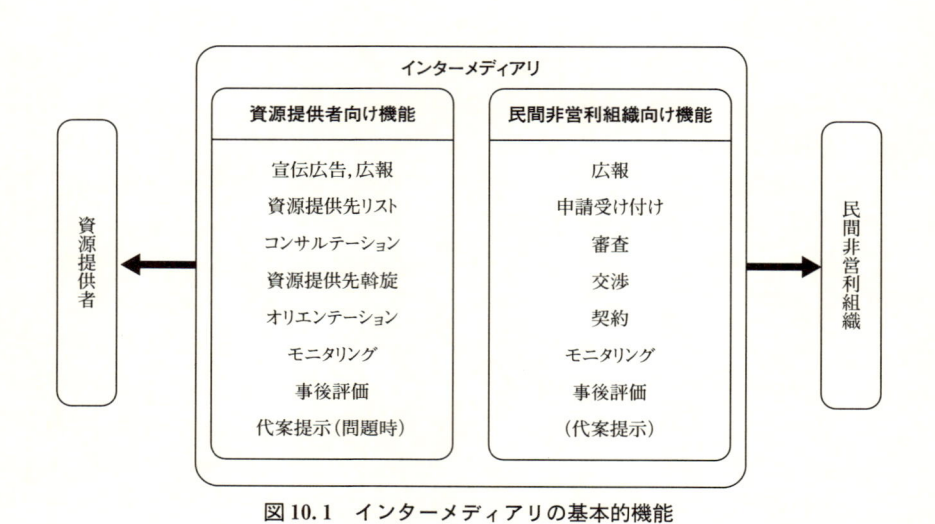

```
┌─────────────────────────────────────────────┐
│              インターメディアリ                │
│  ┌──────────────┐      ┌──────────────┐      │
│  │資源提供者向け機能│      │民間非営利組織向け機能│      │
│  │              │      │              │      │
│  │ 宣伝広告，広報  │      │    広報      │      │
│  │ 資源提供先リスト│      │  申請受け付け  │      │
│  │ コンサルテーション│     │    審査      │      │
│  │ 資源提供先斡旋  │      │    交渉      │      │
│  │ オリエンテーション│     │    契約      │      │
│  │ モニタリング    │      │  モニタリング   │      │
│  │ 事後評価       │      │  事後評価     │      │
│  │ 代案提示(問題時)│      │  (代案提示)   │      │
│  └──────────────┘      └──────────────┘      │
└─────────────────────────────────────────────┘
  資源提供者 ←                              → 民間非営利組織
```

図10.1　インターメディアリの基本的機能

　各機能の詳細は第5章で説明した．トランザクション・コストという視点からみると民間非営利組織，資源提供者の双方への諸機能が，コスト軽減に貢献していることがわかった．しかし，仲介・斡旋が成立した後にもあえてコストをかけ評価を行っていることがわかっている．

1.2 評価と不確実性

インターメディアリは，資源提供者もしくは非営利組織の負担を短期的に軽減しているだけではない．むしろ，一時的に対象者に負担をかけることによって，長期的にはコスト軽減に貢献するような評価機能を有している．そこで，評価機能に焦点をあて，それらの意義や方法について考察し，インターメディアリの評価方法を提案した．ここでは，トランザクション・コストの視点から評価を考える．トランザクション・コスト発生の原因としては不確実性，情報偏在など情報に関わる問題をあげた．そして情報を選択するにあたり，人間は限定的にしか合理的であり得ないことも指摘されている．評価は情報の不確実性と人間の合理性の限界をサポートする機能と考えることができるだろう．これを資源提供者と民間非営利組織の探索・選択段階，資源提供実施以降の段階に分けて説明する．

1.2.1 選択段階の評価

(1) 情報量の規定：インターメディアリは，非営利組織のデータを保有しているが，これが資源提供者への非営利組織の紹介・斡旋作業の基礎データになる．資源提供者はインターメディアリによって提示された紹介リストをもとに非営利組織（資源提供先）を選択する．評価結果はこの紹介リストに反映される．それがリストの信頼性を高めることになる．仮に評価によるスクリーニングがなければ，寄付先紹介リストは不確実な情報を含んだまま拡大する一方で，選択が困難になるだろう．その意味で評価は，拡大傾向にある情報から選択可能な情報量を規定する役割を果たしている．

(2) 情報の質の確保：インターメディアリの評価は，まず，最低限必要な認可を受けているか，合法的な行為をしているかなどを確認し，社会的な逸脱要素を削除し，不確実な要因を削除する．また情報公開としての評価は，非営利組織の活動目的，アプローチの内容およびその決め方を公開する．このことによって，資源提供者にとって選択の際に必要な情報の密度と確度は増し，自らの価値観と共通する目的をもった非営利組織の活動をより見出しやすくなる．

1.2.2 実施以降の評価

個々の資源提供者と民間非営利組織に注目すると，資源が約束どおりに使われ予定どおりにアウトプットを生産したのかを確認する．資源を受けた民間非営利組織が最低限の責務を果たしているのかを確認し，資源提供者にフィードバックする．複数の事業を束ねたプログラムレベルの評

価は，資源投入によって社会変化や改善がみられたのかを確認することが目的である．インターメディアリは自らの使命や方針に基づき，個々の資源提供者から集めた資源を民間非営利組織に配分している．プログラムレベルの評価は，まさに資源配分の有効性を問うものであり，配分を受けた民間非営利組織だけでなくインターメディアリ自身のアカウンタビリティを問う作業である．

　評価には学習機会の提供という役割もある．事前，中間，事後評価情報が民間非営利組織にフィードバックされれば，民間非営利組織は学習し自らを向上させる．学習効果を上げた民間非営利組織は，以前よりもより効果的に事業を運営することが予想される．したがって，インターメディアリは資源提供者に対し，より信頼できる民間非営利組織情報を提供できるようになる．インターメディアリの評価は，アカウンタビリティの確保や学習効果の提供など複数の側面を有するが，総じて資源提供者ひいては民間非営利セクターの信頼醸成を目的としているといってよいだろう．

　以上，評価は情報の不確実性，複雑性を軽減し，あるいは民間非営利組織に偏在しがちな情報を明らかにすることによって，資源提供者や民間非営利組織のサポートをしていることがわかる．評価は確かにコストを要する作業である．しかし，それは不確実性軽減のために求められる機能であり，最終的にはトランザクション・コスト軽減に寄与しているといえるだろう．

2　結論——信頼醸成の社会装置

　本研究から，インターメディアリは次のような機関であると総論することができるだろう．

　「インターメディアリは，資源提供者と非営利組織間のトランザクション・コスト軽減に直接，間接的に貢献する諸機能を発揮することによって，資源提供機会を創出し，それを促進，発展させる機関である」．

　ここで留意したいのは，インターメディアリは，資源提供者や非営利組織にとって単なるコスト軽減機関としてのみではとらえきれない点である．インターメディアリ自身，社会的使命感をもった組織であることも忘れてはならない．その社会的使命とは，大きく分けて3つの要素，「効果的なギビング」「信頼醸成」「社会装置」から構成されている．

2.1 効果的なギビング

効果的なギビングは2つのことを含意している．ひとつは，資源提供者と民間非営利組織間のトランザクション・コストの軽減であり，効率的に資源提供が行われることである．もうひとつは，資源が契約どおりに正しく使われかつ成果をあげることで，資源提供の効果を問うことである．効果をあげるためには，評価によってそれを確認し，必要に応じて改善点を指摘する．場合によっては，新たなアイディアを提示し，民間非営利組織と資源提供者の協働機会を新たに創出することもある．

このような積極的な働きかけは，インターメディアリ自身がもつ優先順位や方針に基づいてなされるものである．その意味で「効果的なギビング」は，資源提供者や民間非営利組織だけでなく，インターメディアリの意思をも反映したものである．

2.2 信頼醸成

個々の資源提供者と民間非営利組織へのアカウンタビリティ，資源配分に介在するものとしてのインターメディアリ自身のアカウンタビリティの双方を確保してゆく必要がある．そのためには，事業，プログラムなど異なるレベルでの評価を，事前，中間，事後のタイミングで実施してゆく必要がある．

2.3 社会装置

民間非営利組織にとって資源調達は本質的課題である．この課題は，民間非営利組織あるいは資源提供者が個別に対応していたのでは限界がある．したがって，課題解決には，これらの個別努力に加え，広く民間非営利セクターを視野に入れたアプローチが求められる．社会装置とは，セクターレベルで課題に取り組むためのシステムや仕掛けのことを指す．インターメディアリとは，資源調達という課題解決のための「社会装置」の一形態である．しかしながら，「社会装置」としてのインターメディアリを考えるならば，インターメディアリには「パワー」が集中するという点に留意すべきである．パワーとは，情報，資金が集中すること，さらには資金配分に介入することによって，配分の方法に影響力を行使できるということである．

本書では，民間非営利組織の評価について考察したが，明確なボトムライン

をもたない民間非営利組織にとって，評価基準や判断には唯一絶対のものは存在しない．しかしインターメディアリは，独自の判断基準に基づき資源配分に介在するので，その判断基準が少なからず影響を及ぼす．したがって，インターメディアリの方針や評価基準に合わない民間非営利組織や資源提供者が排除されてしまう可能性もあるのだ．このような事態を回避するためには，「パワー」の所在を分散させることが必要である．つまり，異なる方針や考え方を有するインターメディアリが複数存在することが望ましい．そして，この提案は，インターメディアリが情報を開示すること，資源提供者，民間非営利組織にインターメディアリを選択する自由と権利が与えられるという条件が整っていることが前提である．

3　課題と展望——"本物"のNPO時代のために

最後に，インターメディアリ先進事例を提供した欧米とは社会的背景が異なる国におけるインターメディアリ構築に向けた留意点を，日本を例にとり述べて，次いで社会的背景の異なる地域であっても共通の課題について説明する．

3.1　インターメディアリ構築の留意点

(1) 民間非営利セクターの成熟度：米国，英国の先進事例をみる際に注意しなければならないのは，その社会的・文化的背景が日本と異なることだけでなく，とりわけ非営利セクターの成熟度の違いである．成熟度としては，非営利組織の数，活動の熟練度，非営利組織に対する一般理解と参加の程度などが考えられる．

日本には，非営利セクター発展の下地が十分にあると思われるが，その成熟の程度や内容において，米国とはかなり異なる．個々の相違点について客観的に示すデータについてはここでは触れないが，経験的にいつくかの点は予想される．そのなかで，特に注目すべき点は，資源提供者や非営利組織がどのような意識・行動段階にあるか，ということである．本書で提示した態度変容の分析フレーム・ワークを用いて述べてみよう．

米国における資源提供者もしくは資源提供希望者は，非営利組織活動について比較的関心が高く，資源提供先の非営利組織の活動について明確な意識をも

って，適当な提供先を探索している段階にある人々，もしくはそれ以上の段階にある人々が多い．したがって，米国の非営利セクターで活動するインターメディアリは，「フェイズ3：探索」「フェイズ4：行動」以上の段階にある人々への働きかけを中心に据え，それに適したサービスを開発している．また，米国の非営利組織についてみれば，資源を外部から取り入れてゆくことに積極的で，また資源獲得をめぐる非営利組織間の競争も激しい．このような状況下では，非営利組織の関心はより高度に技術化，専門化した知識へと移行している．このような非営利組織に対し，インターメディアリは，非営利組織の能力向上を目的に，マネジメント，マーケティング，また最近では戦略論を取り入れた訓練プログラムを提供している．

　他方，日本の民間非営利セクターや資源提供者の状況は米国のそれとは異なる．1990年代の日本では米国に比べ「フェイズ2：関心／無行動」あるいは「関心・探索」の層が多かった．第2章で示したように日本人の60%がボランティア活動や社会貢献活動に関心をもっているが，行動に移した人々はその半分に過ぎない．阪神大震災以降，日本人の態度や意識の変容ぶりをマスコミ報道や諸調査結果からうかがうことができる．しかし，いまだ受け身の状態が多いのが現状であろう．

　だが，2000年代に入ると様子が変わってくる．NPOに代表される非営利組織について誰しもがその意義を認めるようになった今日，資源提供者の態度は多様化し，進化している．例えば，多くの地方自治体がNPO支援を複数のかたちで支援し，その数は増加の一途をたどっている．自治体がNPOと実際に協力する場面が増えたのである．これらの現象を態度別のフェイズでみれば，「フェイズ1：無関心」「フェイズ：2関心・探索」に加え「フェイズ3：交渉」，「フェイズ4：行動」に位置する資源提供者が顕著になっている．このような進化は，資源提供者と非営利組織の間のミスマッチの進化をも引き起こしているのは明らかだ．

　(2) 成熟度に応じた機能の選択：先のような状況にある日本において，もっとも必要とされているのは，情報の所在を明らかにし広く伝達する機能である．これは広報という表現を用いることもできるが，より魅力的な情報を創出するという意味でマーケティングと表現した方が適しているだろう．資源提供者や民間非営利組織が，自らのニーズに応じて自由に選択できるような環境をつく

ってゆくことで，彼らは行動を採りやすくなるだろう．例えば，大掛かりな広報やさまざまな寄付パッケージを開拓し，情報アクセスを容易かつ魅力的なものにしているのがチャリティーズ・エイド財団である．また，インターネット普及とともにさらにさまざまな工夫の余地が拡大していることは明らかである．

3.2　社会的背景の相違を超えた課題

　民間非営利組織と資源提供者の協働機会が増加し進んでゆけば，投じた資源に対する「効果」が問われるようになる．寄付者やボランティアの中には，参加することだけに満足している者もいるだろうが，参加の度合いがより深いものになればおのずと効果を求めるようになる．したがって，アカウンタビリティを確保することを念頭にインターメディアリを設計してゆくことが望ましい．本書で評価を重要機能として取り上げた背景には，アカウンタビリティの問題があるからだ．

　しかしながら，民間非営利組織のアカウンタビリティは，実のところ複雑で未解決の課題を多く含んでいる．民間非営利組織のアカウンタビリティそのものを論ずることは本書の主旨ではないので詳述はしなかったが，民間非営利組織にはさまざまな組織形態，あるいは関係者との利害構造が存在しており，アカウンタビリティのあり方は，それらの影響を受けることになる．その意味で，企業セクターと比較し標準化しがたいところがある．

　国際開発分野に従事するNGOを例にとれば，対象者のニーズに直接的に対応し救済措置やサービスを提供するサービス提供型，対象者が自らニーズに対応できるよう自立を促すエンパワーメント型，特定の対象ではなく政策や慣習に影響を与えようとするアドボカシー型などが存在し，それらの利害関係者や構造はタイプに応じて皆異なるのである．アカウンタビリティは誰に対して何を達成し報告するのかが問われるが（成果報告義務），NGOの場合，それらが一定ではなく，NGO自身の任意となっている．換言すればアカウンタビリティのルールや方法，あるいはそれを証明するための評価方法が確立されていないのが現状である．

　民間非営利組織や自身のアカウンタビリティを確保し，信頼醸成をめざすインターメディアリは，先の民間非営利組織の評価やカウンタビリティの課題そのものを自身の問題として内包することになる．だが，インターメディアリが，

民間非営利セクターの資源問題に介在する「社会装置」として真に機能してゆくためには，この課題に正面から取り組む必要があるだろう．また，対象者と自らのアカウンタビリティ確保に留まるのではなく，広く民間非営利セクターの資源問題に介在していることを認識すべきであろう．なぜならば，インターメディアリの努力は「効果的で信頼できる民間非営利セクター」の育成にほかならないからである．

むすび

民間非営利セクターにおいて，仲介という仕事は表面化しにくく，時として理解されにくい．また資源提供者が間接経費を支援することを好まないように，インターメディアリの作業に対してコストを払うことを好まない．だが，資源提供者と民間非営利セクターが急増し情報が複雑になれば，インターメディアリは必要とされる．インターメディアリは両者のトランザクション・コストの軽減という重要な使命を有しているが，単なる便利なコスト軽減者として存在するわけでなない．インターメディアリ自身が使命をもち，積極的に社会に働きかけてゆくことが求められる．社会の変化やニーズを敏感に察知し，資源提供者や民間非営利組織に積極的に提案してゆくことも必要だ．資源を右から左に流す作業に甘んじれば，インターメディアリは魅力を失い利用されなくなる．時代を先取りするような創造性をもちながら，他方で信頼醸成装置として地に足のついた活動をすることも求められる．その意味で，インターメディアリには，高度の能力と社会的信用を備えていることが求められる．

21世紀のインターメディアリのために

インターメディアリの役割を一言で述べれば，社会と非営利組織をつなぐ役割である．しかし，それは単純に寄付やボランティアを斡旋・仲介するというものではない．これまでは緒についたばかりの非営利組織に不足する資源を届ける役割が重要だった．しかし，21世紀の現在，非営利組織の認知度は上がり，ヨチヨチ歩きのそれを支援するというスタンスから変わりつつある．だが，ある政府関係者や議員が「NPOさん」と呼ぶことに象徴されるように，どこかお客様扱いの感覚をぬぐいきれない．また，自治体を中心にNPO支援が行

われているが，行政の下請けとなっているとNPO自身が不満をもらす．これは，資源提供者の問題ではなく，むしろNPO，ひいては非営利セクターがいまだ，資源提供者（政府，企業）に比較し，力量が不足しているために，資源提供者と対等な立場で主張し，交渉することが困難であると捉える方が妥当ではないか．21世紀のインターメディアリにとって，対等な関係を築くために，民間非営利セクターの能力強化と信用保証の役割がより重要になるだろう．そのためには，インターメディアリには，ビジョンが必要である．すなわち，広義の意味での社会の発展，非営利セクターの向上のためには，何が必要であるのかという明確な意思である．

　最近の非営利セクターには，新たな活動や試みがみられる．明らかに，これまでとは異なる動きだ．もっとも注目しているのは，プロフェッショナルの人々が，その職につきながらも，NPOで同様の活動に従事していることである．特に，シンクタンク，政策立案分野にみられるが，企業や役所のような組織の中では飽き足らず，異なるアプローチ，異なる提言をNPOの活動の場で試みようとしている．旧来システムでは満足できないプロフェッショナルが，新たな活躍の場を求めてNPO活動に参加しているのである．これは，個々人の些細な試みではなく，むしろ，旧来システムに対する挑戦と捉えたい．社会システムの変革については以前より論じられているが，非営利組織はそれを個人の動きとして，ボトムアップのかたちで，行動をもって，試みているのだ．21世紀のインターメディアリは，このような非営利セクターの動向を見据える必要がある．高齢化社会と豊かな社会の終焉時期における政府の失敗，それに代替案を提示する非営利セクターという発想では，現代のニーズには追いつくことができない．旧来システムに対抗するために壮大な社会実験の場をつくり，そこで非営利組織は何ができるのかを，考えてゆく必要がある．そのためには，非営利組織の役割について再考し，新たな評価軸を打ち出してゆくことが求められるだろう．これこそが，21世紀のインターメディアリのビジョンである．

おわりに

　本書は，博士論文（「民間非営利セクターのインターメディアリ機能に関する研究」大阪大学大学院国際公共政策研究科，平成14年度）の後半部分が基本になっている．20世紀の終わりに記した論文であり，わずか数年であるが，現実との食い違いも見出されるようになった．"平均年収，百数十万"が物語るように，非営利組織の経営は決して容易いものではない．しかし，様々な障害や課題を克服しながら進化を続けているのだ．進化の特徴は，ひとつは公益性を求めながらもビジネス性のある活動を続けるNPOなどにみられる"市場との接近"，もうひとつは，介護事業に見られるように，政府との関係を深めていることであり"政府との接近"といってもよいかもしれない．さらに興味深いことに，これらの活動から社会的矛盾に直面することで政策提言活動に着手するNPO，さらには政府を評価や監視するNPOが，ごく自然な流れの中で誕生している．
　その一方で，非営利組織に関する誤解も根強い．非営利組織の活動は無償の行為と信じ，対価性ある活動やはたまた給与を受けることはなく，無償の行為で活動が維持されていると誤解する人もいる．さらには，怪しい活動をするNPOが多いのではと懐疑的になる人も少なくない．
　いま必要なのは，進化するNPOの実態を明らかにし，その役割と重要性を説明する新たなNPO論である．

　社会人生活を始め，企業，非営利組織，政府系機関，そして大学と，全く異なる種類の職場で仕事をさせていただく幸運に恵まれた．大学での講義の最初に，最初に学生に尋ねるのは，転職の可能性についてである．ほとんどの学生が，一生のうちのどこかで転職をするだろうと回答する．「知識ワーカーは自らの知識に忠誠心をもつのであり，組織のために働くのではなく，組織で働くものなのだ」とドラッカー氏の論を説明すると，学生たちはなるほどとうなずく．しかし，肝心なのはその後に続く説明で，「だからこそ知識ワーカーは帰属欲求を満たす場を職場の外に求める．非営利組織はそのような知識ワーカーに対して，ボランティアや寄付を通して，地域社会の一員であることを実感す

る場を提供している」というものである．しかし，実体験のない者にとっては観念的にうつってしまう．知識ワーカーが自身の幸福や社会的名声など内向きの関心にばかり囚われず，他者や地域を思いやる愛他や公共への心をもつためには，もうひとつの動機が必要な気がする．それが「あなたの使命は何か？」——『非営利組織の自己評価手法』の中に記されている一番目の問いかけであり，それを自分自身に向けてみることである．難しい問いかけだ．これは社会への憤りや正義感から生まれるものだと思うが，決して悲愴感を伴うものではない．日本の介護の現場でお年寄りに向かい合うNPO，米国の貧困地域で活躍するNPO，途上国の国つくりに人力するNPO，そこで働くどの人々の表情もいきいきとして，躍動感ある活動をしている．一緒にいると楽しくなるのだ．彼らは「あなたの使命は」という質問に即答できる人々である．目標と使命感をもった人は，たくましく，周囲のことに惑わされず，ぶれないのだ．そんな姿を「格好いい」と言った若者がいたが，理屈抜きで私もそう思う．そして，その姿は私の目標でもある．

＊

　本書の元になった博士論文の作成にあたりご指導をいただいた，山内直人先生，塩澤修平先生，山田太門先生，島田晴雄先生，井関利明先生に，まず深く感謝したい．

　また，出版にあたり，推薦の言葉をいただき，多忙な中にあっても切れ味のよい助言をして下さった，堀井秀之先生，小澤一雅先生，企画段階で貴重なコメントをくださった，中川義典氏，岸香奈子さんに感謝する．校正段階では鈴木紘平氏に世話になった．また，校正のみならず編集の視点から決め細やかな作業と適切な指摘をくださった榎本靖子さんには支えていただいた．

　NPO研究にあたり常におおらかで適切な助言をくださる田中尚輝氏，仕事を通して社会に挑むことを教えてくださった喜多悦子先生に感謝する．百歳近くなっても精力的に活躍されるP. F. ドラッカー先生に暖かく，率直な助言をいただくことのできる幸運に感謝する．

　鋭い社会感覚と勇気ある行動で多くの人々を動かしてきた工藤泰志氏には，常に適切な助言と激励の言葉で支えていただいた．父上の介護という重役を背負いながら，NPOの活動に挑戦する姿にエールを送りたい．

　本書出版にあたり，東京大学出版会の後藤健介氏には，編集者としてきめ細

やかな支援をいただいた．同氏の努力がなければ本書の実現はなかった．
　改めて，皆様に感謝したい．

2005 年 5 月

田 中 弥 生

参考文献

Aaker, D. (1995) *Strategic Market Management* (4th ed.), Wiley
Aaker, D., Batra, R., & Myes, J. C. (1992) *Advertising Management*, Prentice Hall
Anderson, K. F., Kubish, A., & Connell, J. (1998) *New Approach to Evaluating Community Initiative*, Volume 2: *Theory, Measurement and Analysis*, The Aspen Institute
Arrow, K. J. (1997) *The Organization of Economic Activity: Issues Pertinent to the Choice of Market Versus Nonmarket Allocation: Policy Analysis*, Rand McNally College Publishing Company
Bailey, D. (1992) The Strategic Restructuring of Nonprofit Associations: An Exploratory Study, *Nonprofit Management and Leadership*, 1992, 3(1): 65–80
Barteles, R. (1974) The Identity Crisis in Marketing, *Joural of Marketing*, 38: 76
Be-Ner, A. & Van Hoomissen, T. (1990) The Growth of the Nonprofit Sector in the 1980s: Facts and Interpretation, *Nonprofit Management and Leadership*, 1 (2): 99–116
Bertrand, J. T., Magnani, R. J., & Rutenberg, N. (1994) *Handbook of Indicators for Family Plannning Program Evaluation*, The Evaluation Project, USAID
Brown, L. D. & Moore, M. H. (2001) Accountability, Strategy, and International Nongovernmental Organization, *Nonprofit and Voluntary Sector Quarterly*, 30 (3), September, Sage Publication, 569–587
Bryson, J. M. (1988) *Strategic Planning and Nonprofit Organizations*, Jossey-Bass Publisher
Burton, A. W. (1988) *The Nonprofit Economy*, Harvard University Press
CIDA Performance Review Branch (2000) *CIDA Evaluation Guide*
Campbell, D. T. (1969) Reforms as experiments, *American Psychologist*, 24: 409–429
Campbell, D. T. & Stanley, J. C. (1966) *Experimental and Quasi-Experimental Designs for Research*, Rand McNally
Caracelli, V. J. (2000) Evaluation Use at the Threshold of the Twenty-First Century, Caracelli, V. J. & Preskill, H. (ed.) *New Direction for Evaluation*, American Evaluation Association
Carver, J. (1999) Redefing the Board's Role in Fiscal Planning, *Nonprofit Management and Leadership*, 2(2): 177–192
Chang, C. & Tuckman, H. P. (1990) Why Do Nonprofit Managers Accumulate Surpluses, and How Much Do They Accumulate?, *Nonprofit Management and Leadership*, 1(2): 117–136

Chen, H-T. (1990) *Theory Driven Evaluation*, Sage Publication

Clary, G. E., Snyder, M. and Ridge, R. (1992) Volunteers Motivations: A Functional Strategy for the Recruitment, Placement and Retention of Volunteers, *Nonprofit Management and Leadership*, 2(4): 333-350

Cleveland Foundation, *Annual Report*

Coase, R. H. (1990) *The Firm, the Market, and the Law*, University of Chicago Press

Cornel, J., Kubish, A., Schor, L. B., & Weiss, C. H. (1995) *New Approach to Evaluating Community Initiative*, Volume 1: *Concept, Methods, and Contexts*, The Aspen Institute

Cook, T. D. & Campbell, D. T. (1979) *Quasi-Experimentation: Design and Analysis for Field Settings*, Rand McNally

Cook, T. D. & Campbell, D. T. (1979) *Quasi-Experiments: Nonequivalent Control Group Designs*, Houghton Mifflin

Council of Ethics Priority (CEP) (2000) *Annual Report 2000*

Cousins, J. B. & Earl, L. M. (1995) *Participatory Evaluation in Education: Studies in Evaluation Use and Organizational Learning*, Falmer Press

Cronbach, L. J. (1975) Beyond the Two Disciplines of Scientific Psychology, *American Psychologist* 30: 116-126

Cutt, J. & Murray, V. (2000) *Accountability and Effectiveness Evaluation in Non-Profit Organization*, Routledge

Cyert, R. M. (1990) Defining Leadership and Explicating the Process, *Nonprofit Management and Leadership*, 1(1): 29-38

Douglas, J. (1987) *The Nonprofit Sector Research Handbook Political Theories of Nonprofit Organization*, Yale University

Drucker, P. F. (1989) *The New Realities*, Harper & Row Publishers

Drucker, P. F. (1990) *Managing the Non-Profit Organization*, Harper Business

Drucker, P. F. (1991) Lessons for Successful Nonprofit Governance, *Nonprofit Management and Leadership*, 1(1): 7-14.

Drucker, P. F. (1993) *Self Assessment Tool for Nonprofit Organization*, Jossey-Bass Publisher

Drucker, P. F. & Stern, G. J. (1999) *The Drucker Foundation Self-Assessment Tool*, Jossey-Bass Publisher

Edwards, M. & Hulme, D. (1996) *Beyond the Magic Bullet NGO Performance and Accountability in the Post-Cold World*, Kumarin Press

Ferris, J. M. (1993) The Double-Edged Sword of Social Services Contracting: Public Accountability Versus Nonprofit Autonomy, *Nonprofit Management and Leadership*, 3(4): 363-376

Fetterman, D. M. (2000) *Foundations of Empowerment Evaluation*, Sage Publica-

tions
Fetterman, D. M., Shakeh, J. K. & Wandersman A. (ed.) (1996) *Empowerment Evaluation: Knowledge and Tools for Self-Assessment and Accountability*, Sage Publications
Fletcher, K. B. (1992) Effective Boards: How Executive Directors Define and Develop Them, *Nonprofit Management and Leadership*, 2(3): 283-294
Fukuyama, F. (1995) *Trust*, Free Press
Fulbright-Anderson, K., Kubish, A. C., & Connell, J. P. (1998) *New Approaches to Evaluating Community Initiatives*, Volume 2, *Theory, Measurement and Analysis*, The Aspen Institute
Glynn, J. (1996) Performance Auditing and Performance Improvement: Reform, Changing Role of Performance Audit, Performance Auditing and Modernization of Government, *OECD PUMA*: 126-127
Gray, S. T. & Associates (1998) *Evaluation with Power: A New Approach to Organizational Effectiveness, Empowerment and Excellence, A Publication of Independent Sector*, The Jossey-Bass Publisher
Gronbjerg, K. A. (1991) How Nonprofit Service Organizations Manage Their Funding Sources: Key Findings and Policy Implications, *Nonprofit Management and Leadership*, 2(2): 159-176
Harty, H. P. (1999) *Performance Measurement: Getting Results*, The Urban Institute Press
Hayashi, C., Iriyama, A., & Tanaka, Y. (2000) Public Interest Corporation in Japan Today: Data/Scientific Approach, *Behaviormentrika*, 27: January 2000: 67-68
Herman, R. D. & Associates (1994) *The Jossey-Bass Handbook of Nonprofit Leadership and Management*, Jossey-Bass Publisher
Herman, R. D. & Heimovis, R. D. (1990) The Effective Nonprofit Executive Leader of Board, *Nonprofit Management and Leadership*, 1(2): 167-180
Hodgkin, C. (1991) Policy and Paper Clips: Reflecting the Lure of the Corporate Model, *Nonprofit Management and Leadership*, 1991, 3(4): 415-428
Holland, T. P. (1991) Self-Assessment by *Nonprofit Boards, Nonprofit Management and Leadership*, 2(1): 25-36
Holtmann, A. & Idson, T. (1991) Why Nonprofit Nursing Homes Pay Higher Nurses' Salaries, *Nonprofit Management and Leadership*, 2(1): 3-12
House, E. R. & Howe, K. (2000) Deliberative Democratic Evaluation, Greene, Jennifer C. & Henry, G. T. (ed.) *Evaluation as a Democratic Process: Promoting Deliberation, Dialogue, and Inclusion, New Direction for Evaluation*, American Evaluation Association
Hsiao, H. (1994) *The Development and Organization of Foundation in Taiwan: An Ex-*

pression of Cultural Vigour in a Newly Born Society, Kwang Hwa Publishing Company

Ives, B. & Mason, R. O. (1990) Can Information Technology Revitalize Your Customer Service?, *Academy of Management Executive*, 4(4) : 59

Jackson, E. T. & Kassam, Y. (1998) *Knowledge Shared: Participatory Evaluation in Development Cooperation*, Kumarian Press

Jeavons, T. H. (1992) When the Management Is the Message: Relative Values to Management Practice in Nonprofit Organizations, *Nonprofit Management and Leadership*, 2(4) : 403-418

Kearns, K. P. (1992) From Comparative Advantage to Control: Clarifying Strategic Issues Using SWOT Analysis, *Nonprofit Management and Leadership*, 3(1) : 3-22

Kee, J. E. (1994) *Handbook of Practical Program Evaluation*, CH19

King, J. A., Morris, L. L., & Fitz-Gibbon, C. (1987) *How to Assess Program Implementation*, Sage Publication

Kirkhart, K. E. (2000) Reconceptualizing Evaluation Use: An Integrated Theory of Influence, Caracelli, V. J. & Preskill, H. (ed.) *New Direction for Evaluation*, American Evaluation Association

Kotler, P. (1972) Generic Concept of Marketing, *Journal of Marketing*, 36, 46-54

Kotler, P. (1975) *Marketing for Nonprofit Organizations*, Prentice Hall

Kotler, P. & Anderson, A. (1991) *Strategic Marketing for Nonprofit Organizations* (4th ed.) Prentice Hall

Kotler, P. & Levey, S. J. (1969A) Broadening the Concept of Marketing, *Journal of Marketing*, 33 : 10-15

Kotler, P. & Levey, S. J. (1969B) A New Form of Marketing Myopia, *Journal of Marketing*, 33 : 56

Kotler, P. & Roberoto, E. L. (1989) *Social Marketing*, The Free Press (井関利明監訳 (1995) 『ソーシャルマーケティング』ダイヤモンド社)

Langlois, R. N. (1984) *Internal Organization in a Dynamic Context: Some Theoretical Considerations-Communication and Information Economics*, Elsevier Science Publisher

Lohman, R. A. (1992) *The Commons*, Jossey-Bass Publisher

Lombardo, B. J. (1991) Japanese Corporate Philanthropy in the United States, *Nonprofit Management and Leadership*, 2(1) : 13-24

Loverlock, C. H. & Weinberg, C. B. (1984) *Marketing for Public and Nonprofit Managers*, John Wiley & Sons

Luck, D. J. (1969) Broadening the Concept of Marketing-Too Far, *Journal of Marketing*, 33 : 54

Maren, M. (1997) *The Road to Hell*, Free Press

Martin, L. L. & Kettener, P. M. (1996) *Measuring the Performance of Human Service Programs*, Sage Publication

McCauley, C. D. & Hughes, M. W. (1991) Leadership Challenges Human Service Administrators, *Nonprofit Management and Leadership*, 1(3) : 267–282

McMurtry, S. L., Netting, E F., & Kttener, P. M. (1991) How Nonprofits Adapt to a Stringent Leadership, *Nonprofit Management and Leadership*, 3(1) : 23–42

Mirvis, P. H. (1992) The Quality of Employment in the Nonprofit Sector: An Update on Employee Attitudes in Nonprofits Versus Business and Government, Nonprofit Management and Environment, *Nonprofit Management and Leadership*, 1(3) : 265–282

Moyer, N. S. (1990) Attracting Volunteers Using Buyer Behavior Concept, *Nonprofit Management and Leadership*, 1(1) : 55–68

Najim, A. (1996) *NGO Accountability: A Conceptual Framework, Development Policy Review*, Overseas Development Institute

Nas, T. F. (1996) *Analysis: Theory and Application*, Sage Publication

Nelsen, W. C. (1992) Incentive-Based Management for Nonprofit Organizations, *Nonprofit Management and Leadership*, 1992, 3(2) : 59–70

Netten, A. & Beecham, J. (1993) *Costing Community Care: Theory and Practice*, University of Kent

Nicholas, W. G. (1974) Conceptual Conflicts in Marketing, *Journal of Economics and Business*, 26: 142

Nielson, J. M. (1990) *Feminist Research Methods*, Westview Press

O'Neil, M. (1992) Ethical Dimensions of Nonprofit Administration, *Nonprofit Management and Leadership*, 2(3) : 223–239

OECD (1998) *Review of The DAC Principles for Evaluation of Development Assistance*

OECD (1998) *Technology, Productivity and Job Creation: Toward Best Practice*

OECD (1999) *Improving Evaluation Practices*

Olson, M. (1956) *The Logic of Collective Action*, Harvard University Press

Omohundro, L. & Albino, J. (1993) *The Measure of a Utility*, Electric Perspectives

Osborne, D. & Gaebler, T. (1992) *Reinvesting Government: How the Entrepreneurial Sprit is Transforming the Public Sector From Schoolhouse to Stakeholders, City Hall to Pentagon Reading*

Oster, S. M. (1992) Nonprofit Organizations as Franchise Operations, *Nonprofit Management and Leadership*, 2(3) : 223–239

Patton, M. Q. (1982), *Practical Evaluation*, Sage Publications

Patton, M. Q. (1990) *Qualitative Evaluation and Research Methods*, Sage Publications

Patton, M. Q. (1997) *Utilization-Focused Evaluation, The New Century Text* (3rd

ed.), Sage Publication
Perri 6 (1993) Innovation by Nonprofit Organizations: Policy and Research Issues, *Nonprofit Management and Leadership*, 3(4): 397-414
Philippine Council for NGO Certification (PCNC) (1999) *Regulating Civil Society*, The first of a series of case studies on PCNC
Porter, M. (1980) *Competitive Strategy, Techniques for Analyzing Industries and Competitors*, The Free Press
Powell, W. W. (1987) *The Nonprofit Sector: A Research Handbook*, Yale University
Powell, W. W. & Friedkin, R. (1987) *Organizational Change in Nonprofit Organization: The Nonprofit Sector A Research Handbook*, Yale University Press
Preston, A. E. (1990) Changing Labor Market in the Nonprofit and For-Profit Sectors, *Nonprofit Management and Leadership*, 1(2): 15-28
Puffer, S. M. (1991) Career Professionals Who Volunteer: Should Their Motives be Accepted or Manage?, *Nonprofit Management and Leadership*, 2(2): 107-124
Reiseman, A. (1991) Enhancing Nonprofit Resources Through Barter, *Nonprofit Management and Leadership*, 1(3): 253-266
Rief, D. (1997) Charity on the Rampage, *Foreign Affairs*, January/February, 394-402
Rogers, P. J., Hacsi, T. A., Petrosino, A., & Huebner, T. A. (ed.) (2000) *Program Theory in Evaluation: Challenges and Opportunities, New Direction for Evaluation*, American Evaluation Association
Rossi, P. H., Freeman, H. E., & Lipsey, M. W. (1999) *Evaluation: A Systematic Approach* (6th ed.), Sage Publication
Russell, C. S. (1982) *Resource for the Future*, Johns Hopkins University Press
Salamon, L. M. (1988) *Government-Nonprofit Relationship*, Johns Hopkins University Press
Salamon, L. M. (1989) Partners in Public Service: The Scope and Theory of Government-Nonprofit Relations-The Nonprofit Sector, *A Research Handbook*, Yale University
Salamon, L. M. (1992) *America's Nonprofit Sector: A Primer*, The Foundation Center
Salamon, L. M. (1993) Foundation as Investment Managers Part 2: The Performance, *Nonprofit Management and Leadership*, 3(3): 239-253
Salamon, L. M. (1994) *The Rise of the Nonprofit Sector*, Foreign Affairs
Salamon, L. M. & Anheier, H. (1995) *The Emerging Sector: Overview*, Johns Hopkins University Institute for Policy Studies
Scriven, M. (1967) The Methodology of Evaluation, in Perspectives on Curriculum Evaluation, Tyler, R.W., et al. (eds.), *AERA Monograph Series on Curricu-*

lum Evaluation, 1, Rand MacNally, pp. 39-83

Shadish, W. R., Cook, T. D., & Letvion, L. C. (1991) *Foundation of Program Evaluation: Theories and Practice*, Sage Publication

Smith, D. H. (1992) Moral Responsibilities of Trustees: Some First Thoughts, *Nonprofit Management and Leadership*, 2 (4) : 351-363

Stake, R. E. (edited by W. W. Welch) (1981) *Case Study Methodology: An Epistemological Advocacy, Case Study Methodology in Educational Evaluation*: 31-40

Stern, G. J. (1998) *Drucker Foundation Self-Assessment Tool Process Guide*, Jossey Bass Wiley

Stone, M. (1991) The Propensity of Governing Boards to Plan, *Nonprofit Management and Leadership*, 1991, 193: 203-216

Stufflebeam, D. L. (2001) *Evaluation Models, New Direction for Evaluation*, American Evaluation Association

Suchman, E. (1967) *Evaluation Research*, Russell Sage

Tanka, Y. (1995) One Challenge, Application of Competitive Marketing Strategy to Nonprofit Intermediary, submitted to Claremont University

UNDP (1997) Who Are the Question-maker? A Participatory Evaluation Handbook (http://www.undp.org/eo/who.htm)

USAID Center for Development Information and Evaluation (2001) Tips, Conducting a Participatory Evaluation (http://www.dec.org/usaid_eval/)

Useem, M. (1991) Corporate Funding of the Arts in a Turbulent Environment, *Nonprofit Management and Leadership*, 1(3) : 203-216

W. K. Kellogg Foundation (1998) *Evaluation Handbook*

W. K. Kellogg Foundation (2000) *Logic Model Development Guide*

Weiss, C. H. (1972) *Evaluation Research: Methods of Assessing Program Effectiveness*, Prentice Hall

Weiss, C. H. (1997) *Using Social Research in Public Policy Making*, D. C. Heath

Weiss, C. H. (1998) *Evaluation* (2nd ed.), Prentice Hall

Windack, W. A. & Bybee, H. M. (1971) Marketing Application of Fund Raising, *Journal of Marketing*, 35: 13-18

World Bank, Sustainable Department (2001) The World Bank Participatory Sourcebook (http://www.worldbank.org/htmVedi/sourcebook/sbO303t.htm)

Yeh, S. S. (2000) Improving Educational and Social Programs, A Planned Model, *The American Journal of Evaluation*, 21(2) Spring-Summer: 171-184

Zaltman, G. & Vertinsky, I. (1971) Health Service Marketing, *Journal of Marketing*, 35: 19-27

穴口朋子・長谷部英司・深瀬壮建・大石修 (1999)『行政評価を考える市民にわかりやすい評価システムを目指して』札幌市自治研修センター，平成11年度政策課題研究

報告書
有賀健編著 (1991)『日本的流通の経済学』日本経済新聞社
飯島由美 (2001.5)「『エコファンド』とは」(株) 環境情報デザイン研究所 HP
生田孝史 (1999.11)「環境経営の高度化」『FRI レポート』No. 63
石黒一憲 (2000)『グローバル経済と法』信山社
石原敬子 (1992)「『取り引き費用』論と競争政策」『経済学研究』関西学院大学編第 23 号, pp. 72
伊丹敬之 (1984)『新・経営戦略の倫理』日本経済新聞社
伊丹敬之・伊藤元重・加護野忠男 (1992)『日本の企業システム：企業と市場』有斐閣
伊藤光晴・根井雅弘 (1993)『シュンペーター』岩波書店 (岩波新書)
今井憲一・伊丹敬之・小池和男 (1982)『内部組織の経済学』東洋経済新報社
今井賢一 (1992)『資本主義のシステム間競争』筑摩書房
入山映著 (1992)『社会現象としての財団』日本放送出版協会
ウィリアムソン, オリバー著, 浅沼萬里・岩崎晃訳 (1989)『市場と企業組織』日本評論社 (Williason, O. E. (1986) Economic Orgnization, Wheatsheaf Books Ltd.)
上沼克徳 (1991)「非営利組織マーケティングの考え方と戦略的枠組み」『マーケティング戦略』同文館
上山信一 (1998)『「自治体評価」の時代』NTT 出版
上山信一・玉村雅敏・伊関友伸編著 (2000)『実践・行政評価』東京法令出版
内田吉英 (1991)『商社』教育社 (教育社新書)
梅沢昌太郎 (1998)『非営利・公共事業のマーケティング』白桃書房
エイジング総合センター (1993)『高齢化社会の基礎知識』中央法規
援助評価検討部会・評価研究作業委員会 (2000)『「ODA 評価体制」の改善に関する報告書』外務省経済協力局評価室
小野寺真作 (1995)『認証：標準化における認証と適合評価』コロナ社
外務省 (1999)『1999 年度版 我が国の政府開発援助』
片山又一郎 (1975)『生態的マーケティング』ビジネス社
加藤秀樹・伊永大輔 (2001)「新しいガバナンスのあり方としての住民参加：地方からの『小さな政府』実現を目指して」『地方行政』2001 年 3 月 1 日, pp. 5-
カトナー, ロバート著, 佐和隆光・菊谷達弥訳 (1993)『新ケインズの時代』日本経済新聞社
川添登・山岡義典編著 (1987)『日本の企業家と社会文化事業』東洋経済新報社
黒沢義孝 (1999)『格付けの経済学』PHP 研究所
経済企画庁 (1994)『国民生活白書 (平成 6 年)』
経済企画庁 (1996)『市民活動団体基本調査報告書』
経済企画庁 (1997)『市民活動情報支援システム・モデル開発に関する調査研究報告書』
経済企画庁 (1998)『市民活動モデル調査報告書：これからの地域社会における NPO の役割』
経済企画庁 (2000)『平成 12 年度国民生活白書：ボランティアが深める好縁』

経済企画庁国民生活局編 (1993)『自覚と責任ある社会へ』
厚生省 (1993)『厚生白書 (平成5年)』
国際開発高等教育機構 (1996)『開発援助のためのプロジェクト・サイクル・マネジメント』(財) 国際開発高等教育機構
コース, ロナルド・H著, 宮沢健一・後藤晃・藤垣萌文訳 (1992)『企業・市場・法』東洋経済新報社 (Couse, R. H. (1988) *The Firm, the Market, and the Low*, University of Chicago Press)
児玉万里子 (1997)「『投資不適格』の区分は格付判断の本質を歪める」『金融財政事情』97. 5. 28, pp. 34–38
児玉万里子 (1998)「社債格付と投資家の視点」『証券アナリストジャーナル』98, pp. 4–
児玉万里子 (1999)『社債格付け』中央経済社
コトラー, フィリップ著, 井関利明監訳 (1991)『非営利組織のマーケティング』第一法規
コトラー, フィリップ著, 井関利明監訳 (1991)『非営利組織のマーケティング戦略』ダイヤモンド社
斉藤達夫 (1999)『自治体政策評価』ぎょうせい
佐伯啓二 (1993)『欲望と資本主義』講談社 (講談社新書)
坂井素思 (1990)『経済社会論』放送大学教育振興会
坂本欣三郎 (1999)『環境管理とアカウンタビリティ』同文館出版
笹川平和財団 (1991)『タイとフィリピンのコーポレート・シチズンシップ』
笹川平和財団 (1992)『わが国の公益法人』
笹川平和財団 (1993)『講演録：ドラッカーが語る非営利組織の発想と企業』
佐瀬昌盛・石渡哲編 (1994)『転換期の日本, そして世界』人間の科学社
サラモン, レスター著, 入山映訳 (1994)『米国の非営利セクター入門』ダイヤモンド社 (Salamon, L. M. (1992) *America's Nonprofit Sector*, The Foundation Center)
重富慎一監修 (2001)『国家とNGO：アジア15カ国比較』明石書店
静岡県HP：http//www.pref.shizuoka.jp/governer/talk/gyokaku1/gyokaku_05htm
嶋口充雄 (1984)『戦略的マーケティングの論理』誠文堂新光社
島田晴雄・三菱総合研究所政策研究部 (1999)『行政評価：スマート・ローカル・ガバメント』東洋経済新報社
清水龍栄編著 (1993)『エキスパート・システムにおける最新企業評価論』千倉書房
社会福祉協議会 (1994) Overview of Social Welfare Services in Japan '94, Japanese National Council of Sociasl Welfare
社会福祉法人中央共同募金会内民間社会福祉財政研究会 (1995)『施設の地域福祉サービスと民間財源』
社団法人経済団体連合会 (1999)『社会貢献白書：企業と社会のパートナーシップ』日本工業新聞社
社団法人経済団体連合会社会本部 (1999)『1998年度社会貢献活動実績調査結果』
白須孝・田中弥生 (2001)「日本の開発NGOの評価事情：NGOとドナーの視点から」

『日本評価学会第1回全国大会発表要旨収録』pp. 259-264
鈴木安昭著（1993）『新・流通と商業』有斐閣
スティグリッツ，J・E著，藪下史郎・秋山太郎・金子能宏・北立力・清野一治訳（1994）『マクロ経済学』東洋経済（Stiglitz, J. E. (1993) *Economics*, W. W. Norton & Company Inc.）
政策評価の手法等に関する研究会　総務省（2000）『政策評価の導入に向けた中間まとめ（平成12年6月）』総務省
政策評価研究会事務局通産省大臣官房政策評価広報課（1999）『政策表の現状と課題：新たな行政システムを目指して』通産省
政策評価制度の法制化に関する研究会 総務省（2000）「政策評価制度の法制化に関する研究会報告（平成12年12月）」総務省
総合研究開発機構（1994）「市民公益活動基盤整備に関する調査研究」『NIRA研究報告書』
総理府（内閣総理大臣官房広報室）（1993）『生涯学習とボランティア活動に関する世論調査』
ダイヤモンド・ハーバード・ビジネス編集部（1995）『顧客価値創造のマーケティング』ダイヤモンド社
田島義博（1965）『流通機構の話』日本経済新聞社（日経文庫）
田中尚輝（1994）『高齢化時代のボランティア』岩波書店
田中弥生（1995）「阪神大震災とインターメディアリ」『公益法人』公益法人協会，1995年9月号
田中弥生（1999）『NPO幻想と現実　それは本当に人々を幸福にしているのか』同友館
田中敬文・伊嶋高男・伊藤裕夫・佐藤修・田中弥生（1997）「非営利組織（NPO）のマーケティングと広告」『平成9年度助成研究集』吉田秀雄記念財団，第31次，pp. 57-67
田淵節也監修，笹川平和財団（1990）『コーポレート・シチズンシップ』講談社
田村正紀（1977）「マーケティングの境界論争」『国民経済雑誌』第135号巻6号，pp. 100-
中条武志（1998）「ISO9000の知識」日本経済新聞社
ドラッカー，ピーター・F著，上田惇夫・佐々木実智男・林正・田代正美訳（1995）『未来への決断』ダイヤモンド社（Drucker, P. F. (1995) *Managing in a Time of Great Change*, Truman Tally Books/Dutton）
ドラッカー，ピーター・F著，上田惇夫・田代正美訳（1990）『新しい現実』ダイヤモンド社（Drucker, P. F. (1989) *The Realities*, Harper & Row）
ドラッカー，ピーター・F著，上田惇夫・田代正美訳（1991）『非営利組織の経営』ダイヤモンド社（Drucker, P. F. (1990) *Handling the Nonprofit Organization*, Harper Collins）
ドラッカー，ピーター・F著，上田惇夫・田代正美訳（1993）『ポスト資本主義社会』ダイヤモンド社（Drucker, P. F. (1993) *Post-Capitalist Society*, Harper Business）

ドラッカー,ピーター・F 著,林雄二郎訳(1974)『断絶の時代』ダイヤモンド社(Drucker, P. F. (1969) *The Age of Discontinuity*, Harper & Row)
ドラッカー,ピーター・F 編著,田中弥生訳(1995)『非営利組織の自己評価手法』ダイヤモンド社(Drucker, P. F. (1993) *Drucker Foundation Self-Assessment Tool for Nonprofit Organization*, Jossey-Bass)
鳥山正光(1991)『新 F/S の理論と実践』日本国際サービス
西野桂子(2001)「参加型インパクト評価の理論と実践」『日本評価学会第1回全国大会発表要旨収録』pp. 265-270
日経産業新聞(1999.7.30)「日本 NCR 信用格付け・自己査定システム・地域金融機関向け」日本経済新聞社
日本経済新聞(2000.12.4)「企業年金の運用信託先上位4社は投資顧問:R&I 調査」日本経済新聞社
日本ネットワーカーズ会議(1995)『ボランタリー活動推進のための仕組つくりに関する調査研究』(日本地域開発センター)
日本格付投資情報センター編(1998)『格付けの知識』日本経済新聞社,pp. 108-
日本規格協会(2000)『ISO 規格の基礎知識』
日本地域開発センター(1990)『「特集:ノンプロフィット・セクターの形成」地域開発』(日本ネットワーカーズ会議)
野中郁次郎(1984)『組織と市場』千倉書房
野中郁次郎・加護野忠男・小松陽一・奥村昭博・坂下昭宣(1978)『組織現象の理論と測定』千倉書房
ハイルブローナー,ロバート著,中村達也・吉田利子訳(1994)『21世紀の資本主義』ダイヤモンド社
初谷勇(2000)『NPO 政策の理論と展開』大阪大学出版会
林知己夫・入山映(1997)『公益法人の実像:統計からみた財団・社団』ダイヤモンド社
林知己夫・片山正一(1995)『日本の財団と社団』笹川平和財団
林知己夫編著(1997)『現在日本の非営利法人』笹川平和財団
一橋大学産業経営研究所(1992)「組織と市場を超えて」『ビジネス・レビュー』39(4) (Mar.)
福祉教育研究会(1994)『わかる福祉』8月号,福祉教育研究
古川貴順・庄司洋子・定藤丈弘著(1993)『社会福祉論』有斐閣(S シリーズ)
ポランニ,カール著,玉野井芳郎・平野健一郎訳(1975)『経済の文明史:ポランニ経済学のエッセンス』日本経済新聞社(Polanyi, C. (1957) *The Great Transformations: The Political and Economic Origins of Our Time*, Beacon Press)
穂坂光彦(2001)「大コロンボ水辺環境改善事業」『円借款案件事後評価報告書 2001』国際協力銀行
本間正明・出口正之(1995)『ボランティア革命』東洋経済新報社
松下圭一(1971)『シビル・ミニマムの思想』東京大学出版会

三重県 HP: http//www.pref.mie.jp/seihyo/plan/jimu00/gaiyo.htm
三上富三郎著（1978）『ソーシャル・マーケティング』同文館出版
味方守信著（1995）『マルコム・ボルドジッリ賞の衝撃』日刊工業新聞社
水口剛（1998）『ソーシャル・インベストメントとは何か』日本経済新聞社
宮坂義一（1994）『総合商社』二期出版
三好皓一（2001）「援助期間への参加型評価の導入について：タイ北部セラミック開発センターの評価を事例として」『日本評価学会第1回全国大会発表要旨収録』pp. 271–278
ミルグロム，ポール＆ジョン・ロバーツ著，奥野正寛・伊藤秀史・今井春雄・西村理・八木甫訳（1997）『組織の経済学』NTT出版（Milgron, P. & Roberts, J. (1992) *Economics, Organization & Management*, Prentice Hall）
ムーディーズ HP（2001. 5. 10）「格付けの定義」(http://www.moodys.co.jp/)
モスト，ヨハン原著，カール・マルクス改訂，大谷貞之介訳（1987）『資本論入門（テキスト版）』岩波書店（Most, J. (1874) Kapital und Arbeit. Ein Popularer Auszug aus "Das Kapital" von Karl Marks, Zweite verbesserte Auflage）
森泉章（1990）『総則民法』日本評論社
森田松太郎（1990）『新版経営分析入門』日本経済新聞社
矢部友三郎（1998）『世界標準 ISO マネージメント』日科技連
山谷清志（1997）『政策評価の理論とその展開』晃洋書房
山谷清志，西尾勝編（2000）「評価の多様性と市民：参加型評価の可能性」『行政評価の潮流』pp. 77–108
リップナック，J & J. スタンプス著，社会開発統計研究所訳（1984）『ネットワーキング』プレジデント社（Lipnack, J. & Stamps, J. (1982) *Networking*, Ron Bernskein Agency）
龍慶昭（1997）『経営管理』創成社
龍慶昭・佐々木亮（2000）『「政策評価」の理論と手法』多賀出版
労働省（1997）『民間非営利組織（NPO）の活動と労働行政に関する調査研究報告』
蠟山昌一（1989）『金融自由化の経済学』日本経済新聞社

索　引

あ　行

ROI（投資回収率）　196
愛他の精神　ⅱ
アウトカム　118, 120, 122, 123, 190, 194, 200, 201, 217, 227, 237, 238
　——評価　151
アウトプット　120, 122, 123, 188, 190, 194, 200, 201, 208, 217, 227, 237, 238, 245
アカウンタビリティ　77, 79, 105-107, 125, 147, 148, 209, 228-230, 234, 236-239, 246, 247, 250
　——の証明　107, 108, 118, 219
「アスペン・インスティチュート」　124, 127
アドボカシー　240, 250
遺産　43, 52, 73
意思決定における複数基準グリッド　199
「偉大なる社会」　125, 129
5つのセグメント　84
5つのフェイズ　86, 88, 249
一般会計基準（GAAP）　231
一般指標（モデル）　146, 192, 194
イノベーション　55, 205, 207, 209
因果関係　110, 111
因果的なセオリー　184, 186
インターメディアリ　ⅳ, 19-21, 25, 29, 69, 71, 72, 86, 93, 98, 101-104, 105-113, 132, 235, 236-238, 240, 243-252
　——機能　96, 243
　——機能分析　83, 86
　——構築　248
　——の評価方法　245
　　→寄付代行型——
　　→資金——
　　→情報——
　　→人材——
　　→特定型——
　　→不特定多数型——

インダストリー・ノーム　112
「INTERACTION」　159
「インディペンデント・セクター」　127
インタンジブルな費用，効果　197
インパクト　120, 122, 123, 143, 194, 200, 201, 214, 227, 237-239
　——／アウトカム評価　191
　——・セオリー　185, 186
　——評価　219
「インフォームド・ギビング」　76
インプット　201
ウィリアムソン（Williamson, O.）　17, 19, 89, 98
「ウォッチ・ドッグ」　76
永続性　37
永続的寄付　37
エーカー（Aaker, D.）　86
NGO　147
NPO
　——バブル　ⅳ
　——バンク　ⅲ
　——評価　ⅴ
　——法（特定非営利活動促進法）　ⅲ, 5
　——法人　5
　——法人の産出額　5
　改革の担い手としての——　ⅵ
エンゲルハート（Engelhardt, S.）　54
エンパワーメント　250
　——評価　148, 152, 181
オプション価格化　199
オペレーティング財団　92
オリエンテーション　34, 61, 96, 99, 101

か　行

回帰・分断モデル　142, 192, 194, 240
会計監査　78
介護保険制度　12
改善　178

269

外部環境　14, 15, 48, 177, 206-208, 222, 227
外部コンサルタント　50
外部評価　121, 180
　――者　150
外部要因　141
ガバナンス　165, 168, 207, 217, 229, 230, 234
カウンセリング　75
科学的管理　144
科学的評価　118, 125, 126, 130, 136, 140, 141, 143, 144
学習機会　97, 105, 109, 238, 239, 246
学習効果　118
仮説－検証　126
カタリスト　39
価値や利点の判断　178, 179
活動（参加）　14, 15, 18, 120
　――環境　14
　――プログラム　61
　――領域　83, 86, 90
カットとマレイ（Cutt, J. & Murray, V.）　106, 110, 112
ガバナンス　164-166
「かまくら行財政会議」　156
「鎌倉市への通信簿」　156
環境　→外部環境，活動環境，内部環境
　――分析　222
　――変化　52
　――リスク分析　199
監査証明文　231
観察　190
関心／無行動（段階）　14, 18, 249
間接便益／間接効果　197
還付（所得税の）　66, 80
機会主義（的行動）　17, 85, 89, 98, 101
企業　17, 27, 28, 64, 65, 68, 69, 196, 215
　――寄付　53, 92
　――プログラム　65, 68
　――COE　65
　「――ボランティア協議会」（BVC）　27, 64, 66, 215
記述式評価　164
機能抽出　84
規範的なセオリー　184

寄付（金，行為）　3, 7, 10, 12, 13, 27, 28, 32, 39, 43, 56, 66, 67, 73, 76, 160, 227, 228, 237
　――者向けプログラム　41
　――向けニュースレター　45
　――タイプ　42
　――手続き　67
　――パッケージ　250
　――方法　42
　――メニュー　41
　――免税団体資格　168
　→限定した――
　→限定しない――
寄付先紹介（情報）リスト　67, 245
寄付者　51, 52, 73
　――との関係づくり　42
　――のクリアリング・ハウス　75
寄付代行型インターメディアリ　72
キャンペーン型マーケティング　241
キャンベル（Campbell, D. T.）　139, 140, 141, 143
給料天引き制度　68
教育機会　75
教育プログラム　28, 54, 60
行政　v, vi, 123, 252
　――評価　118, 155, 156
競争　iv
協働　250
　――型評価　148
　――機会　244
共同出資　74
クライアント　107，→受益者
クラスター評価　124, 214
「クリーブランド財団」（TCF）　27, 36-43, 46, 47, 50-53, 72, 75, 93, 95, 103, 214, 218, 219, 222, 227, 238
グループ成熟度調査　154
クロンバック（Cronbach, L. J.）　143, 144
訓練プログラム　249
形成評価　121
契約　97, 100
ケロッグ財団　125, 127, 136, 185
原因－結果　184
検索コスト　17

限定された合理性　17, 85, 89, 98
限定した寄付　39, 44
限定しない寄付　39, 43, 44, 52
公益法人（制度）　5, 12
コヴェナント　66
効果　109, 191, 196, 197
効果的なギビング　102, 103, 105, 109, 213, 236, 246, 247
公共心　iii
交渉　97, 100
　――コスト　17-19, 85, 89
公設民営型 NPO センター　11
行動倫理基準（規定）　159, 240
広報（活動）　44, 45, 97, 99, 100, 102
　――ツール　45
効率性　142, 195-199
高齢者　26, 29, 32, 62, 64, 238
コース（Coase, R. H.）　16, 17, 19
コーディネーション　61
コーディネーター　33, 35, 36
「コーポラティブ・ホームケア協会」（CHCA）　131
ゴール　164, 165
顧客　205
　――のサービス・ライフサイクル　87, 88
国際開発　250
「国際協力銀行」　200
「国際協力事業団」（JICA）　147, 153, 201
国民経済計算（SNA）　5
国連　3
「9 つの基準」（NCIB の）　217
コスト・パフォーマンス分析　195
コベナント　80
コミュニケーション　220
コミュニティ　7, 104
　――支援　222
「コミュニティ開発社」（CDC）　69, 70, 80, 103, 104, 128, 136, 215, 217
「コミュニティ・サーブ・ソサエティ」　32
「コミュニティ財団」　37, 44, 59, 72
「コミュニティ・ファンズ, Inc.」　73
コンサルテーション　27, 28, 35, 43, 65, 67, 94, 99, 217

コンティンジェンシーモデル　207
コンベンナー　39

さ　行

「SERVE プログラム」　30
財産タイプ　42
最終到達目標　118, →ゴール
財政　77
「財団センター」　27, 53, 55-58, 60, 91, 92, 93, 214
財団（法人）　3, 69, 76
サイナー（Sainer, J.）　30
サッシュマン　139
参加型開発　146
参加型評価　139, 146-158, 181, 220
サンドルフ（Sandorf, J.）　72
サンプル・サーベイ　183
「ジェリコ・プロジェクト」　104
次期事業のための提案　49
事業評価　123
事業を構成する理論　122
資金　38, 78
資金インターメディアリ　25, 26, 53, 66, 69, 72, 93
資金運用　37, 40
資源　3, 4, 7, 178, 243
　――譲渡　13
　――調達　8, 40, 53, 54, 68, 70
　――提供　76
　――提供希望者　248
　――提供先斡旋　96
　――提供先リスト　96, 102
　――配分　108, 238, 246
　――問題　7
資源提供者　3, 4, 14, 15, 19, 65, 68, 69, 71, 72, 83, 87, 92, 98, 102, 107, 108, 215, 237, 238, 243, 244, 245, 252
　――の態度（変容）　13, 14, 86, 87, 89, 244
資源変換装置　8, 13
自己規定（的）　109, 205
自己評価　121, 151, 154, 157, 208
　――手法　207
事後評価　122, 239, 241, 246

索　引――271

事後報告　99
自己分析　48
市場メカニズム　25
「静岡県業務棚卸表」　155
システムチェック　163, 169
事前評価　122, 144, 156, 225, 229, 237, 246
実現可能性（評価の）　119
実験としての改革　140
実行可能性（事業の）　122
実施以降の評価　245
実施者視点　148
　——評価　146, 147, 150, 151, 154, 157
質的評価　50, 144
指定寄付　44
シビック・アフェアーズ　38
シビル・ミニマム　ii, v
市民（性）　ii, 6, 7, 61
「市民活動支援基金」（東京都杉並区）　12
使命　164, 165, 206, 246, 251
社会サービス　13
社会政策　141
社会装置（化）　246, 247, 251
社会的監視　iv
社会費用　142, 143
社会便益　142
社団法人　3
「シャプラニール」　153
柔軟性　37
住民参加　155, 156
終了時評価　122, 237
受益者　109
　——のニーズ　145
主体性（オーナーシップ）　147
出版　57
純効果　141, 191, 195
準実験モデル　142
純便益　198
紹介・斡旋　99
「生涯学習とボランティア活動に関する世論調査」　9
商工会議所　66
少子高齢化　i
情報インターメディアリ　25, 76, 77, 79, 92, 93
情報共有システム　46
情報公開　45, 57, 78, 220
情報収集機能　56
情報テクノロジー　54
情報の質の確保　245
情報の偏在　17
情報量の規定　245
助成　10, 27, 28, 37, 39, 43, 51, 56
助成財団　53, 69, 92, 130, 215, 228, 238
所得控除　160
所得税　12, 67
審査　97, 100
人材インターメディアリ　25, 29, 61, 64, 93
シンジケーション　70
信託制度（コミュニティ・トラスト）　73
信託ボディー　73
新保守革命　143
信用保障　iv
信頼関係　51
信頼醸成　246, 247, 251
信頼性　72, 78
心理的要因　112
水平関係　106
スクリーニング　245
「スターテンアイランド病院」　30
スタンダード（標準）の不在　111-113
ステークホルダー　144
成果　110, 111
　——指向型管理　145
　——の定義　120
正確さ（評価の）　119
生活態度の変容　50
政策研究　144
政策設計　vi
政策評価　118, 124
政策分析　139
生産パート　185, 186
成熟度（民間非営利組織の）　248, 249
「精神障害者の地域でのアフター・ケア・プロジェクト」　186
税制　12, 161
正当性（評価の）　119

制度化　50, 220
セオリー　182, 184
　——評価　118, 126, 127, 136, 143, 150, 183-188, 219, 237, 239
　→インパクト——
　→プログラム——
　→因果的な——
　→規範的な——
「世界銀行」　3
セグメント 6　92,　→5つのセグメント
説明責任　→アカウンタビリティ
「全国チャリティー情報センター」（NCIB）　28, 76-80, 158, 217, 228, 229, 234, 235, 240
「全米評価学会」　119
「全米幼児教育協会」（NAEYC）　134, 135
戦略的プラン（プランニング）　45, 48, 49, 51, 218, 219, 221, 225, 228
戦略フレームワーク　222, 227
総括評価　121
総効果　141
想定受益者　13
贈与税　160
『組織現象の理論と測定』　207
組織評価　126, 134, 137, 158-169, 237, 240

た　行

代案提示　94, 97, 99
代行サービス料　67
「タイ国セラミック開発センター」　153
「大コロンボ圏水辺環境整備事業」　200-203
第三者評価　146, 229
対照グループ（法）　125, 126, 132, 135, 136
対象者の態度分類　88
「退職者と高齢者のためのボランティア・プログラム」（RSVP）　26, 29-35, 91-94, 213, 214, 238
退職前教育　33
態度別／環境別マトリックス　14
態度変容　14, 86, 87, 248
タイミング　219, 227, 229, 238
多元的組織社会　6
タックス・クレジット・シンジケーション　70

短期のアウトカム　122,　→アウトカム
探索　14, 15, 18, 249
　——コスト　18, 19, 85, 89
タンジブルな費用，便益　197
『断絶の時代』　5
地域のイニシアティブ　126, 127
地域のニーズ　37
知識社会　5, 6
知識創造　178, 180
知識ワーカー　6, 7
「チャリティー・カード」　67
「チャリティーズ・エイド財団」（CAF）　28, 66-69, 215, 240, 250
『チャリティ・トレンド』　68
「中央省庁基本法」　155
仲介・調整　25
中間搾取　76
中間支援組織　11
中間評価　122, 217, 219, 237, 239, 246
中期のアウトカム　122,　→アウトカム
中立の立場　66
長期のアウトカム　122,　→アウトカム
調査　78, 97
聴衆と評価設問　177
直接便益／直接効果　197
追加的成果　146
定期的な寄付　80
提供先リスト　99
「低所得者のための住宅供給社」（CSH）　28, 69, 70-72, 103, 215
低所得者向け住宅建設　69, 70
ディスカウント率　198
定性調査　183
定性的評価　144
テイラー（Tayler, F. W.）　144
データ収集　119, 190
テレマーケティング　58
展望，使命，ゴール（VMG）　164, 165
転用可能な技術　33, 214
統計的等化モデル　192
投資　102
投入　110, 111
特定型インターメディアリ　236, 237

特定公益増進法人　12
独立型評価　181
独立性　37
ドナー・リレーション部門（クリーブランド財団）　38, 40, 42
トラスト（信託）　68
ドラッカー（Drucker, P.F.）　5, 7, 103, 109, 205, 208, 209
『──の5つの質問』　205
「ドラッカー財団」　127
トランザクション・コスト　iv, 16-20, 25, 83, 85, 89, 98, 101, 102, 104, 113, 213, 243-247, 251
トランスファー　198
取引コスト→トランザクション・コスト

な　行

内国歳入庁（フィリピン）　161, 162
内部環境　14, 48
内部組織化　19
内部評価　121, 180, 219
ナジム（Najim, A.）　107
ニーズ　13, 86, 183, 250
　　──・アセスメント　182, 183, 219, 220, 225, 237
　　──調査　122
ニュー・パブリック・マネジメント（NPM）　145, 155
「ニューホープ・プロジェクト」　133, 178, 181
「ニューヨーク・ケア」　27, 61, 62, 63, 215
「ニューヨーク・コミュニティ信託」　28, 72, 73, 74, 75, 76, 217
認証　159
認証専門機関　135
認定NPO法人　12
ネットワーク（ネットワーキング）　62, 71, 167
「望ましい民間非営利組織像」　229, 241

は　行

パットン（Patton, M. Q.）　119, 178, 189
パトロン　107, →資源提供者

パフォーマンス・メジャーメント　140, 144-146
パブリック・サービス　59
パブリック・チャリティ　76
「パラプロフェッショナル介護会」（PHI）　131, 132
バランスのとれた評価　126
パレート最適　196
「パワー」の所在　248
阪神・淡路大震災　iii, 4, 8, 249
判断行為　119
　　→価値や利点の──
ピア評価　163
PCM　157
PRAサーベイ　153, 154
PVO基準　159
「ピープルズ・オーガニゼーション」（フィリピン）　160
非営利組織　vi, 7
『非営利組織のための自己評価手法』　205
非市場的な取引　17
被助成者　51, 52
　　──との関係づくり　43
　　──向けプログラム　41
ビジョンある社会装置　vi
非政府組織　vi
ヒックス・カルダー基準　196
評価　29, 45, 48, 50, 76, 79, 98, 100, 102-113, 117-136, 218, 247
　　──アプローチ　139
　　──基準　77, 217, 220, 229, 231, 240, 248
　　──グリッド（の作成）　200, 201
　　──実施体勢　177-204
　　──者　163, 165
　　──手法　139-175, 239
　　──設計　178, 190, 199, 200, 218, 228
　　──専門家　180
　　──専門機関　76
　　「──専門非営利会社」（MDRC）　128, 129
　　──対象　178, 199, 219, 229
　　──対象者とのコミュニケーション　181
　　──体制　154

―― タスク　177
―― のインディケーター　50
―― の階層構造　182
―― の困難性（民間非営利組織の）　110
―― の実施者　180
―― の定義　117
―― の文脈　177
―― の歴史　124
「―― 判断のための情報分析・提供側面」　140
―― 方法　50
―― 目的　108, 178, 219, 228
費用―効果分析　142, 195, 197
費用―効率性分析　195
費用対効果　136
費用―便益分析（評価）　142, 143, 144, 195, 197, 198, 199
費用・ユーティリティ分析　199
貧困者政策（ジョンソン大統領）　30
貧困地域　69
「貧困との戦い」　139
ファイナンシャル部門（クリーブランド財団）　38
ファシリテーター　150, 157
フィードバック　169, 207, 208, 215, 237-239
フィランソロピー　39, 102
「フィリピンNGO認証協会」（PCNC）　159, 235
フェッターマン（Fetterman, D. M.）　152
フェミニスト・アプローチ　127
「フォード財団」　69, 104, 129
「フォスター・プラン・プロジェクト」　136
不確実性　17, 85, 89, 98, 102
副次的結果　111
福祉分野における民間非営利組織の評価　128-136
不特定多数型インターメディアリ　236, 240
ブラウンとムーア（Brown & Moore）　106, 107
ブリッジ・ローン　70
プリンシパルーエージェント関係　106
プログラム　123, 240, 245
　―― 運営　166

―― ・オフィサー　50, 71, 78, 104
―― セオリー　183-186, 219, 227
―― 評価　119, 123, 124, 139-175
―― 部門（クリーブランド財団）　38
プロジェクト　70, 123, 150
　―― 改善（ラーニング）　148
プロセス評価　122, 142, 143, 151, 188-190
ブロフィー（Brophy, M.）　215
ベースライン　154
ベスト・プラクティス　146
「ペリー保育園」　132
便益　196, 197
「ボイス・フォー・チルドレン」　135
ホームレス　50, 62, 64, 69, 104
募金団体（クリアリング・ハウス）　32
保険　34
補助金　7
ボトムライン　103, 109, 117, 205, 236, 248
ボランティア　3, 7-9, 13, 14, 16, 26-29, 31-36, 61-65, 88, 89, 92, 98, 102, 215, 237, 249, 250
　―― 革命　iii
　―― ・ニーズ　30
　―― ・プログラム　62, 63
　―― への関心度　iii
　―― ・マネジメント　65
「ボルチモア LIFE プログラム」　141
ボルドウィン（Boldwin, I.）　71

ま 行

マーケット分析　48
マーケティング　57, 58, 62, 67, 69, 86, 249
待つ姿勢　75
マッチング（モデル）　iv, 33, 34, 36, 142, 192, 215
マネジメント　63, 64, 74, 77, 228, 237, 240, 249
　―― ・アプローチ　146
　―― 支援　147
「三重県伊賀県道建設」　156
「三重県 NPO 室」　156
「三重県事務事業評価」　155
ミスマッチ　iv, 3, 9-15, 19, 21, 25, 30, 52, 86, 88, 214, 215, 243, 249

「みたか市民プラン21会議」(東京都三鷹市)　156
ミッション　　→使命
民間非営利サービス産出額　5
民間非営利セクター　4, 6
民間非営利組織　3, 4, 7
　　——の育成　108
　　——向けニュースレター　45
民法34条　ⅲ, 5
無関心（段階）　14, 18
無料電話サービス　67
メーシー（Macy, V.）　77
免税認証　139, 159, 160, 161
目標　110, 126
モニタリング　96-99, 101, 102, 217, 219, 229
　　——・コスト　17-20, 85, 89
「ものさしの不在」　235, 236

や　行

山谷清志　118
有効性　109
ユーザー・フレンドリー　61, 62
「ユースビルド・プログラム」　130
優先順位問題　108
有用性（評価の）　119
有用性重視評価　148

「ユナイテッド・ウェイ」　32, 66
様式行為　80
「より良い企業のためのセンター」(BBB)　234, 235

ら行・わ行

ランダム・サンプリング　133
ランダム実験法（モデル）　140, 141, 192, 194, 239
リーダーシップ　72, 75, 207
「Leaf 財団」　164-168
倫理性　233
量的評価　50
利用パート　185, 186
"Look good, avoid blame" 症候群　112, 113
レイティング（格付け）　78, 79, 158, 163, 169
レーガン政権　129, 143
「ローカル・イニシアチブ・サポート・コーポレーション」　72
ロジックモデル　136, 144, 145, 185-187, 190, 194, 200, 201
　　——の作成　200
ロッシ（Rossi, P. H.）　118, 140, 181, 191, 195
ワイス（Weiss, C. H.）　126, 127, 144
『ワイズ・ギビング・ガイド』　78

著者紹介　田中弥生（たなか・やよい）

慶應義塾大学大学院政策・メディア研究科修了．(株)ニコン，笹川平和財団，国際協力銀行を経て，現在，東京大学大学院工学系研究科社会基盤学専攻・国際プロジェクト寄付講座，助教授．国際公共政策博士（大阪大学）．主な著書に『NPO　幻想と現実——それは本当に人々を幸せにしているのか』（同友館，1999 年），『ボランタリー経済と企業』（下河辺淳監修，分担執筆，日本評論社，2002 年），『アジアの国家と NGO』（重冨真一編，分担執筆，明石書店，2001 年），訳書にドラッカー・スターン著『非営利組織の自己評価手法』（ダイヤモンド社，2000 年），ドラッカー・スターン著『非営利組織の成果重視マネジメント——NPO，公益法人，自治体の自己評価手法』（監訳，ダイヤモンド社，2000 年）ほか．

NPO と社会をつなぐ

2005 年 6 月 21 日　初　版

［検印廃止］

著　者　田中弥生

発行所　財団法人　東京大学出版会

代表者　岡本和夫

113-8654 東京都文京区本郷 7-3-1 東大構内
電話 03-3811-8814　Fax 03-3812-6958
振替 00160-6-59964

印刷所　株式会社理想社
製本所　有限会社永澤製本所

© 2005 Yayoi TANAKA
ISBN 4-13-050161-5　Printed in Japan

Ⓡ〈日本複写権センター委託出版物〉
本書の全部または一部を無断で複写複製（コピー）することは，著作権法上での例外を除き，禁じられています．本書からの複写を希望される場合は，日本複写権センター（03-3401-2382）にご連絡ください．

川崎賢一 李　妍焱編 池田　緑	NPOの電子ネットワーク戦略	A5判・3800円
佐藤一子編	ＮＰＯの教育力 生涯学習と市民的公共性	A5判・3400円
佐藤一子	子どもが育つ地域社会 学校五日制と大人・子どもの共同	46判・2500円
井堀利宏編	公共部門の業績評価	A5判・3800円
鳥越皓之	環境社会学	46判・2400円
野口悠紀雄編	公共政策の新たな展開	A5判・4800円
髙木保興編	国際協力学	A5判・2800円
佐々木毅編 金　泰昌	中間団体が開く公共性 ［シリーズ公共哲学・7］	A5判・3800円